이문열과 김용옥

문화특권주의와 지식폭력

이문열과 김용옥

ⓒ2001, 강준만

초판1쇄	2001. 9. 28
초판8쇄	2007. 4. 6
지은이	강준만
편 집	홍석봉/임현주/박상문
디자인	김은정
마케팅	이태준
기 획	강준우
펴낸이	최은자
펴낸곳	인물과사상사

등 록	1998. 3. 11(가제17-204호)
주 소	서울시 강동구 성내동 434-10 광명빌딩 3층
전 화	02) 471 - 4439
팩 스	02) 474 - 1413
우 편	134 - 600 서울 강동우체국 사서함 164호
E - mail	personak@orgio.net
홈페이지	http://inmul.co.kr

값 8,500원

ISBN 89 - 88410 - 51 - 3 04300
　　　89 - 88410 - 49 - 1 (세트)
파손된 책은 교환하여 드립니다.

이문열과 김용옥

문화특권주의와 지식폭력

인물과
사상사

'문화특권'의 '정치 죽이기'

이문열과 김용옥! 최근 한국 사회에 뜨거운 논쟁의 회오리를 몰고 온 유명한, 대단히 유명한 지식인들이다. 나는 두 사람을 둘러싼 논쟁을 지켜보면서 무언가 큰 아쉬움을 느끼지 않을 수 없었다. 나는 이러한 논쟁이 이문열과 김용옥 개인의 수준에 머물러선 안 된다고 생각한다. 그들의 행태와 그들을 둘러싼 담론에서 사회적 의미를 간파해내고 이론을 세우려는 시도가 필요하다고 생각한다.

이문열과 김용옥은 의외로 한국 사회에 대해 많은 것을 말해주고 있다. 그들은 한국 사회의 심층 구조를 밝혀줄 수 있는 귀중한 텍스트이다. 나는 그들과 관련하여 '문화특권주의'와 '지식폭력'이라고 하는 개념을 제시하고자 한다. 그들은 온몸으로 그걸 웅변해 보이고 있다. 이 개념은 이 책의 〈제3부 이론적 논의〉에서 자세히 살펴볼 것이나 이론에 별 관심 없는 독자들을 위해 여기서 간단하게나마 두 개념에 대한 정의를 내리자면 이렇게 말씀드릴 수 있겠다.

문화 영역에 종사하는 사람들은 정치경제 분야에 종사하는 사람들에 비해 권력과 금력에 있어서 우위를 누리지 못한다. 이러한 이유를 들어 문화 분야 종사자들이 정치경제 분야에 끊임없이 개입하는 권리는 누리면서도 책임은 지지 않는 걸 당연하게 생각하는 사회적 정서를 '문화특권주의' 라 한다.

의외로 많은 사람들이 문화권력은 정치경제적 권력처럼 거대하지도 추하지도 않고 거친 폭력을 행사하지도 않는다는 이유로 문화권력에겐 매우 관대한 경향이 있다. 생각해보자. 정치경제적 권력에겐 '책임'이라는 게 있다. 대통령도 재벌 회장도 그 책임으로부터 자유롭지 못하다. 그러나 문화권력에겐 도무지 책임이라는 게 없다. 이들이 여론에 미치는 영향력에 있어선 정치경제적 권력을 능가한다는 점을 생각하면 이건 이만저만 심각한 문제가 아니다.

'지식폭력' 은 삶의 실질과는 무관하거나 큰 관계가 없는 현학적 지식 또는 제도적 지식 자격증으로 그걸 갖추지 못한 사람들을 고통스럽게 만들고 그 고통을 그들의 책임으로 돌리게 만드는 '상징적 폭력' 을 의미한다.

'지식폭력' 에서 말하는 '지식' 은 실질적인 지식이 아니다. 그 내용이 무엇이건 많은 사람들이 높게 인정해주는 그 무엇이다. 지식의 알맹이보다 학벌이라고 하는 '간판' 이 절대적으로 중요한 의미를 갖는 이유가 바로 여기에 있다. '간판' 만이 전부는 아니다. 그 지식은 습속과 관행의 지배를 받는다. 예컨대, 서양의 유명 지식인들이 생산해낸 지식은 국내의 그 어떤 지식보다 더 높은 대접을 받는다.

'문화특권주의'는 '지식폭력' 덕분에 가능한 것이다. 삶의 실질과는 무관한 '지식폭력'은 정치를 필요 이상으로 더러운 것으로 묘사하는 데에 큰 기여를 하고 있다. 내가 이미 『노무현과 국민사기극』(2001, 인물과사상사)에서 자세히 말씀드린 바와 같이, 한국의 가장 큰 갈등 구조는 '정치 대(對) 반(反)정치'인데, 이 구도를 온존시키고 강화하는 것이 바로 그러한 '지식폭력'이고 그러한 구도에서 '문화특권주의'가 발생하는 것이다.

그러나 '문화특권'을 누리는 지식·문화계 사람들이 정치를 정말 더러운 걸로 간주하여 아예 상종하지 않느냐 하면 그건 아니다. 이건 일종의 게임이다. 누가 더 많은 사회문화적 자원을 차지할 수 있을 것인가 하는 걸 놓고 벌이는 싸움이다. '정치 죽이기'를 통해 '문화특권'의 몫을 키우고, 그 몫을 이용해 정치가 제공할 수 있는 또다른 특권을 쟁취하고자 하는 것이다. 물론 그 게임의 수행자는 그걸 의식하지 못한 채 기존의 습속에 따라 행동하면서 자신이 대단히 양심적인 일을 한다고 생각할 수도 있다.

내 입으로 말하긴 뭣하지만, 이건 한국 사회의 핵심적인 작동 원리를 규명할 수 있는 매우 중요한 가설이다. 그러나 누가 알아주랴. 대중적인 글쓰기를 시도하는 사람이 감당할 수밖에 없는 숙명으로 받아들이겠지만, 훗날 누군가가 이 가설을 학술적으로 더 발전시켜 주리라는 희망을 품고 일단 내 방식대로 말해 보련다.

이문열과 김용옥의 같은 점과 다른 점

이문열과 김용옥은 1948년생 동갑내기이지만 그들이 그간 걸어온 길과 지향점은 크게 다르다. 그러나 두 지식인 모두 각기 다른 방식과 내용일망정 '문화특권주의'와 '지식폭력'과는 뗄래야 뗄 수 없는 밀접한 관련을 맺고 있다.

두 사람 모두 비범한 지적 능력을 가진 인물들이었음에도 불구하고 젊은 시절엔 '지식폭력'의 희생자였다. 이문열은 비참한 가난으로 정규 교육을 받지 못했기 때문에 '지식폭력'을 당했으며, 김용옥은 학력 자본이 매우 강한 집안에서 KS 마크를 달지 못했다는 이유로 '지식폭력'을 당했다. 처절한 '폭력'이었음을 잊어선 안 된다. 이 두 사람은 그러한 '지식폭력'으로 인해 한(恨)까지 갖게 되었고 세상에 대한 복수까지 꿈꾸게 된다. 두 사람의 복수는 그 방향과 내용에 있어서 큰 차이는 있지만 모두 그들을 '지식폭력'의 피해자에서 가해자로 변신시키는 결과를 낳게 된다.

물론 여기서 '세상에 대한 복수'란 그들의 매우 강한 '성공 이데올로기'를 의미하는 것이다. 두 사람은 매우 강한 '인정 욕구'를 갖고 있다. 이문열의 경우엔 '인정 욕구'를 소설에 만족하지 못하고 끊임없이 정치에 개입하는, 그것도 매우 공격적인 언어로 개입해 뜨거운 사회적 논란을 만들어내는 방식으로 충족시키는 반면, 김용옥은 화려한 '지적 엔터테이너'로서 많은 사람들을 즐겁게 하면서 감동시키는 방식으로 자신의 '인정 욕구'를 충족시켜 왔다.

두 사람은 모두 '문화특권주의'에 기댄 문화권력으로 군림해왔다. 다만 이문열은 처음부터 기존의 '문화특권'을 적극 껴안은 체제 순응적인 자세를 취한 반면, 김용옥은 처음부터 기존의 '문화특권'에 도전하는 파격과 기행을 보이면서 얻게 된 명성으로 전혀 다른 유형의 '문화특권'을 향유할 수 있었다.

그래서 당연히 두 사람의 대(對) 언론 관계도 크게 달랐다. 김용옥에게 '대중매체 중독증'이라는 비판도 제기되지만, 김용옥의 경우엔 이문열과는 달리 대중매체가 유착의 대상이라기보다는 상호 이용의 대상이었다는 차이가 있다. 즉, 김용옥의 대중매체 이용이 이문열의 그것에 비해 훨씬 더 순수한 '시장 논리'에 가까웠다는 것이다.

두 사람 모두 뜨거운 지지자와 비판자를 갖고 있지만, 비판의 내용에 있어선 크게 달랐다. 이문열에 대한 분노는 주로 메시지의 '알맹이'와 관련된 분노인 반면, 김용옥에 대한 분노는 주로 메시지의 '스타일'과 관련된 분노였다. 김용옥은 자신이 겪은 '지식폭력'에 대해 중-일-미 3개국 학위로 복수하면서 자신감을 갖고 파격적인 스타일로 나아간 반면, 이문열은 끊임없이 학계와 문단의 '지식폭력적' 문화에 자신을

신을 적응시키는 스타일로 평화공존 또는 유착 노선을 택한 것이다. 두 사람의 이런 차이는 "알맹이엔 관대할 수 있어도 스타일만큼은 용납할 수 없다"는 한국 지식계의 독특한 문화를 웅변해준 것으로 볼 수 있을 것이다.

김용옥은 어린애 같은 치기로 필요 이상의 솔직성을 보이면서 그걸 자화자찬의 도구로 이용한 반면, 이문열은 어떤 경우엔 매우 솔직하면서도 자신의 '문화특권'과 관련된 영역에선 솔직하지 않은 정도를 넘어 위선적인 면을 보여왔다. 이문열의 그런 위선은 그 특유의 '문사(文士) 콤플렉스'와 관련이 있는 것으로 보인다.

이문열의 위선은 제법 큰 성공을 거두어 이문열로부터 '상업주의'의 이미지를 느끼는 사람은 많지 않은 반면, 김용옥은 별 실속 없이 '상업주의' 이미지에 연루되었다. 그래서인지 김용옥은 언젠가 자신을 이문열과 비교하여 다음과 같이 항변한 적이 있다.

"제가 내는 책들은 인문과학서적이며 이문열 씨의 소설과는 그 자릿수가 다릅니다. 인문과학서적의 베스트셀러라는 것은 히트쳐야 만 부면 주저앉습니다. 참 실망스럽지요. 사천 원짜리 책 만 부면 그 10% 인세가 사백만 원입니다. 이렇게 따지면 일 년에 다섯 권의 베스트셀러를 내도 제 수익은 이천만 원, 팽팽 놀아쳐먹는 교수새끼들 일 년 월급도 되질 않습니다."

이문열은 수구 기득권 세력과의 유착과 그에 따른 그들의 음모적 지지를 권력 토대로 삼는 정치적 문화권력인 반면, 김용옥은 기존의 '지식폭력'과 '문화특권'에 도전하는 파격과 그에 따른 보통사람들의 순수한 열광적 지지를 권력 토대로 삼는 유사(類似)종교적 문화권력이다. 더 간단히 정리해 말씀드리자면, 이문열은 "문화특권을 이용하여 지식폭력을 행사하는 정치적 문화권력"인 반면, 김용옥은 "지식폭력과 문화특권의 전복을 시도하는 유사종교적 문화권력"이라는 것이 이 책의 주된 논지이다.

'이문열 - 김용옥' 문화권력의 작동 방식

이제 두 사람을 따로 놓고 좀더 자세히 이야기해보자. 본문에서 자세히 검토하겠지만, 이문열이 소설가로서 누리는 인기의 최대 비결은 독자들을 사로잡는 소설의 "서사적 흡인력과 가독성" 그리고 소설을 읽고 나서도 무언가 뿌듯함을 느끼게 만드는 "교양주의적 글쓰기"에 있다. 내가 이 책의 테마와 관련해 주목하는 건 "교양주의적 글쓰기"이다.

이문열은 소설에 끊임없이 지식을 집어넣어 지식에 굶주리고 주눅든 독자들을 사로잡는다. 물론 이는 이문열이 지식과 재미를 섞을 줄 아는 탁월한 재능의 소유자이기 때문에 가능한 것이다. 지식이 짧은 독자들을 주눅들게 만들어 감동시키는 것도 일종의 교묘한 '지식폭력'

이지만, 내가 여기서 이문열과 관련해 말하고자 하는 건 그가 그렇게 해서 얻은 '문화권력'을 발판으로 삼아 신문 칼럼을 통해 집요한 이데올로기 및 정치 공세를 매우 공격적인 방식으로 하고 있다는 점이다. 이때에 그를 보호해주는 게 바로 '문화특권주의'라고 하는 갑옷이다.

이문열에겐 또 한 벌의 갑옷이 있는데, 그건 바로 수구 이데올로기다. 그의 수구 이데올로기를 이해하기 위해선 '문언유착'의 메커니즘을 반드시 알아야 한다. 한국의 언로(言路)를 수구 신문들이 장악하고 있는 한, 이문열이 수구 이데올로기를 옹호하는 역할을 자임하는 건 그에게 이익이 되면 되었지 손해가 되진 않는다. 이문열의 선의를 그렇게까지 곡해해서야 되겠느냐고 말씀하시고 싶은 분은 이 책의 마지막 장을 읽고 나서 그렇게 말씀하시기 바란다. 나는 충분한 증거를 제시할 것이다.

김용옥의 경우엔 그 자신이 어린 시절 지독한 '지식폭력'의 희생자였다는 점을 이해하는 것이 중요하다. KS 마크가 즐비한 집안에서 KS와 먼 학벌을 갖게 된 김용옥의 한(恨)맺힌 상처가 오늘의 김용옥을 만들었다. 그래서 그는 상당 부분 한풀이 차원에서 한국 사회가 자랑하는 지식폭력과 문화특권주의에 도전하고 그것들의 전복을 꾀하는 파격을 감행하였다.

그러나 김용옥의 그런 시도는 딜레마에 빠지게 된다. 그가 큰 명성을 얻게 됨에 따라, 그가 전복을 꾀하고자 했던 지식폭력과 문화특권주의에 비해 훨씬 낮은 수준이긴 하지만, 그 역시 지식폭력과 문화특권주의를 행사하는 문제에 봉착하게 된 것이다. 그가 TV 강연을 일방적으로 중단하면서 남긴 말에 대해 말이 많았지만, 나는 그 방법은 졸렬한 것이었다고 생각할망정 그의 진실과 선의를 믿는다.

나는 어떤 분이 김용옥이 모든 게 들통나서 TV 강연을 그만 두었을 것이라고 말하는 걸 보고선 깜짝 놀랐다. 그것 참 이상하다. 평소 김용옥을 욕하던 이유를 그대로 대입시켜보면 그가 TV 강연을 그만 둔 건 얼마든지 이해할 수 있는 일인데도 왜 이 경우엔 전혀 다른 잣대를 사용하는 걸까?

김용옥에 대한 찬반 양론이 무성한데, 나는 그 양론 가운데 중간에 서 있다는 걸 미리 말씀드린다. 아는 분은 잘 아시겠지만, 나는 어떤 사회적 이슈에 대해 내 생각을 밝히면서 중간에 선 경우가 거의 없다. 그렇다고 해서 내가 중간을 좋아하지 않느냐 하면 그건 아니다. 내가 중간에 설 만한 이슈들에 대해선 아예 글로 쓰지 않을 뿐이다. 최소한의 상식이 통하지 않는 세상에서 최소한의 상식을 역설하는 일에 어찌 중간이 가능하랴. 나는 그 문제만을 다루기에도 힘이 벅차 어느 한쪽만을 강하게 주장하는 것으로 비쳐졌을 뿐이다.

김용옥에 관한 이야기에선 중간에 선다는 것도 그리 만만한 일이 아니다. 나는 김용옥을 너무 좋게 봤다는 이유로 공개적 및 개인적으로 많은 비판을 받았으며, 동시에 김용옥을 너무 안 좋게 봤다는 이유로 공개적 및 개인적으로 많은 비판을 받았다. 그러나 나는 김용옥에 관한 한 중간에 선 내 생각이 옳다는 걸 양보할 순 없다. 이는 본문에서 자세히 다루기로 하자.

이 책의 구성에 대해

나는 이미 이문열과 김용옥에 대해 많은 글을 썼다. 세간의 관행에 비추어 보자면 그 글들을 그냥 책으로 묶어내도 안 될 건 없겠지만, 나처럼 스스로 생각하기에도 엄청난 다작(多作)을 하는 사람들은 그렇게 하면 욕먹는다. 그렇다고 해서 내가 그간 쓴 글들의 내용을 완전히 무시하면서 두 지식인에 대해 새롭게 이야기한다는 건 무리다.

이 책은 타협의 산물이다. 이 책을 위해 새롭게 쓴 원고들도 있고 예전에 썼던 원고들 중 이 책에서 제시하고 있는 '문화특권주의'와 '지식폭력'이라는 테마에 맞게끔 손보고 추가해 완전 개작한 글들도 있다. 이미 그 글들을 읽었던 독자들도 전혀 새로운 느낌으로 읽을 수 있으리라 믿는다. 물론 새로 쓴 원고의 양이 훨씬 더 많다. 그래서 상하 2권으로 나누게 되었다.

두 권으로 쓴 것도 일종의 타협이다. 내 욕심을 채우자면 이 책은 네 권짜리가 되어야 마땅하다. 왜 그런가? 이문열을 제대로 이해하기 위해선 '한국 문단'이 무슨 일을 하고 있고 어떻게 움직이는가 하는 걸 정확히 알아야만 한다. 이 이야기만 책 한 권의 분량을 필요로 한다. 또 김용옥을 제대로 이해하기 위해선 '한국 대학'이 무슨 일을 하고 있고, 어떻게 움직이는가 하는 걸 정확히 알아야만 한다. 이 이야기만 책 한 권의 분량을 필요로 한다. 그래서 모두 네 권이 되어야 하는 것이다.

이문열을 예로 들어 좀더 구체적으로 설명해보기로 하자. 이문열은 결코 독립된 현상이 아니다. 한국 문단의 모든 모순을 구현하고 있다. 이문열이 사회적 현안과 관련하여 그 어떤 위험한 '언어 폭력'을 행사할지라도 문인들의 절대 다수는 이문열을 비판할 수 없게 돼 있다. 문인들을 대상으로 한 인기 투표에서 이문열이 1등을 했었다는 걸 상기할 필요가 있다. 우리 사회의 공적 언로(言路)에서 다뤄지는 건 주로 '겉'에 관한 이야기다. '속'은 좀처럼 다뤄지지 않는다. 일반 대중들도 그 '속'에 관한 이야기를 어렴풋하게나마 알겠지만, 그걸 속속들이 알게 될 때에는 깜짝 놀랄지도 모른다.

이미 공언한 바와 같이, 나는 조만간 한국 문단의 '속'에 관한 이야기를 별도의 단행본으로 낼 것이다. 절대 다수의 문인들을 희생으로 하면서 '다양성' 대신 '획일성'으로 '문학 시장' 자체를 협소하게 만드는 기존의 '스타 시스템'과 위선적인 '문학주의' 그리고 각종 패거리주의에 강력한 이의를 제기하고 진정한 '문학 살리기'를 위해서다. 이 책에선 이문열과 직접적으로 관련된 '속' 이야기만 조금 선보였을 뿐이다. 나는 그런 안타까운 마음에서 '타협'을 했다고 말한 것이다.

이 책이 학술 논문이라면 나 자신도 좋은 점수를 주기가 어렵다. 무엇보다도 표현은 좀 달리 했을망정 중복되는 이야기가 자주 나오기 때문이다. 그러나 나는 대중적인 책에서 그러한 중복은 오히려 바람직하다고 생각한다. 중복되는 이야기는 그만큼 중요하다는 뜻이다. 독자들께서 긴장 없이 가벼운 마음으로 읽더라도 이 책의 중요한 메시지를 놓치지 않게끔 하는 안전 장치 역할을 해주리라 믿는다.

좋은 점수를 주기 어려운 또 하나의 이유는 책의 구성 방식에 있어서 앞부분에 배치되어야 할 이론적 논의를 책의 뒷부분으로 돌렸기 때문이다. 이문열과 김용옥을 만나기도 전에 이론적 논의에 지쳐 책을 내팽개칠 보통 사람들이 염려돼 그리 한 것이니 인내심이 강하거나 이론을 중시하는 분들, 그리고 책을 읽는 중간에 '문화특권주의'나 '지식폭력'이라는 개념이 머릿속에 선명하게 들어오지 않아 답답하다고 생각하는 분들은 제3부를 먼저 읽어도 좋겠다. 이문열과 관련된, 이론적 성격이 강한 글 두 편도 제3부에 포함시켰다.

'완성도 이데올로기'에 대해

어찌됐건 여전히 나의 다작에 대한 시비가 있을 터인즉, 오랜만에 이에 대해 한 말씀 드리고자 한다. 나는 모든 사람들로부터 다 이해받기를 바랄 만큼 욕심이 많지는 않다. 나는 이게 나 개인의 문제인 동시에 '이데올로기'의 문제이기도 하다는 걸 말씀드리고 싶다. 나는 『인물과 사상 19』에 쓴 〈'자기 성찰'은 비판의 생명이다〉라는 글에서 '완성도 이데올로기'라는 개념을 제시하였는데, 그 요지를 간단히 다시 말씀드리고자 한다. '이데올로기'라는 말을 남용하는 게 아니냐고 시비 걸지 마시기 바란다. 그 이면에 의외로 심오한 사유 체계가 자리잡고 있기 때문이다.

대부분의 사람들이 글쓰기를 일종의 '작품'으로 간주한다. 그들은 글의 '완성도'를 매우 중요하게 생각한다. 이건 지식인들의 공통된 특성이다. 반면 나는 '완성도'를 무시하는 건 아니지만 그들이 생각하는 것과는 좀 다른 의미의 '완성도' 개념을 갖고 있다. 나는 대단히 실용적인 의미의 '완성도' 개념을 지지한다. 즉, 메시지의 관점에서 내 뜻을 전달하는 데에만 의미를 두는 것이다.

내가 좀 별다른 '완성도' 개념을 갖고 있다는 것에 대해 떳떳하게 생각하는 건 아니다. 내가 아무리 혼자 잘난 척하더라도 지식계라고 하는 물에 몸담고 있는 만큼 글의 '완성도'에 관한 한 적잖이 주눅들어 있는 점도 있고 부끄럽게 생각할 때도 많다. 그러나 나는 동시에 일부 지식인들의 지나친 '완성도' 집착엔 매우 딱하다는 생각을 갖고 있다. 내가 직접 겪은 경험을 하나 소개하겠다. 내가 개인적으로 잘 알고 어떤 점에선 존경해 마지않는 A 교수에 관한 이야기다.

A 교수는 사석에서 말로 하는 대화를 통해서는 늘 개혁지향적이고 나의 '보수성'을 공격할 정도로 매우 진보적이다. 말하는 방식도 나보다 더 '과격'하다. 그런데 내가 A 교수에 대해 짜증이 나는 건 이 분이 사석에서는 뜨거운 열변을 토하면서도 그런 자신의 생각은 절대 글로 쓰지 않는다는 점이다. 나는 그 점을 추궁한 적이 있다. A 교수의 답은 간단했다. 자신은 '내공'을 더 쌓아야 한다는 것이다. 나이 40이 넘은 사람이 더 '내공'을 쌓아야만 사회에 대해 발언할 수 있겠다니 이게 웬 말인가? 겸손한 건가? 천만의 말씀이다.

나는 그가 이른바 '학자 이데올로기'에 감염돼 있다는 걸 잘 알고 있다. 세상 돌아가는 이야기에 대해 쓰는 글을 가리켜 '잡글'이라고 하는데, 이 잡글은 학술적인 무거움을 지향하는 교수들에겐 여전히 금기 사항이다. '잡글'은 어떻게 쓰건 학술 논문에 비해선 원초적으로 '완성도'가 떨어지는 글이다. 바로 여기에 기가 막힌 '완성도 이데올로기'라는 게 있다. 사석에서 말로는 세상을 들었다 놓았다 하겠지만 그걸 글로 쓰지는 않겠다는 것이다. 왜? 완성도를 위해서다. 학계 내부에서의 '인정 투쟁'을 위해서다.

내가 신문 쪼가리나 인용해가면서 잡설비평을 한다고 비아냥대는 사람들도 많은데, 그런 사람들이 신문을 그렇게 무시하느냐 하면 그것도 아니니 세상은 참 재미있다. 신문에 얼굴 못 내밀어 안달하는 사람들이 신문을 그렇게 폄하하는 이유가 과연 무엇이겠는가? 그 또한 '지식폭력'이 아니겠는가.

주고받는 계도 속에 명랑사회 이룩된다

'말'은 '완성도 이데올로기'의 지배를 받지 않는다. '글'만이 그 지배를 받는다. 잘 아시겠지만, 내 글은 '문어'보다는 '구어'에 가깝다. 내 글은 기존의 '완성도 이데올로기' 관점에서 보자면 늘 욕먹게 돼 있다. 나는 그 놈의 이데올로기가 잘못됐다고 주장하는 것이다. 그러니 내게 기존의 '완성도'를 요구하는 건 우물에서 숭늉 내놓으라는 것과 다를 바 없는 것이다.

나는 상아탑의 세계에만 갇혀 지내겠다는 학자들의 '완성도' 개념에 이의를 제기하는 게 아니다. 현실 참여적인 교수들의 행태에 국한시켜 문제 제기를 하는 것이다. 한국의 교수들은 아무리 현실 참여를 열심히 해도 대중을 만나기 위한 책을 내는 건 상스럽다고 욕하는 사람들이다. 그게 바로 그 '완성도 이데올로기' 때문이다. 내 주문은 간단하다. 상아탑의 세계에만 박혀 지내거나 현실 참여를 하겠다고 나섰으면 그런 위선과 기만을 더 이상 저지르지 말아달라는 것이다. 기존의 '완성도' 개념을 대중의 눈높이 수준에 맞춰달라는 거다. 문제 있는가?

그렇다고 해서 내가 무조건 옳다는 게 아니다. 내 글쓰기에 대해 비판을 하더라도 알건 제대로 알고 비판해 주시라는 거다. 나는 그 어떤 이유와 철학에서 비롯되었건 내 글쓰기가 안고 있는 약점이자 한계를 부정할 생각도 없고 그걸 마냥 정당화할 생각도 없다. 다만, 나는 이런 생각을 갖고 있다고 말씀 드리는 것뿐이다.

난들 왜 때론 '완성도 이데올로기'에 투항하고 싶은 마음이 없겠는가? 내가 열 권의 책을 내기까지 바친 에너지와 정열을 단 한 권의 책에만 쏟았다고 가정해보자. 그 책의 완성도가 매우 높고 그 책이 오랫동안 좋은 대접을 받으리라는 걸 난들 모르진 않는다. 문제는 그런 평가가 내가 갖고 있는 운동지향성엔 아무런 도움이 되지 않는다는 점이다. 그건 그냥 지식계 내부에서의 인정일 뿐 지식계 밖의 세계와는 무관하다는 것이다.

나는 내 책이라면 빠뜨리지 않고 읽어 주는 독자들이 있다는 걸 잘 알고 있다. 나는 그 분들을 주요 독자로 생각하지는 않는다. 나는 가능한 한 새로운 독자를 만나기 위해 애를 쓴다. 물론 뜻대로 잘 되진 않지만 내 나름대로 발버둥을 치고 있다. 그러니 대단히 죄송하지만 내게 왜 자꾸 한 말 또 하고 또 해서 질리게 만드느냐는 항변은 그렇게 가슴 깊이 와닿지 않는다.

내 책은 조중동(조선 – 중앙 – 동아)엔 단 한 줄도 실리지 않을 만큼 나는 그들에게 찍혀 있다. 그들의 '블랙 리스트 시스템'은 정말 대단하다. 어쩌다 실수를 저지를 법도 한데, 『조선일보』는 내가 지난 95년

『김대중 죽이기』를 낸 이후 단 한 번도 실수하지 않는(그간 내가 낸 수십 권의 책 가운데 단 한 권도 소개하지 않는) 탁월한 솜씨를 보여 왔다. 정말이지 그들의 투철함이 존경스럽다.

지금 나는 무슨 말을 하려는 것인가? 나는 책을 어떻게 쓰건 큰 사회적 반향을 불러일으킬 수 없는, 매우 불리한 여건에 처해 있다. 좀 재미있게 말하자면, 책 하나에 엄청난 공을 들여 큰 사회적 반향을 불러일으키고자 하는 건 '한탕주의' 다. 물론 내가 웃자고 가끔 하는 소리다.

어찌됐건 나로선 내 메시지를 전파하고 싶은 열망을 달성하기 위해선 질(質) 못지 않게 양(量)이 매우 중요한 의미를 갖는 것이다. 나는 아직도 하고 싶은 말이 내 목구멍까지 가득 차 있다. 내 책은 '글' 이 아니라 '말' 이라고 생각하시기 바란다. 한 말 또 하면 어떤가? 아무리 좋은 말도 여러 번 들으면 질린다지만, 실천으로 옮기지 않는 좋은 말은 죽을 때까지 듣고 또 들어야한다는 게 내 소신이다.

이렇게 말하면 누굴 계도하려 드느냐고 시비를 거는 사람들이 있는데, 나는 그들에게 사기치지 말 것을 주문하고 싶다. 신문에 실린 모든 칼럼 가운데 '계도용' 아닌 것 있으면 어디 말해봐라. 서로 계도를 주고받는 평등한 상호관계 속에 명랑사회 이룩된다는 게 내 신념이다. 내가 앞으로도 책을 자주 내더라도 시비 거는 분이 없기를 바란다.

나 놀면서 책 쓰는 사람 아니다. 무슨 조교 시켜서 책 쓰는 사람도 아니다. 이거 다 일일이 나의 '두 손가락 타법'으로 내 손가락의 압력을 거쳐 찍혀진 글이다. 내 수명 엄청나게 단축시켜가면서 죽어라 일하고 고민해서 만든 글이다. 오늘 아침엔 자전거 타고 가면서 무슨 생각을 골똘히 하다가 사고 날 뻔도 했다. 생각과 고민은 전혀 하지 않으면서 죽어라 하고 사람들만 만난다고 해서 세상에 대한 안목과 지혜가 생기는 게 아니다. 어 내가 왜 이러지? 더 이상 '오버' 하기 전에 여기서 '머리말'을 끝내야겠다. 이 책 재미있게 읽으시기 바란다.

2001년 9월
강준만 올림

머리말 : 1948년생 동갑내기의 서로 다른 행보 ⋯⋯⋯⋯⋯⋯⋯ ⑤

'문화특권'의 '정치 죽이기' / 이문열과 김용옥의 같은 점과 다른 점/ '이문열-김용옥' 문화권력의 작동 방식/ 이 책의 구성에 대해/ '완성도 이데올로기'에 대해/ 주고받는 계도 속에 명랑사회 이룩된다

제1부 이문열

왜 사람들은 이문열의 소설을 사랑하는가?: ⋯⋯⋯⋯⋯⋯⋯ ㉙
이문열 소설의 '마력'을 해부한다

상식을 배반한 이문열의 마력/ '작가적 성실성과 문학적 치열성' / 이문열의 '기만의 수사학' / 왜 이문열의 소설은 찬사와 혹평을 동시에 받는가?/ '전근대'와 '포스트모던'을 껴안는 분열증적 사고/ 이문열의 '서구적 교양주의'/ 이문열 소설이 주는 지적 보상감과 충족감/ '능란한 이야기 솜씨' / '이야기 구성 원리'를 은폐하는 장치/ 타협적 삶에 '세련된 논리'를 제공한다/ 이문열 비판의 방법론에 대해

이문열의 곡학아세(曲學阿世) 논쟁: ⋯⋯⋯⋯⋯⋯⋯⋯ ㉟
이문열과 문언유착

이문열의 '언어폭력'/ 『조선일보』의 '추미애 죽이기' / 소설가에게 더 무서운 권력은 신문이다/ 이문열의 신문과의 유착/ 이문열의 '바람잡이' 역할/ 이문열의 오만한 사명감/ 사학을 대체한 문학/ 문언유착의 역사/ 신문의 문학 지배/ 유석춘-이인화-이순원의 지원사격/ 이태동-이경철-홍광훈-이청준의 지원사격/ '이데올로기로 출세한 사람들' / 이문열과 『조선일보』는 닮은꼴

이문열의 진정한 자전 소설: ⋯⋯⋯⋯⋯⋯⋯⋯⋯ ㊆
『우리들의 일그러진 영웅』

이문열의 '성질' 탐구가 필요하다/ 문학평론 대신 소설을 쓴 이태동/ 엄석대와 전두환/ 누가 '교활하고도 비열한 변절자'인가?/ 이문열은 반(反) 민주주의자/ 이문열의 '민주주의 수호자' 행세

차 례

‘지식폭력’의 피해자에서 가해자로: ·························· **99**
『시대와의 불화』를 해부한다

'시대와의 불화'가 아닌 '약자와의 불화' / 이문열의 희한한 이중 잣대/ 이문열의 '수지 타산' / 이문열의 '파시스트 미학'?/ 국가독 재정권엔 아량, 운동권엔 저주/ 자신의 과거에 대한 보복?/ 사르트 르가 이문열의 '옛 스승'?/ 이문열의 몫은 정당한가?/ '문화적 강 요'라는 '지식폭력 / 이문열이 당한 '지식폭력' / '변경론'은 자신 이 당한 '지식폭력'에 대한 복수?/ '변경론'은 '요술 방망이'?/ 이 문열의 귀족주의와 선민의식

선거 때만 되면 몸살을 앓는 이문열: ·················· **125**
왜 이문열은 정치 없인 살 수 없나?

92년 대선에서의 활약/ 97년 대선에서의 활약/ 이문열의 조순 지지/ '까마귀 날자 배가……' / 조상들에 대한 죄책감/ 이문열 에게 '정치 참여'는 필연/ 이문열의 '수지 타산' / 이문열의 못 말리는 '정략' / 이문열의 안티조선 발언, 해도 너무 했다/ 이문 열은 어떤 경우에 소심해지나?

'시대와의 간통'을 저지른 '문화권력': ·················· **145**
우리들의 일그러진 이문열

저널리스트로서의 이문열/ 이문열은 '당대 최고의 문화권력' / '시 대와의 불화'를 겪었다고?/ 이문열의 무지와 오만/ 이문열의 무지/ 김신명숙의 이문열 비판/ 이순원의 이문열 옹호/ '출판에 대한 비 판의 종속'/ 문단의 '스타 시스템' / 이문열 비판이 금기가 된 이유/ 이태동의 이문열 옹호/ 자꾸 오해라고 우기는 이문열/ 전여옥의 이 문열 비판/ 이문열의 전여옥에 대한 인신공격/ 이문열의 무서운 복 수욕/ 전여옥은 '마초 페미니스트'?/ 김정란의 이문열 비판/ 분노 와 미움에 치를 떠는 호랑이/ 보수와 진보를 넘나드는 '자기 중심 주의' / 자기를 키워준 5공에 대한 뜨거운 애정/ 이문열의 상업주의 에 대한 위선/ 이문열의 '문사(文士) 콤플렉스'?/ 논쟁이 이문열 소 설을 팔아준다

'문화 다원주의'에 적대적인 문화권력: ·················· **193**
이문열의 마광수 모독과 탄압

이문열의 구역질/ 이문열은 왜 '공인된 절차'를 좋아하나?/ '신춘문예'는 다양성을 죽인다/ 이문열의 마광수에 대한 '지식폭력'/ 지적 태만인가, 보복인가?/ 마광수의 문학관/ 쓸데없이 적을 만드는 마광수/ 교수를 뭘로 아는가?/ 이문열이 마광수를 싫어하는 이유/ 가장 상업적인 작가의 상업주의 비판/ 이문열의 자기 도취/ 손봉호와 이태동의 '지식폭력'

'이문열 현상'의 비밀: ·············· **219**
이문열과 '젖소 부인'의 관계 2

진중권이란 '임자'를 만난 이문열/ 이문열은 '권위주의의 화신'?/ 이문열의 개그보다 더 수준 낮은 박경범의 개그/ 『조선일보』로 도망쳐 화풀이하는 이문열/ 공자를 걸고넘어지는 '아마추어 파파라치'/ 『중앙일보』는 이문열을 배신했나?/ '이문열 현상'의 비밀/ 이문열의 권력 욕망과 젖소 부인의 성애 욕망

이문열의 '심층적 상업주의': ·············· **235**
'그녀를 만나거든 내가 울고 있다고 전해다오'?

신문은 한국 문인(文人)들의 자궁(子宮)/ 이문열의 정신 상태/ 이문열과 『조선일보』의 관계/ 하일지의 이문열 옹호/ 『조선일보』의 어설픈 '논쟁 만들기'/ 이문열 문학의 상업주의/ 상업주의에 왕따당하는 문학/ 이문열의 '심층적 상업주의'/ 이문열의 '여성성에 대한 무지'/ 문학평론가 김명인의 평가에 대해

이문열을 보면 한국 사회가 보인다: ·············· **261**
이문열의 '성공 이데올로기'

이문열의 탁월한 상업주의/ 이문열의 '대결 의식'/ 시대와 세상을 읽는 고성능 안테나/ '민주주의 수호자'로 변신한 이문열/ 진중권이 지적한 이문열의 '파시즘'/ 이문열의 화끈한 '지적 태만'/ 이문열의 '과대 망상'/ 이문열과 김영삼의 닮은 점/ 사람을 감동시키는 이문열의 대인(大人) 기질/ 이문열의 '문화권력' 관리술/ 이문열과 조정래/ 이문열의 '칭찬합시다' 운동/ '이문열 제국'을 넓히기 위한 처세술/ 이문열은 한국 지식계의 업보(業報)다/ 이문열은 '뉴 웨이브' 정치 이론가인가?/ 판옵티콘 시스템이 필요하다

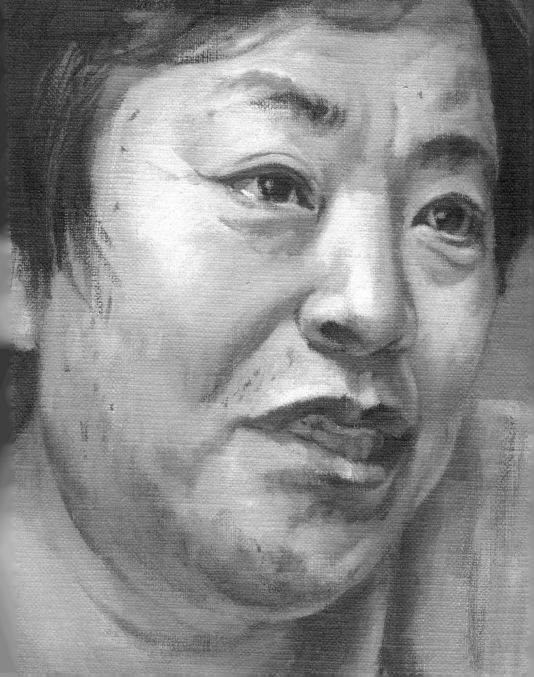

제1부 이문열

왜 사람들은 이문열의 소설을 사랑하는가?

이문열 소설의 '마력' 을 해부한다

상식을 배반한 이문열의 마력

나는 과거 어느 매체에 기고한 글에서 이문열을 '국보급 문인' 이라고 부른 적이 있다. 나는 그의 정치적 발언 내용에 대해선 동의하지 않았지만, 감히 그런 평가를 내렸던 것이다. 나는 워낙 다양성을 사랑하기 때문에 '국보' 에도 다양한 종류가 있을 수 있다는 걸 믿었던 것이다. 그러나 최근 이문열을 둘러싼 일련의 사건들은 나의 다양성에 대한 믿음마저 뒤흔들었다.

과거의 일일망정, 이문열을 싫어하는 사람들은 내가 이문열을 '국보급 문인' 이라고 부른 것에 대해 마땅치 않게 생각할 것이다. 하긴 내겐 그와 비슷한 경험이 있었다. 이문열이 대학교수가 되고자 했을 때 그의 최종 학력이 문제가 된 적이 있었다. 나는 그때 어느 매체에 이문열을 지지하는 글을 쓴 적이 있다. 이문열은 대학교수가 되고도 남을 충분한 실력이 있다고 믿었기 때문이다. 물론 나는 이 생각을 여전히 고수하고 있다. '국보'와 '대학교수'는 좀 다른 차원의 문제라고 보기 때문이다.

나는 이문열의 어떤 생각엔 동의하지 않을 뿐 그가 탁월한 능력의 소유자임을 믿는다. 그까짓 박사 학위가 없으면 어떤가? 아니 대학을 나오지 않았으면 어떤가? 독학으로도 얼마든지 박사 학위 이상의 실력을 쌓을 수 있다. 그리고 대학은 막말로 비뚤어진 생각을 가진 사람일지라도 포용해야 한다. 비뚤어졌냐 아니냐 하는 건 보는 관점에 따라 다른 것이다. 대학의 생명은 다양성이고 창의성이다.

내가 이문열을 대학교수로 채용한 건 아주 잘된 일이라고 썼을 때 나의 한 친구는 내게 따지듯이 물었다. 이문열의 이념적·정치적 성향을 싫어하면서 왜 이문열을 변호하는 글을 썼느냐고. 나는 그건 아주 바보 같은 물음이라고 꾸짖었다. 그건 얼마든지 분리해서 생각할 수 있는 문제 아닌가. 아니 분리해서 생각해야 마땅한 문제인 것이다.

나는 많은 대중의 사랑을 받는다는 것, 그 자체로서 큰 의미가 있다고 생각한다. 물론 나는 이 글에서 그 '사랑'의 정체를 파헤쳐 보는 점잖지 못한 일을 하겠지만, 나의 그런 시도가 이문열의 가치를 결코 부정하는 건 아니다. 누군가를 사랑하더라도 알건 제대로 알고서 사랑하자는 주장에 반대할 사람도 있겠지만, 아무래도 동의해줄 사람들이 더 많으리라 믿는다.

이문열의 소설 판매량은 이미 지난 1994년 여름에 1천만 부를 돌파했다. 지금까지 판매된 부수는 아마도 1천 몇백만 부에 이를 것이다. 평역본 『삼국지』의 1천만 권까지 합하면 이문열이라는 이름 아래 팔린 소설은 2천 수백만 부에 이른다.[1] 이문열은 돈도 엄청나게 벌어(1백억 원 이

---

1) 김갑수, 〈황석영, 이문열 그리고 마광수의 시간〉, 『문예중앙』, 제90호(2000년 여름), 374쪽.

상) '후학'들을 양성하는 '부악문원'[2]까지 세웠다. 그는 엄청난 인기는 물론 존경까지 누리고 있다. 문학과 관련된 무슨 조사만 했다 하면 그는 늘 1등을 한다. 심지어 소설가들만을 대상으로 한 조사에서도 말이다. 한마디로 그는 엄청난 인물인 것이다.

이문열을 연구할 때에 가장 중요한 포인트는 가장 돈을 많이 번 소설가가 어떻게 그런 대단한 존경까지 누릴 수 있는가 하는 것이다. 이건 문학계에서 통용되는 상식의 배반이다. 그렇지 않은가? 베스트셀러를 경멸하는 게 한국 문인들이 자랑하는 특기가 아니던가? 『인간시장』과 『무궁화꽃이 피었습니다』는 엄청나게 팔렸지만 어떤 문학 평론가가 그 소설들에 대해 진지한 비평을 했던가? 그러나 이문열은 예외다. 이문열에 관한 진지하다 못해 엄숙한 글과 책은 이루 헤아릴 수 없이 많다. 이를 이문열의 '마력(魔力)'이라 표현하지 않으면 무어라 표현할 것인가?

'작가적 성실성과 문학적 치열성'

내가 이문열에 대해 쓴 모든 글을 다 읽은 것은 아니지만, 그래도 나름대로 적잖이 읽은 글 가운데 이문열 소설의 '마력'을 가장 잘 규명해준 탁월한 글로 문학평론가 이명원이 계간 『비평과 전망』 제3호(2001년 상반기)에 쓴 〈기만의 수사학: 이문열의 『선택』과 『아가』를 통해 본 담론의 책략〉이라는 글을 서슴없이 꼽겠다. 워낙 탁월해 이 글의 주된 내용을 소개한 후에 다른 의견들을 소개하면서 보완하는 형식을 취하도록 하겠다.

---

2) "지하 1층, 지상 2층의 대지 총면적 1,700여 평의 부악문원은 방 한 개당 7-8평 남짓한 숙사 15곳과 30여 평의 소강당이 딸린 연구동 350평, 서재 40평, 본가(살림집) 등 3개 동(棟)(총건평 520평)으로 이루어져 있다. 이 외에 연구동 정원, 서재의 후원, 식당 휴게실, 빨래방 등이 있다. 문원의 맞은편 언덕을 사이로 마을이 세로로 누워 있고 멀리 이천 시내가 보이는 쪽으로 중부고속도로가 눈앞에 잡힌다." 한강희, 〈경기도 이천에 부악문원 개원한 작가 이문열 씨〉, 『문예중앙』, 1998년 봄, 11쪽.

이명원은 이문열 연구를 "한국적 보수주의의 구조화된 이데올로기적 기반과 그것의 운용방식을 검토" 할 수 있는 기회로 간주한다. [3] 그렇다. 바로 이것이다. 나는 앞으로 이문열 연구가 이런 식으로 이루어져야 한다고 생각한다. 이문열 개인에만 너무 집착해 그를 비판하는 것은 이문열의 가치를 크게 훼손하는 게 아닐까?

그런 바람직한 방향의 연구는 당연히 연구자의 이념적 · 정치적 성향을 초월한, 이문열에 대한 공정한 평가를 수반할 수밖에 없다. 공정한 평가를 수반하지 않으면 "한국적 보수주의의 구조화된 이데올로기적 기반과 그것의 운용방식을 검토"하는 게 매우 어려워지거나 왜곡될 수밖에 없기 때문이다.

물론 이명원은 이문열에 대해 매우 공정한 자세를 취하고 있다. 첫 번째로 지적되어야 할 이문열의 장점은 그의 성실한 '장인 정신'이다. 물론 이문열은 전혀 성실치 않은 행태도 여러 차례 보인 바 있지만, 대체적으로 볼 때에 그렇다는 말이다. 이명원은 이문열의 그런 '장인 정신'을 엿볼 수 있는 발언을 『시대와의 불화』에서 찾아낸다.

"친구여, 그러나 내가 받은 저주는 거기서 끝나지 않는다. 내게는 또 나의 괴롭고 긴 밤이 있다. 겨우 5장의 쓸 만한 원고를 얻기 위해 1백 장의 파지를 내며 지새우는 밤. 그나마 우리가 천 번 만 번 글을 써본들 역사는 오직 제 갈 길로만 갈 뿐이라는 데서 오는 무력감으로 지새 버리고, 벌써 새벽 동산에 오른 건강한 사람들의 외침을 들으며 홀로 술잔을 드는 새벽은 그저 눈물겹다." [4]

비록 '장인 정신'에 있어서 아무래도 한두 단계 아래일 수밖에 없는

---

3) 이명원, 〈기만의 수사학: 이문열의 『선택』과 『아가』를 통해 본 담론의 책략〉, 『비평과 전망』 제3호(2001년 상반기), 55쪽.

4) 이문열, 『시대와의 불화』(자유문학사, 1992), 67쪽; 이명원, 〈기만의 수사학: 이문열의 『선택』과 『아가』를 통해 본 담론의 책략〉, 『비평과 전망』 제3호(2001년 상반기), 58쪽에서 재인용.

'사회 비평'이라고 하는 장르의 글쓰기를 하는 나도 글을 쓰느라 자주 밤을 꼬박 새우기 때문에 이문열의 위와 같은 말은 나 같은 사람에게도 와 닿는 게 있다. 이문열로선 기분 나빠 할 수도 있겠지만, 나는 이 점에 있어서 만큼은 이문열에 대해 뜨거운 '동지 의식'을 갖고 있다는 걸 고백하지 않을 수 없다.

자, 그렇다면 독자들이 구체적으로 접할 수 있는 이문열 소설의 장점은 과연 무엇인가? 이명원은 가장 큰 장점으로 "독자들로 하여금 그의 소설에 무의식적으로 몰입하게 만든다는 사실"을 지적하면서 "서사적 흡인력과 가독성의 측면만을 고려하자면, 이문열의 소설과 경쟁할 수 있는 작품은 극히 소수에 불과할 것이라는 생각까지도 든다"고 말한다.[5]

이문열의 '기만의 수사학'

이명원은 이문열의 '작가적 성실성과 문학적 치열성'을 높게 평가하면서도 '기만의 수사학'이라는 이론을 제시한다. '기만의 수사학'이란 "한 개인의 담론적 실천의 의식적인 치열성과 정직성이 도리어 그것의 무의식적 내용물을 배반하게 되는 담론의 자가당착을 의미"하는 것이다. 이 개념을 좀더 쉽게 설명하자면, 정치판을 예로 들 수 있겠다. 이명원은 "모든 정치인은 자신의 정치적 실천행위가 국민과 국가를 위한 것이라고 강변하지만, 결과적으로 바로 그러한 강변을 통해서, 그 자신의 사적 이익만을 극대화시키는 자기 기만의 행태를 흔히 보여준다"는 것이다.[6]

좀더 구체적으로 들어가 보자. 이문열의 『선택』과 『아가』가 좋은 사례

---

5) 이명원, 〈기만의 수사학: 이문열의 『선택』과 『아가』를 통해 본 담론의 책략〉, 『비평과 전망』제3호(2001년 상반기), 57–58쪽.
6) 이명원, 위의 글, 58–59쪽.

가 될 것이다. 이명원은 "이문열의 소설이 현재의 시점에서 볼 때, 매우 퇴행적이며 반동적인 세계관을 피력하면서도, 오히려 독자들에게 매우 강렬한 정서적 흡인력을 제공하는 것은" 바로 '기만의 수사학' 때문이라고 말한다. 그게 어떻게 가능하다는 걸까? 이명원은 다음과 같이 말한다.

"물론 이문열의 이러한 담론 운용 방식이 가장 노골적으로 드러나는 것은 소설이라기보다는, 신문 칼럼과 같은 비교적 논리에 충실한 글쓰기 장르에서임이 분명하다. 그러나 논리에 충실해야 될 이러한 칼럼에서 발생되는 오류는 비교적 손쉽게 반박될 수 있으며, 그것을 읽는 독자 역시 이 점을 반성적으로 추론할 수 있다. 문제는 논리적인 검증 과정의 조건으로부터 상대적으로 자유로우며, 정서적인 공감을 통해 문학적 감동을 적극적으로 향유할 준비가 되어 있는 독자들에게 제시되는, 소설 속에서의 담론의 경우다. 적극적으로 감동할 준비가 되어 있는 독자들에게, 서사적 담론의 '진리치'는 그다지 중요하지 않다. 그것은 가령 킬링타임용의 폭력 영화를 보는 사람이 영화를 통해 폭력의 발생론적 기반인 욕망과 그 의미에 대해 치열한 사유를 펼치지 않는 것과 비슷한 경우다. …… 많은 수의 독자들은 이문열이 소설을 통해 제시하는 현실의 모순에 대한 다양한 진단과 처방을 무리 없이 용인할 확률이 높다. 이문열의 능란한 수사법 때문이다. 바로 여기에 이문열 소설에 대한 대중들의 열광과 찬탄의 비밀이 숨어 있다."[7]

이명원의 주장을 좀더 쉽게 말씀드리자면 이런 이야기다. 이는 우리의 일상적 삶에서 흔히 벌어지는 말싸움에서도 얼마든지 구경할 수 있다. 처음엔 누구든지 동의할 수 있는, 매우 합리적이고 논리적인 원칙을 말한다. 그 말에 수긍하지 않을 사람은 없다. 그렇게 사람들의 호의적인

---

7) 이명원, 〈기만의 수사학: 이문열의 『선택』과 『아가』를 통해 본 담론의 책략〉, 『비평과 전망』 제3호(2001년 상반기), 61-62쪽.

반응을 끌어낸 다음에 정서적인 호소로 돌입하면 처음부터 정서적인 호소를 하는 것보다 훨씬 더 큰 설득력을 가질 수 있다. 이것이 일종의 '지식폭력' 수법이다.

왜 이문열의 소설은 찬사와 혹평을 동시에 받는가?

이명원은 이문열이 명백한 사실을 "논리적으로 검토하다가, 갑자기 '감동'이라는 주관적이며 지극히 정서적인 차원으로 가치평가의 범주를 이동시키"는 사례들을 설득력있게 제시하고 있다.[8] 이명원은 그러한 사례 분석 후에 '이문열 소설의 대중성의 비밀'을 다음과 같이 갈파한다.

"이문열의 소설은 표면적으로는 매우 높은 수준의 교양과 인식을 보여주는 것처럼 보인다. 그러나 위에서 볼 수 있듯, 이문열 소설의 내용물을 정밀하게 분석해 보면, 소설 속에 나타난 인식의 깊이라는 것이, 결국은 황색 저널리즘이 유포하는 인식의 수준과 정확히 일치한다는 사실은 매우 놀라운 일이다. 문제는 소설을 읽는 독자가 각각의 장면을 반성적으로 독해하려는 의식적인 노력을 기울이지 않는 한, 이러한 장면들은 이어지는 사건의 스펙트럼 속에서 손쉽게 용해될 확률이 높다는 점에 있을 것이다. …… 이문열의 기만의 수사학에서 특징적인 것은 논리적으로 사태를 해명해야 될 부분에서, 반대로 '정서적인 동일시 기제'를 활용하여 이성적인 추론과 판단을 사전에 봉쇄시킨다는 사실이다. 그런데, 다시 한번 생각해보면, 그 어떤 글쓰기의 장르보다도 소설이 '기만의 수사학'을 관철시키기에 가장 적합한 장르라는 것을 우리는 알게 된다."[9]

---

8) 지면 관계상 사례들을 일일이 소개하지 못하는 게 안타깝다. 관심 있는 독자들께서는 이명원의 글을 꼭 찾아 읽어보시기 바란다.

9) 이명원, 〈기만의 수사학: 이문열의 『선택』과 『아가』를 통해 본 담론의 책략〉, 『비평과 전망』 제3호(2001년 상반기), 68-69쪽.

'이문열 발언' 문단 회오리

이문열씨

언론기고문 이어
'홍위병' 논쟁 파문

'책값 반환' 언급과 관련해 네티즌들의 논쟁에 휩싸인 소설가 이문열(53)씨의 발언에 대해 문단의 동료 선후배 문인들이 각 매체에 글을 기고하며 논란이 급속도로 확산되고 있다.

황석영씨

"책 반품운동 조짐은
중국 문화혁명 연상"

특히 소설가 황석영(58)씨는 10일 오전 7시 20분에 방송된 MBC라디오 '박영선의 시선집중'과의 전화인터뷰를 통해 최근의 '문인들의 정치적 발언'에 대해 "언론권력과 문화권력이 적극적으로 결합한 현상'이라고 비판하고 나서 주목을 끌었다. 황씨는 "지식인의 글과 말이 정치적으로 이용되는 것은 서로 이해관계가 맞아떨어졌기 때문일 것'이라고 지적하며 "현대 사회에서 어느 누구도 정치적 입장에서 자유로울 수 없지만, 지식인이라면 지배계급의 앞잡이로 봉사하는 것이 이득이 된다고 생각하는 행동을 해서는 안된다'고 주장했다. 황씨와 같은 발언은 9일 소설가 이인화 이화여대 교수가 조선일보에 기고한 시론 '소설가는 질문한다'에

대한 사회자의 질문에 답하는 과정에서 나온 것. 이인화 교수는 '소설가는 질문한다'에서 모든 사회가 한 곳으로 달려갈 때, 소설가는 다른 이야기를 할 수 있어야 한다는 요지의 글을 통해 이문열씨를 변호한 바 있다. 또 9일 소설가 이순원(43)씨는 경향신문에 실린 '본질을 벗어난 곡학아세 '공방'이란 글을 실어 이 일의 본질은 '소설가와 국회의원의 공방'이 아니라 언론사 세무조사'라는 요지의 글을 발표했다. 또 이문열씨는 9일 자신의 인터넷 홈페이지(www.munyol.pe.kr) 게시판을 통해 '책값 반환발언'과 관련한 자신의 댓글에 일부 감정적인 대응이 있었다'며 사과한다고 밝혔다. 이씨는 9일 새벽 4시경에 올린 글 '책 반품 논쟁에 대한 마지막 답변'이란 제목의 글에서 "제가 독자 일반을 향해서 책 반환을 요구한 것으로 읽힐 소지가 있는 부분이 있다면 진심으로 사과 드리겠습니다. '최고이율 운운'은 제 경제적 반화능력을 과시하거나 오만보

다는 '상심한 독자를 배려한 최상의 보상' 또는 '나름의 성의'를 보여준다는 뜻이 더 많았습니다'라고 말했다.

그러나 이씨가 사과의 글을 밝혔음에도 불구하고 같은 9일 동아일보에 이씨가 기고한 시론 '홍위병이 관친다'란 글이 다시 '홍위병' 논쟁을 불러일으키며 이씨의 홈페이지는 또다른 논란에 휩싸이고 있다. 현재 이씨의 홈페이지 게시판에는 약 1만3000여건의 글이 올라온 상태. 이씨는 시론 '홍위병이 관친다'에서 최근 책반품 운동을 벌일 조짐을 보이는 현상이나 요즘의 시민운동에서 중국 문화혁명 때 홍위병의 짓을 떠올리게 한다는 요지의 글을 발표한 바 있다.
/백성기기자 msbae@munhwa.co.kr

"언론·문학권력 결합
정치발언 문제 있다"

(「문화일보」, 2001년 7월 10일)

이문열에 열광하는 독자들에게 그는 이미 권력이다. 정치인이 자신의 정치적 실천행위가 국민과 국가를 위한 것이라고 강변하면서도 결과적으로는 자신의 사적 이익을 극대화시키듯이 이문열 또한 문화권력으로서의 기만행위를 보여주고 있다.

그렇다. 소설은 참 묘한 장르다. 게다가 사회적으로 소설을 대하는 자세에 있어서도 소설은 '기민의 수사학'을 관철시킬 수 있는 묘한 '특권'을 누리고 있다. 김정란의 말을 빌리자면, "우리 사회 안에서는 '문학'의 이름으로 포장되면, 어떤 위험한 세계관이든 두루뭉술하게 봐주고 넘어가는 분위기가 형성되어 있"는 것이다. [10]

이명원의 이러한 이론은 왜 그렇게 이문열의 소설에 대해 극단적인 찬반 양론이 팽팽하게 맞서는가 하는 걸 명쾌하게 설명해준다. 이명원은 "한 작가가 산출한 작품이 순수하게 미학적인 차원에서는 높은 성취를 보여주었음에도 불구하고, 그가 독자들에게 송신하고 있는 이데올로기적 구성물이 한 시대의 의미 있는 정신의 진전에 유해한 것이라면, 우리는 과연 이 작품을 좋은 작품이라고 할 수 있을까?"라는 질문을 던진 후에 다음과 같이 답한다.

"이문열의 소설이 비평가들에게 찬사와 혹평을 동시에 받을 수 있는 근거가 바로 여기에 있다. 이문열의 소설을 순수하게 미학적인 관점에서, 그러니까 소설 속에 은폐되어 있는 세계관이라든가 이데올로기의 구성물을 고려하지 않고, 기능적인 차원에서만 검토한다면, 그의 소설은 우리 시대에 보기 드문 훌륭한 작품이라는 결론을 내릴 수 있을지도 모른다. …… 그러나 …… 나는 하나의 작품을 순수하게 미학적인 차원에서만 읽을 수 있다는 것이 실제로는 불가능하다고 생각한다. 어떤 작품도 그것을 산출시킨 현실의 '맥락'으로부터 자유로울 수 없으며, 더구나 한 작가의 의식과 무의식을 생성시킨 역사적 '맥락'으로부터 자유로울 수는 없다." [11]

'전근대'와 '포스트모던'을 껴안는 분열증적 사고

그러한 '맥락'을 살피면서 『선택』과 『아가』가 안고 있는 문제들을 살펴보는 것은 나중에 하기로 하자. 여기서 중요한 것은 텍스트(소설) 밖의 환경도 이문열의 '기만의 수사학'에 매우 유리하게 작용하였다는 점이

10) 김정란, 〈우아(優雅)한 사랑 노래? 아가(雅歌)?〉, 『문예중앙』, 제90호(2000년 여름), 352쪽.
11) 이명원, 〈기만의 수사학: 이문열의 『선택』과 『아가』를 통해 본 담론의 책략〉, 『비평과 전망』 제3호(2001년 상반기), 73쪽.

다. 그 환경은 다름 아닌 '서구적 교양주의'를 갈구하는 엄청난 수요이며, 이문열이 이러한 수요에 잘 대응해왔다는 건 많은 이들이 지적하는 사실이다.

어찌 생각하면 참으로 이상하지 않은가? 비단 『선택』과 『아가』에서뿐만 아니라 다른 소설들에서도 이문열은 시대착오적이라는 말을 들을 정도로 완강한 정통 유학자의 자세를 취해왔다. 그러나 그는 동시에 '서구적 교양주의'의 선봉이기도 하다. 여기서 "이문열의 정신 세계는 사회 역사적인 변화의 실체를 '의식'의 차원에서는 인정하면서, '무의식'의 차원에서는 격렬하게 부정하는 분열증적 사고를 보여주고 있다"는 이명원의 진단이 가슴에 와 닿는다.[12]

그런데 정도의 차이일 뿐, 그러한 분열증적 사고는 한국인 다수가 갖고 있는 건 아닐까? 실제로 우리 주변에 그런 사람들은 아주 많다. 특히 일부 대학 교수들의 이중성은 코믹하기까지 하다. 미국에서 박사 학위를 딴 교수들 가운데엔 미국 물을 잔뜩 먹어 한국 사회에 대해 무슨 글을 쓰거나 말을 할 경우 미국의 장점을 역설하면서 우리가 그걸 배워야 한다고 역설하는 사람들이 많다. 그런데 그런 교수들 가운데 '교수-학생'의 관계만큼은 미국식을 전면 부정하면서 '전통적인 사제관계'를 주장하는 사람들이 많다. 그들의 실천이 정말 '전통적인 사제관계'라면 그것도 좋겠지만 그게 전혀 아니니 문제다. 학생 위에 군림하는 가부장적 권위주의만 누리겠다는 것일 뿐 학생들이 개인적으로 처해 있는 어려움에 대해선 다시 '서구적 대중교육'의 잣대를 들이밀고 각자 알아서 할 문제라는 냉정한 자세를 취한다.

우리는 '전근대'에서 '포스트모던'에 이르는 다양한 시대를 각자의 편의에 따라 동시에 사는 건지도 모르겠다. 따라서 이문열에게 그 어떤

---

12) 이명원, 〈기만의 수사학: 이문열의 『선택』과 『아가』를 통해 본 담론의 책략〉, 『비평과 전망』 제3호(2001년 상반기), 71–72쪽.

모순이 있다면, 그건 우리 모두의 모순일 수 있는 것이다. 어찌됐건 이문열이 반(反)서구적인 전통을 고집하는 동시에 서구적인 교양을 역설한다는 건 분명한 사실이다. 물론 그 둘 사이의 층위가 다르거나 주종(主從) 관계는 있을망정 말이다. 이문열의 '서구적 교양주의'는 시장 상황의 요청에 따른 것일 수도 있다. 이와 관련, 마광수는 1990년 1월에 발표한 어느 글에서 이문열의 성공을 가능케 한 '환경'에 대해 다음과 같이 말한 바 있다.

"나는 그 근본적 원인을 우리 나라 독자들의 '교양주의 선호' 현상에서 찾아볼 수 있다고 본다. 특히 1980년대 초부터 문교부에서 대학의 정원을 대폭 늘임에따라 대학생 숫자가 엄청나게 불어났다. 그래서 그들은 고등학교 때 미처 못 배웠던 여러 가지 교양적 지식들에 대하여 게걸스럽게 탐식하는 쪽으로 나아갔는데, 아무래도 딱딱한 이론서적보다는 소설을 통해 교양을 습득하는 것이 더 재미있기 때문에 교양주의 소설이 많이 읽히지 않았나 싶다. 이문열뿐만 아니라 우리 나라의 많은 작가들이 본능적 표출 욕구에서보다는 교사적 지식인의 사명감으로 교양주의 소설을 많이 생산해내고 있다."[13]

이문열의 '서구적 교양주의'

아주 날카로운 분석이 아닐 수 없다. 이문열의 소설을 지금도 좋아하거나 한때나마 좋아했던 사람들은 잘 생각해 보시기 바란다. 마광수의 탁견에 동의할 사람들이 많을 것이다. 문학평론가 김명인도 『사상문예운동』 1990년 겨울호에 발표한 글에서 이문열의 교양주의에 대해 다음과 같이 말한다.

---

13) 마광수, 『왜 나는 순수한 민주주의에 몰두하지 못할까』(민족과 문학사, 1991), 340-341쪽.

"그의 작품들이 낙양의 지가를 올리는 데에는 물론 그의 탁월한 솜씨가 절대적인 기여를 하지만 결국 이념 혐오로 귀일됨에도 불구하고 그의 허무주의, 낭만주의, 교양 취미, 귀족주의 등의 다양한 변주가 주는 매력도 무시할 수가 없다. 보수 문학, 상업주의 문학의 반지성성과 저급성에도, 민중 문학의 윤리적 강박에도 쉬이 친밀감을 갖지 못하는 대중 독자들에게 그의 작품들은 재미와 적당한 교양을 제공함으로써 호소력을 지닌다. 하지만 거기에 함정이 있다. 이문열의 숲에 들어서는 독자들은 그가 가꾸어 놓은 보기 좋은 나무와 꽃들을 바라보는 데 취하여 그 숲 전체가 내뿜는 이념 혐오의, 아니 탈현실의 독기를 눈치채지 못하게 된다." [14]

그렇다. 소설 독자들은 '윤리적 강박'을 아주 싫어한다. 만약 세상이 전반적으로 진보적이었다면, 한국의 극우에게도 어떤 '윤리'가 있는지는 모르겠지만 '윤리적 강박'은 이문열의 몫이었을 것이다. 그러나 세상이 극우 권력에 의해 지배되는 상황에선 이문열은 손도 안 대고 코를 풀 수 있는 유리한 입지를 누릴 수 있었던 것이다.

이문열의 '교양주의'는 대학생 수가 늘어난 것 못지않게 '교양'을 찾게 된 중산층의 부상과 함께 더 큰 힘을 발휘할 수 있었을 것이다. 그것도 서구적 교양을 원하는 중산층 말이다. 물론 이문열의 교양주의는 서구적 교양주의이며, 이는 우리 사회의 문화적 사대주의와도 잘 맞아 떨어졌다. 이 점은 문학평론가 이동하가 이미 1982년에 발표한 글에서 다음과 같이 날카롭게 지적한 바 있다.

"어쩌면 〈그해 겨울〉과 『사람의 아들』은 모두 서구적 교양에 깊이 물든 관념의 세계에서 창출된 것이며 그렇기에 그와 꼭 마찬가지로 서구적 교양에 깊이 물든 채 관념의 왕국에서 살고 있는 고급 지식인 계층의 독자들을 매혹할 수 있었던 것이라고 설명하는 것이 가능할지도 모른다.

---

14) 김명인, 〈한 허무주의자의 길 찾기〉, 류철균 편, 『이문열』(살림, 1993), 207-208쪽.

(이문열 소설 광고가 실린 1994년 11월 27일자 『조선일보』)

이문열 소설이 사랑받는 이유는 우리 나라 독자들의 '교양주의 선호' 현상에서도 찾아볼 수 있다.

우리는 서구적 교양이라든가 관념 편향을 그 자체로서 거부할 의사는 추호도 없다. 사실 그것들은 이미 우리 삶의 작지 않은 일부분을 형성하고 있는 터이며 우리의 문화를 일정한 수준으로 끌어올리는 데 귀중한 역할을 담당해 온 것도 사실이다. 그러므로 그것을 문학의 세계 속에 끌어들인다는 것은 우리의 생활 속에서 움직이고 있는 어떤 중요한 요소에다 형상의 옷을 입혀 정식화하는 작업으로서 분명히 소중한 의미를 지니기도 한다. 그러나 좀더 바람직한 것은 그 관념과 현실 사이에 심각한 거리가 존재한다는 사실을 진지하게 의식하고 그 의미를 반성적으로 검토하여 극복의 길을 열려는 치열한 의욕이 그 작업에 수반되는 경우가 아닐까?"[15]

1979년 초에 데뷔했던 이문열이 1982년의 시점에선 위와 같은 정중

---

15) 이동하, 〈낭만적 상상력의 세계인식〉, 이태동 편, 『이문열』(서강대학교 출판부, 1996), 170쪽.

한 비평의 대상이 되는 것이 타당했을 터이다. 그러나 그의 '서구적 교양주의'는 날이 갈수록 바람직하지 못한 방향으로 강화되면서 서구적 교양을 선망하거나 동경하는 많은 순진한 사람들에게 '지식폭력'을 행사하는 방식으로 변질된다.

이문열 소설이 주는 지적 보상감과 충족감

문학평론가 권성우와 이현식의 견해도 짚고 넘어갈 필요가 있겠다. '재미'와 '교양주의' 사이에서 줄타기를 하는 이문열 소설의 정체를 가장 정밀하게 분석하지 않았는가 하는 생각이 든다. 먼저 이현식의 문제 제기부터 들어보자.

"그럴 듯한 지적 유희와 낭만적 감상들, 그러면서도 깊게 음영을 드리우고 있는 이데올로기와 역사에 대한 냉소······ 아무 생각 없이 소설 읽는 재미에 푹 빠져들도록 만들면서도 어느새 정나미 떨어지게 만드는 이문열 소설의 이 이율배반적 성격은 어디에서 연유하는 것일까. 동경과 경멸이 교차하는 이 마음의 흔들림은 어디에서 비롯되는 것일까."[16]

그렇다. 이문열 소설을 읽은 사람이라면 그 누구든 위와 같은 의문에 수긍할 것이다. 이현식은 이문열 소설이 주는 '재미'의 정체를 다음과 같이 분석한다.

"그의 소설들은 적절한 분량 속에 사건의 기승전결이 꽉 짜여 있고 호기심의 유발과 해소, 긴장의 고조와 카타르시스가 적절하게 녹아 들어가 있어서 이야기가 주는 효과를 충분히 거두고 있다. ······ 이문열 소설에 유독 액자식 구성이 많은 것은 그냥 단순한 우연은 아닐 것이다. 뭔가 스스로의 이야기를 말하겠다는 화자의 고백이 있고 나서, 본 이야기가 시

---

16) 이현식, 〈삶의 생리, 소설의 논리: 이문열 소설에 대한 단상〉, 『문예연구』, 제21권(1999년 여름), 84쪽.

작된다. 독자들은 마치 누군가가 옆에서 이야기를, 그것도 그 사람이 직접 겪은 신비스런 이야기를 들려준다는 느낌에 사로잡히는 것이다. ……
그러면서도 그의 소설은 천박하거나 통속적이지 않다. 아니, 지적이기까지 한 것이 이문열 소설의 특색이다. 그의 소설들에는 때로 요설(饒舌)에 가까운 지적 장광설이 심심치않게 등장한다. 그 장광설의 주제도 아주 다양해서 동서양의 고전을 넘나드는가 하면 이념과 종교, 법률, 철학, 미학, 역사 등에 이르기까지 종횡무진이다. 마치 자신의 해박한 지식을 자랑이라도 하려는 듯, 그럴 때 그의 언어는 재기발랄한 지적 교양으로 넘쳐난다. 이문열이 오랜 시간동안 독자들의 사랑을 받는 대중작가이면서도 평론가들의 관심 영역 밖으로 떨어지지 않고 본격문학의 작가로 대우받는 것은 그런 탓도 클 것이다. 그의 소설을 읽고 있으면 지적인 충족감, 혹은 지적 보상감을 얻게 된다. 『퇴마록』이나 『무궁화 꽃이 피었습니다』를 읽을 때와는 뭔가 다른, 지적인 뿌듯함이 느껴지는 것이다. 내 어린 시절 『젊은 날의 초상』이나 『영웅시대』를 읽으면서 한껏 지적 치기를 부릴 수 있었던 것도 아마 그래서였을 것이다. **이문열 소설은 누구에게나 소설의 재미를 한껏 북돋고 지적 욕구를 충족시켜주는 매력을 갖고 있다. 이문열의 소설을 읽다보면 누구나 자신이 지식인이 된 것 같은 착각에 빠져들게 되는 것이다.**" [17)

위 고딕체는 내가 강조한 것이다. 그게 바로 내가 말하고자 하는 '지식폭력' 현상이기 때문이다. 재미있는 영화 한 편을 보고 나서도 무언가 남는 게 없다고 투덜댈 정도로 엽기적인 '지적 욕구'를 갖고 있는 한국인들에게 이문열의 소설은 그 욕구를 충족시켜 주는 것 같은 '착각'을 제공하기 때문이다. 그래서 이문열 소설이 제공하는 '재미'는 대단히 수동적인 것이다. 그건 편하다는 의미이기도 하다. 이문열이 워낙 강한 '집

---

17) 이현식, 〈삶의 생리, 소설의 논리: 이문열 소설에 대한 단상〉, 『문예연구』, 제21권(1999년 여름), 84-85쪽.

착'으로 끌어주니까 말이다. 이현식은 다음과 같이 말한다.

"이문열 소설에는 기존의 현대 소설과는 뭔가 다른 매력과 신비가 있다. 때때로 이문열의 소설을 읽다가 내가 지금 조선시대 패관류를 읽고 있는 것은 아닌가 하는 생각이 들 만큼 그의 소설은 어딘가 현실처럼 보이면서도 비현실적인 데가 있다. …… 그의 소설은 현실을 환기시키지 않는다. 아니면 현실의 특정 부분만 확대하여 과장한다. 그의 소설들에는 과정이 생략되어 있거나 아니면 단순하게 방향지워져 있다. 세계가 변해가는 과정, 삶이 흘러가는 과정은 그리 문제시되지 않는다. 세계가 변해가는 과정의 힘겨움, 삶이 진행되는 과정의 고통스러움이 세밀하게 포착되지 않는다. 왜냐하면 이미 그렇게 되도록 짜여 있기 때문이다. 그 힘겨움과 고통스러움의 세밀한 포착으로부터 현실이 환기될 터인데, 이문열 소설에는 그것이 드물다. …… 그러니 그의 소설만큼 메시지가 분명한 경우도 드물 것이다. 목적이 분명하고 결말이 뚜렷한데 메시지가 분명하지 않을 리 없다. 당연히, 이야기를 이끌어가는 화자의 태도도 뚜렷하다. 한 치의 흔들림도 없이 서사는 종막을 향해 질주한다. 묘사는 거의 없고 서사만이 살아 숨쉬는 것이 그의 소설이다. 결국 작가가 소설을 통해 말하고자 하는 바는 언제나 명확하다. 지적인 분석이 없는 것은 아니지만 그것은 표피적인 것에 불과하고 그 대신 이야기는 단순명쾌하다. …… 그의 소설은 고민스럽게 읽히지 않는다. 그냥 그가 만들어낸 이야기 속을 어슬렁거리면서 걸어다니면 족한 것이다. 그런 점에서 이문열의 많은 소설들은 말의 바른 의미에서 근대 소설이 아니라고 할 수 있다. 인물들도 화자도 세계에 대해 회의하지 않는다. 그들은 단일한 이념, 단일한 목적에 철저하게 종속된 존재들이다. …… 언젠가 마광수의 『즐거운 사라』를 어렵게 구해 읽으면서, 과연 이것이 근대 소설인가를 심각하게 고민한 적이 있었는데, 이문열과 마광수는 그런 점에서 멀지 않은 거리에 있다."[18]

'능란한 이야기 솜씨'

내용은 좀 다르지만, 이현식에 앞서 십수 년 전에 이문열 소설의 그런 독특한 이야기 구조를 간파해낸 사람이 바로 권성우다. 권성우는 서울대 국어국문학과 학생 시절 『대학신문』 1985년 12월 2일자에 기고한 〈이문열론: 세계관의 변화 과정에 대한 고찰을 중심으로〉라는 글에서 "이문열 문학의 가장 큰 한계점은 작품들의 세계관 유형이 닫힌 구조화되어 있어서 미래에 대한 전망을 획득하지 못하며, 그로 인하여 자족적인 세계에 그치고 만다는 점"이라고 지적하였다. [19]

권성우는 그로부터 4년 후 『작가세계』 1989년 창간호에 기고한 〈작가에게 보내는 젊은 비평가의 편지: 이문열 씨에게〉라는 글에서 좀더 정밀한 분석에 착수하였다. 그 내용을 소개하기에 앞서 권성우의 비평은 이문열에 대한 '애정'에서 비롯된 것으로서, 이문열이 "언젠가는 씌어질 문학사에서 몇 편의 재미있고 기발한 소설을 썼던 소설가가 아니라 주어진 시대의 문제에 대해 가장 치열하게 고뇌했던, 그리하여 독자들의 가슴 깊숙한 곳에 '영혼의 충격'을 주었던 소설가로 기록되기를 진심으로 바"라는 마음에서 이루어진 것임을 유념할 필요가 있겠다. [20]

권성우는 이문열의 『추락하는 것은 날개가 있다』를 읽으면서 이문열의 "문학이 항상 새로운 추동력에 의하여 풍부한 세계 인식을 보여주지 못하고 능란한 솜씨를 근간으로 한 상투적인 사건 구성에 점차 매몰되고 있다는 느낌을 받았"다고 말한다. [20] 또 그는 『황제를 위하여』를 다시 읽

---

18) 이현식, 〈삶의 생리, 소설의 논리: 이문열 소설에 대한 단상〉, 『문예연구』, 제21권(1999년 여름), 85-88쪽.
19) 권성우, 『비평의 매혹: 권성우 문학평론집』(문학과지성사, 1993, 제3쇄 1995), 259쪽에서 재인용.
20) 권성우, 위의 책, 258, 268쪽.

으면서 "이문열 문학의 가장 핵심적인 정수가 역시 무엇보다도 '능란한 이야기꾼의 솜씨'로 통칭되는 이야기의 축조 형식이라는 사실을 확인"했다고 말한다. [22]

그런데 권성우가 중요하게 생각하는 것은 이문열의 "작품들이 '능란한 이야기 솜씨의 자동화 현상'을 본격적으로 노정하고 있다"는 것이다. [23] 권성우는 읽으면 읽을수록 새로운 의미를 느끼는 소설이 있는가 하면, 오로지 한 번 읽는 것으로 충분한 소설이 있는데, 『황제를 위하여』는 전형적인 후자에 해당되는 작품이라고 생각한다면서 다음과 같이 말한다.

"그것은 당신의 작품들이 치열한 실존적 고뇌와 글쓰기에 대한 절실한 내면적 욕구에 의해서 씌어지는 글이라기보다는 대개 철저하게 미리 계산된 이야기꾼의 솜씨에 결정적으로 의존하기 때문입니다. …… 잘 구성된 능란한 이야기 솜씨가 한층 본질적이고 내용은 거기에 따라 부수적으로 주어지는 것이죠. …… 저는 당신의 소설 전반에 대한 형식주의적 분석이 절실히 필요하다고 생각하고 있습니다. 예컨대, 당신의 소설들이 함유하고 있는 '이야기의 구성 원리'를 치밀하게 규명하다보면, 당신의 작품들이 과연 무엇 때문에 발간되는 족족 베스트셀러의 대열에 진입하고 있는가 하는 점이 과학적으로 규명될 수 있으리라고 저는 생각하고 있습니다. …… 『황제를 위하여』가 이문열의 가장 중요하고 좋은 소설이 될 것입니다. 무엇보다도 당신 특유의 장기인 '능란한 이야기 솜씨'가 가장 본격적이며 이상적으로 현현된 것이 『황제를 위하여』이기 때문입니다. 따라서 당신이 밝힌 대로 당신이 주관적으로 가장 만족하는 작품이 『황제를 위하여』라는 사실은 당연합니다. 왜냐하면 『황제를 위하여』가 당신의 글쓰기 방식에 가장 적절하기 때문이겠죠." [24]

---

21) 권성우, 『비평의 매혹: 권성우 문학평론집』(문학과지성사, 1993, 제3쇄 1995), 260쪽.
22) 권성우, 위의 책, 261쪽.
23) 권성우, 위의 책, 261쪽.
24) 권성우, 위의 책, 261쪽.

권성우는 이제 이문열의 작품들에선 방법론의 고착적인 징후, 즉 '방법론의 자동화 현상'이 포착된다며 『황제를 위하여』, 『우리들의 일그러진 영웅』, 『추락하는 것은 날개가 있다』 등을 그 대표적인 예로 들고 있다. 과연 이문열이 이런 문제를 어떻게 타개해 나갈 수 있을까? 권성우는 다음과 같이 말한다.

"특히나 최근에 발간된 『추락하는 것은 날개가 있다』라는 작품은 무리한 구성과 우연의 남발로 '능란한 이야기 솜씨'가 부정적으로 작용했을 경우 어떠한 결과를 빚는지를 극명하게 보여주고 있습니다. 당신에게는 무엇보다도 당신의 창작 방법론에 대한 철저한 자각과 더불어 거기에 대한 일정한 반성이 필요하다고 생각되는군요. 말하자면, '방법론의 자동화 현상'을 돌파하여 새로운 경지로 진입하기 위해서는 글쓰기의 방법론에 대한 전면적인 재검토가 이루어질 필요가 있겠습니다." [25]

'이야기 구성 원리'를 은폐하는 장치

그러고 보니 이문열이 가장 부끄럽게 생각하는 소설이 『추락하는 것은 날개가 있다』라고 말한 게 생각난다. '능란한 이야기 솜씨'가 제대로 발휘되지 못했다는 뜻일 게다. [26] 권성우의 날카로운 비평안에 경의를 표하지 않을 수 없다. 물론 그가 이문열에게 "글쓰기 방법론에 대한 전면 재검토"가 필요하다고 말한 건 이문열이 소설을 쓰는 이유를 권성우가 제대로 이해하지 못한 데서 비롯된 무리한 요청일 수 있으므로 논외로

---

25) 권성우, 『비평의 매혹: 권성우 문학평론집』(문학과지성사, 1993, 제3쇄 1995), 263-266쪽.
26) 그럴 수밖에 없는 사연이 있었던 것으로 보인다. 문학평론가 이성욱은 한국 문학계가 할리우드와 비슷한 상업주의적인 스타 시스템을 갖고 있다며, 이문열과 관련된 한 신문 기사에 근거해 다음과 같이 말한다. "한번 '인기 작가'로 등극하게 되면 그 이름 자체가 '브랜드'가 되게 마련이다.……채 완성되지 않았음에도 불구하고 출판사의 재촉에 못 이겨 1주일만에 급조한 이문열의 『추락하는 것은 날개가 있다』가 베스트셀러가 되

시 論

李文烈

지금 우리 사회는 같은 철로 위에서 걷잡을 수 없는 투지로 서로를 향해 치닫고 있는 두 대의 기관차를 보고 있는 듯한 위기감에 빠져 있다. 해당 언론사 대다수에는 파산선고나 다름없는 국세청 추정에다 사주(社主) 구속을 앞두고 있는 나 이나의 언론과, 그런 조처의 정당성을 홍보하기 위해 총력전을 펼치는 듯한 이 정권이 그러하다.

이제라도 急制動 걸어라

때로는 어떤 희생을 치르더라도 피할 수 없는 싸움이 있을 수 있고, 그래서 둘 다 져서 함께 다치고(兩敗俱傷) 같이 끝장을 보는 것(同歸於盡)도 좋은 전략·전술일 수 있다. 하지만 지금 이 땅에서 마주보고 달리는 두 기관차는 그럴 수가 없고, 그래서도 안

된다. 왜냐하면 그 뒤의 객차에는 양쪽 모두 많은 국민들이 타고 있기 때문이다.

지금 이 시점에서는 사태의 본질이나 원칙론적 논의를 말할 것도 없고 방법론과 절차에 대한 시비조차 별 의미가 없어 보인다. 근래 몇 년처럼 정치적 수식어와 화장술이 발달한 적도 없었으며, 홍보의 탈을 쓴 정치적 프로파간다와 소수에 의한 다수 여론조작, 그리고 논의를 앞세운 언어적 폭력이 공공연하게 자행된 적도 없었다. 논리는 오래 전부터 무력해졌고, 대중의 이성은 혼란에 빠졌다. 거기다가 더욱 고약한 것은 이미 그런 것을 따지기에는 너무 늦었다는 느낌이다. 혁명이 일부 파괴적이고 폭력적인 양상을 띠는 것은 패퇴한 세력의 잔여 에너지와 승세를 탄 새로운 능축 에너지가 모두 극대화한 상태에서 충돌하기 때문이다. 그런 혁명의 비극적 소모를 피하기 위해 모색된 것이 점진적 변혁 혹은 개혁일 것이다. 그런데 80년대 이후 우리 사회가 선택한 것은 후자로 보인다.

야구를 예로 들어 경박해 보이지만, 87년 대통령 선거에서 우리는 고의사구(故意死球)로 노태우 정권을 걸러냄으로써 시간

을 벌어 양측의 에너지가 함께 약화되기를 바랐다. 패퇴한 쪽의 잔여 에너지가 유혈의 역전(逆轉)을 기도함으로써 생기는 비극적 소모를 피하기 위함이었는데, 그래도 갑간이 떠들던 쿠데타설은 그 잔여에너지의 활동을 느끼게 했다. 92년에 성립된 김영삼 정권은 처음 패퇴해 가는 세력의 구원투수쯤으로 보였다. 하지만 그게 위장이었다 하더라도 이 정권에다 가는 편한 세력지들의 능축 에너지가 많이 화석되었을 것이라 여겨 다음 선택으로 삼았다.

그리고 97년 이 정권이 출범했을 때 나는 10년의 세월을 믿었다. 그 완만한 변혁의 기간에 구제도의 잔여 에너지나 대항 세력의 능축 에너지는 거의 소진되었거나 함께 만들 미래에의 이상으로 순화되었으리라 여겼다. 그런데 아니었다. 우리 사회는 더욱 분열되고 대립은 더욱 격화되었으며 이제는 모종의 마지막 폭발을 예감케까지 한다.

참으로 염려스러운 일은 이번의 충돌이 바로 그 기폭제가 되는 것이다. 이 정권과 언론을 중심으로 방향을 달리하는 힘들이 급속하게 재편되고 결속되는 느낌을 떨쳐버릴 수 없다.

국세청이 언론기업의 탈세혐의를 검찰에 고발하는 것을 3개 방송사가 모두 생중계하고 종일 그 뉴스로 화면을 뒤덮은 걸 보면 유태인 학살을 정당화하는 나치의 대(對) 국민 선전 선동을 연상시킨다. 그런가 하면 아직 검찰과 법원의 판단이 남은 상태에서 그걸 바로 여당의 정권 재창출용 음모로 단정하고 사생결단으로 나오는 야당에서도 단순한 정권 이상 연한 방향의 사회력 결집이 느껴진다. 어쩌면 지난 10년 우리 사회는 순화되고 발전해온 것이 아니라 피할 수 없는 비극을 유예해온 것에 불과하지 않은가 하는 두려운 자문(自問)이 일기도 한다.

나치의 선전·선동 연상

기관사들이여, 이제라도 급제동(急制動)을 걸어라. 브레이크를 밟아라. 늦었더라도 승객의 피해를 최소한으로 줄일 수 있도록. 하지만 굳이 두 기관차가 충돌로 승패를 가름해야 한다면 나는 언론쪽의 승리를 기원할 수밖에 없다. 왜냐하면 정권은 한 시대의 정치제도가 빚어낸 가변적 현상이지만 언론은 제도 그 자체로서 영구적이기 때문이다. 언론이 없고 정부만 있는 사회보다는 정부가 없고 언론만 있는 사회를 선택하겠다는 말은 바로 이 뜻이 아니었던가. /소설가

※본란(本欄)의 내용은 본지의 편집방향과 일치하지 않을 수도 있습니다.

'신문없는 정부' 원하나

(『조선일보』, 2001년 7월 2일)

이문열은 '교양적인 지식'으로 독자들을 포섭해, 즉, 수구 신문들을 포함한 수구 기득권 세력으로부터 사랑받을 수 있는 이념적 메시지를 전파해왔다.

하자.

자, 그런데 궁금한 건 이문열이 어떻게 '능란한 이야기 솜씨'만으로 대중을 사로잡은 건 물론이고 평단까지 사로잡을 수 있었는가 하는 것이다. 물론 그에 대한 평단 일각의 비판은 만만치 않았지만, 그 대부분의 비판이 이야기 내용을 문제삼은 것이었으므로 여기선 그러한 이념적 평

었다는 이야기는 그 '브랜드'의 현실적 위세를 보여준다."; 이성욱, 〈베스트셀러의 현황과 문제점: 동시성과 욕망의 지수〉, 『작가세계』, 제42호(1999년 가을), 99쪽. "1주일만에 급조"라는 건 무슨 오해가 개입된 오보가 아닌가 생각되지만, 이 소설을 부실하게 냈다는 건 이문열 자신도 시인하고 있다. 그러나 이문열은 이런 사정을 〈작가의 말〉에서 그 특유의 '기만의 수사학'으로 다음과 같이 정당화하고 있다. "그레이엄 그린은 자신의 작품을 두 가지로 분류해 어느 한쪽에서는 문학적인 면책(免責)을 호소했다지만 나는 그렇게까지는 하고 싶지 않다. 그래도 이 작품은 내 이름을 달고 나갈 엄연한 내 정신의 자식이며─적어도 그때의 그 상황에서는 최선을 다해 썼기 때문이다." 이문열, 〈작가의 말〉, 『추락하는 것은 날개가 있다: 이문열 장편소설』(자유문학사, 1988, 제8쇄 1989), 298쪽.

48 이문열과 김용옥 (상)

가는 잠시 배제하기로 하자. 순전히 문학적인 비평으로만 따졌을 때에 권성우와 이현식의 비평은 흔하지 않은 편이다. 이문열이 '능란한 이야 기꾼'이라는 말은 많은 사람들이 해왔지만, 그걸 깊이 있게 탐구하지는 않았다. 이 점이 중요하다. 왜 그렇게 된 걸까?

나는 이문열의 현학과 교양주의가 그의 단순한 '이야기 구성 원리'를 은폐하는 데에 적잖이 기여했을 것이라고 생각한다. 이는 비단 소설뿐만 아니라 '사회과학서 읽기'에서도 벌어지는 현상이다. 아마 '유려한 문 장' 덕도 있을 게다. 김용옥의 다음과 같은 주장이 그 점을 시사한다.

"프로이드는 내가 즐겨 쓰는 말로, 나만큼이나 '구라가 좋은' 사람이 다. 그는 유려한 문장을 쓰기로 유명한 사람이다. 그의 문장을 읽다보면 그의 논리의 허점을 보지 못할 정도로 아름다운 문학성에 빠져버리고 만 다. 그래서 우리는 특별히 조심을 해야 한다고 말한다."[27]

과연 무엇이 '유려한 문장'인가에 대해선 사람들마다 생각이 다를 수 있을 것이나, 이문열의 경우 '리듬'과 '어감'에까지 신경을 쓴다는 걸 염 두에 둘 필요가 있겠다. 이문열은 언젠가 자신의 글쓰기 비결을 묻는 질 문에 대해 웃으면서 그건 '산업 비밀'이라고 말한 적이 있는데, 어느 대 담에서 그 '산업 비밀'의 일부를 다음과 같이 털어놓았다.

"저는 지금도 독자들에게 제 글이 부드럽고 인상적으로 읽히길 기대 할 때는 리듬에 맞추어서 씁니다. 우리에게 익숙한 리듬이란 3.4조나 7.5조 아니겠어요? 산문에는 리듬이 필요 없다고 한다면 이는 틀린 말입 니다. 또 어감의 선택도 중요하다고 봅니다. 예를 들어 '꽝', '팍', '땅' 등의 소리가 문장 속에 들어갈 때 그 의미에 있어서도 부드러운 느낌을 유발하기는 어렵지 않겠습니까?"[28]

---

27) 김용옥, 『여자란 무엇인가?』(통나무, 1989, 중판 1990), 161쪽.
28) 김종회, 〈문학대담/이문열: 문학의 외길로, 지천명(知天命)의 언덕을 넘어〉, 『문예중 앙』, 1998년 겨울, 118쪽.

타협적 삶에 '세련된 논리'를 제공한다

이상 살펴본 바와 같이, 이문열 소설이 잘 팔리는 가장 큰 이유가 바로 그 교양주의에 있다는 건 꽤 설득력이 높다는 데에 동의하시라 믿는다. 이문열 역시 『월간조선』 1990년 6월호 인터뷰에서 자신의 '교양주의'에 대해 다음과 같이 고백한 적도 있다.

"저는 제 작품이 많이 팔린다는 것을 좋게만 생각하지는 않습니다. 요즈음은 제가 대중의 기호, 보다 구체적으로 말하면 구매력을 지닌 중산층의 교양주의에 영합하고 있는 것은 아닌가 하는 생각을 많이 하고 있습니다." [29)]

이문열이 그걸 아니 다행이긴 하지만, 그 의미는 그가 생각하는 이상의 것이다. 생각해 보라. 한국에서 교육열은 신앙이며, 교양은 '유사 교육열'로 일종의 사이비 신앙이다. 앞서 말씀드린 바와 같이, 우리 나라 사람들이 재미있는 영화 한 편을 잘 보고 나서도 '재미는 있는데 남는 게 없어'라는 말을 당당하게 하는 것도 바로 그런 사이비 신앙을 믿고 있기 때문일 것이다. 그래서 무언가 남는 것 같은 느낌을 주는 교양주의는 무서운 괴력을 발휘한다.

그러나 교양주의가 이문열 소설이 누리는 인기의 주된 이유라는 건 어디까지나 '시장 논리'를 중심으로 한 분석일 뿐이고, 시장에 큰 영향을 미치는 외적 요인을 살펴보자면 그가 한국 사회의 권력과 금력을 장악한 수구 기득권 세력(수구 신문 포함)으로부터 사랑을 받을 수 있는 '이념적' 메시지를 소설에 듬뿍 담음으로써 그들을 '판촉요원'으로 활용할 수 있었다는 점을 간과해선 안 될 것이다.

어찌됐건 이문열은 교양주의라고 하는 무서운 괴력의 이치까지 제대

---

29) 이선민, 〈소설가 1백7명이 뽑은 한국의 대표 소설가 10인〉, 『월간조선』, 1990년 6월, 316-339면.

로 꿰뚫어 보고 있을 뿐만 아니라 그걸 자신의 성공을 위해 최대한 이용한다. 그러니까 지식으로 독자들을 포섭해, 즉 부드러운 '지식 폭력'을 행사해가면서, 수구 신문들을 포함한 수구 기득권 세력으로부터 사랑을 받을 수 있는 이데올로기를 전파시키는 것이다. 이와 관련, 문학평론가 홍정선은 이문열과의 대담에서 다음과 같은 완곡한 질문을 던졌다.

"어떤 체제나 가치 체계에도 확고한 신념을 가질 수 없도록 만드는 현실이 우리 앞에서 벌어지고 있다고 할 때 이 선생님의 소설이 거기에 좀 더 세련된 논리를 부여해 주는 기능을 하지 않았나 하는 것이지요. 이런 점에서 선생님의 소설은 지적이라는 좋은 평가와 함께 비판도 받았었는데……"[30]

홍정선이 말한 '세련된 논리'라고 하는 것의 정체는 과연 무엇일까? 그건 이렇게 볼 수 있을 것이다. 사람들은 강력한 권력을 갖고 있는 수구 기득권 세력이 지배하는 아름답지 못한 기성 질서에 굴종하거나 타협하는 삶을 살면서 무언가 막연하게나마 불편해 하는 심정을 갖고 있다. 비굴하다고 생각하기 때문이다. 그때 이문열이 혜성처럼 나타나 '이것 봐. 인간 세상이란 게 그런 게 아니야' 하면서 자신의 실업자 시절에 읽었던 어려운 책들에서 자기 마음대로 그럴 듯한 말을 뽑아서 독자들을 달래준다. 그러니 독자들로선 일석이조(一石二鳥)인 셈이다. 소설 한 편 재미있게 읽은 데다 자신의 삶에 정당성까지 부여받았으니 어찌 이문열을 사랑하지 않을 수 있으랴.[31]

만약 이러한 가설이 타당하다면, 세상에 이런 지식폭력이 또 있을까? 그러나 이문열은 그런 이치를 스스로 알고 있는지 모르고 있는지 홍정선의 질문에 다음과 같이 답한다.

"문학 지망생 시절부터의 오랜 고정관념 중의 하나는 소설의 여러 기

---

30) 이문열, 『시대와의 불화: 이문열 산문집』(자유문학사, 1992), 241-242쪽.

능 중에서 빼놓을 수 없는 것이 교양주의적(이런 용어가 가능한지는 알 수 없으나) 요소라는 것입니다. 교양주의적인 요소는 계몽하고 또 다른 겁니다. 고급스럽고 전문적인 지적 욕구를 충족해 주는 그것이 대단한 자원은 아니라 할지라도 독자가 책을 선택할 때 일정한 양의 교양적 욕구가 분명히 있습니다. 그런데 이런 부분을 우리 문학이 너무 등한시한다는 느낌을 받을 때가 많습니다. 따라서 내가 작가가 되고 난 후에 남보다 더 그 부분을 챙기게 되다 보니까 아마 조금 두드러지게 보였는지는 모르겠지요."[32]

이문열 비판의 방법론에 대해

그러나 내가 보기엔 조금 두드러진 정도가 아니라 그 이상인 것 같다. 아니 그것보다 더 중요한 것은 다른 문인들의 현학(衒學)은 대중 독자를 쫓아내는 효과를 발휘하는 반면, 이문열의 현학은 대중 독자를 매료시킨다는 점이 더 중요한 게 아닐까? 이는 다른 문인들은 현학뿐이지만 이문열에게 현학 이외의 다른 재능이 있다는 걸 말해주는 걸로 이해할 수 있을 것이다.

이문열의 현학(衒學)은 그 내용이 타당하거나 적절한 건가? 이건 아주

---

31) 이와 관련, 문학평론가 임우기의 다음과 같은 견해도 참고할 필요가 있겠다. "(이문열) 씨의 그간의 엄청난 대중적 인기는, 씨의 작품으로 보자면, 당시 독재 권력 하에 엄혹했던 민중들의 현실을 적당히 건드리면서 사실상 관념적인 낭만주의 세계로 80년대 준열한 사회의식을 희석시키거나 호도시켰던 것이다. 맹목적에 가까운 낭만주의와 대학생 철학도의 의식 세계를 연상시키는, 다분히 상식적이면서도 관념적이고 사변적인 내용, 그리고 개념 취향적이고 의고적(擬古的)인 씨의 문체는 80년대, 90년대의 이념과 관행에 의해 무차별 세례를 받았던 학생 및 대중 의식의 불안한 허기(虛氣)를 적당히 충족하며 그 시대에 주도면밀하게 상응했고, 이와 더불어 언론과 지배권력과의 밀월 여행이 사실상 이문열 문학의 '대성공' 배경이었던 것이다. 적어도 의도했건 안 했건 이문열 문학은 80년대 극우적 권력의 요람에서 키워졌다는 점은 부인키 힘들다." 임우기, 〈문인과 문학을 생각한다〉, 「문예중앙」, 제91호(2000년 가을), 304-305쪽.
32) 이문열, 「시대와의 불화: 이문열 산문집」(자유문학사, 1992), 242쪽.

재미있는 주제임에도 불구하고 이걸 본격적으로 분석한 글을 나는 전혀 보지 못했다. 이는 나의 다음 과제로 미루겠지만, 아마도 한국 문단에 어설픈 현학이 만연해 있기 때문에 "누가 누구에게 돌을 던지랴"하는 공범의식이 작용해 그렇게 된 건 아닌지 모르겠다.

그런 가운데에도 김정란이 『아가』와 관련하여 이문열의 현학에 대한 문제 제기를 한 게 돋보인다. 이문열은 『아가』에서 '환유(換喩)'니 '기호(記號)'니 하는 용어들을 쓰고 있는데, 이는 과연 제대로 사용된 것인가? 김정란은 둘 다 적절하지 않게 여겨진다고 말한다.[33]

내가 더욱 궁금하게 생각하는 건 문학평론가도 아닌 소설가가 굳이 그렇게 어려운 말을 써야 할 필요가 무엇인가 하는 것이다. 물론 굳이 답을 드리지 않더라도 바로 그게 내가 여태까지 이 글에서 말하고자 했던 주된 메시지였음을 이해하시리라 믿는다.

이제 이야기를 정리해보자. 앞서 이명원은 이문열 연구를 "한국적 보수주의의 구조화된 이데올로기적 기반과 그것의 운용방식을 검토"할 수 있는 기회로 볼 수 있다고 말했다. 물론 이 책이 바로 그러한 시도를 하고 있지만, 내가 이 글에서 궁극적으로 말하고자 했던 건 이문열을 이념적 · 정치적 관점에서만 비판하는 건 매우 불충분하다는 점이었다.

이와 같은 이치는 우리 시대의 모든 비판 행위에 적용될 수 있다. 보수 이데올로기 또는 극우 이데올로기는 겉보기에 아무리 혐오할 만한 것일망정 그 나름대로 대중의 일상적 삶에 깊은 뿌리를 내리고 있는 것임을 잊어선 안 될 것이다. 이문열은 바로 그 '뿌리'를 꿰뚫어 보면서 그걸 정당화시키는 이론가로서의 역할을 자임해 온 것인지도 모른다.

그간 이문열에 대한 비판자들은 주로 좌파 · 진보적 지식인들이었다.

---

33) 김정란, 〈우아(優雅)한 사랑 노래? 아가(雅歌)?〉, 『문예중앙』, 제90호(2000년 여름), 366-368쪽.

그들의 비판은 표면적으론 옳았을망정 심층적으론 이문열과 그의 지지 기반에 타격을 거의 주지 못했다. 한국적 상황에서 이념 구도는 원초적으로 공정할 수 없는 게임이기 때문이다. 오히려 그들의 비판이 이문열을 보호해주는 기능을 수행했다면 믿을 수 있겠는가? 이에 대해 섭섭해하거나 화를 낼 분들이 적지 않겠지만, 그게 엄연한 현실임을 어찌 부인할 수 있으랴. ▨

이문열의 곡학아세(曲學阿世) 논쟁

이문열과 문언유착

이문열의 '언어폭력'

최근의 '언론 세무조사' 정국에서 이문열이 『조선일보』 7월 2일자에 기고한 〈'신문없는 정부' 원하나〉라는 칼럼, 그리고 『동아일보』 7월 9일자에 쓴 〈'홍위병'을 떠올리는 이유〉라는 칼럼은 큰 논란을 불러일으켰다. 언론개혁을 지지하는 사람들에게 '나치'와 '홍위병'이라는 언어폭력까지 행사한 이문열의 속셈은 과연 무엇이었을까?

이문열의 그런 행태는 주기적으로 반복되고 있다는 사실에 주목할 필요가 있다. 그는 자신의 본격적인 '언어폭력'의 데뷔작으로 1989년 『조선일보』에 쓴 칼럼을 들고 있다.[1] 그는 신부 문규현에게 "차라리 사제복

---

[1] 박종주, 〈와이드 인터뷰/ '권언전쟁' 와중에서 '곡학아세' 공격받은 이문열〉, 『월간중앙』, 2001년 8월, 92쪽. 이문열은 87년이라고 말했지만 89년이다.

을 벗으라"고 호통을 친 분이다. [2] 자기가 교황인가? 아니 교황은 그럴 수 있나? 자기가 하나님인가? 이 칼럼에 충격을 받은 덕성여대 영문과 교수 윤지관은 『문학정신』 1989년 9월호에 쓴 〈믿음의 길 문학의 길〉이라는 글에서 다음과 같이 말하고 있다.

　　보수반동의 목청을 높이고 있는 한 조간신문 7월 28일자에 세칭 인기 작가인 이문열 씨가 나와서 이 신부님들이 바로 예수를 앞장서 목매달 사람들이라고 빈정거리고 있지 않은가! 필자는 기가 막혀 눈이 뚱그래졌다. 그러나 마음을 다잡고 다시 읽어보고 나서는 필자 또한 필자의 친구들에 못지 않게 분개하고 말았던 것이다(하기는 이 글을 실은 『조선일보』는 그 며칠 후 명동성당에서 8일째 단식농성을 하다가 수십 명이 탈진하여 치료를 받고 있는 전교조 선생님들의 눈물겨운 정경을 두고 "먹고 자는 천막촌" 운운하는 날조 기사를 지방판에 내보냈다가 그 다음날 사과기사를 내는 소동을 벌이기도 했다).

　　이씨의 글 〈메시아를 거부할 사람들〉은 한 마디로 터무니없는 악의를 교묘한 말솜씨로 포장하고 있었다. 필자는 이 자리에서 헌법에도 보장된 사상과 표현의 자유를 시비할 생각은 없다. 그러나 문학을 전공하고 가르치는 사람 중의 하나로서 불필요한 현학과 글재주의 해악에 대해서는 새삼 느끼는 바가 있었다. 필자에게는 이씨의 글을 여기서 길게 소개할 여유도 의사도 없다. 다만 민주와 통일을 기원하는 신부들의 뜻이 "소수 학생운동의 장단에 맞춰 춤추는 일"로, "가난을 무기로 삼아 싸우기를 부추"기거나 "가진 자의 '박멸'을 못 가진 자에게 권하는 일"로 둔갑하고 마는 마술을 보고 싶은 사람은 한 번쯤 그것을 찾아 읽어봐도 무방하리라 생각한다.

---

2) 이우용, 〈이문열 연구: 오만과 편견 그리고 허무주의〉, 『월간 말』, 1989년 11월, 156쪽.

"성경을 깊이 공부하다보면 자구(字句)를 비틀거나 삭제할 능력이 생기는지 모르지만"이라! 대단한 독설이다. "기다려도 기다려도 신의 섭리가 인간의 정의로 나타나지 않는 데 분노한 것일까" 운운. 그야말로 좁고 비틀린 시각으로 신부들을 매도하는 이 굉장한 냉소꾼이 우리 사회에 만연된 부패와 곳곳에서 벌어지는 부당한 현실에 대해서는 의외로 관대한 아량을 가지고 있는 듯하니 모를 일이다. 사실 이문열 씨는 평범한 재능의 작가로서는 좀 과하다 싶을 정도의 명성을 누리고 있는 대중작가이다. [3]

이문열이 좀 과하다 싶을 정도의 명성을 누려 온 건 사실이지만, 그를 '평범한 재능의 작가'로 보는 건 사태 파악을 제대로 한 것 같지는 않다. 그렇게 사태 파악을 잘못하게 되면 대중이 이문열 소설을 좋아하는 이유를 제대로 규명하는 것도 어려워질 것이니, 이문열을 무조건 나쁘게 이야기한다고 해서 이문열의 부정적인 영향을 극복하는 데에 도움이 안 될 것이다.

어쩌면 이문열의 그런 '언어폭력'은 자신의 재능에 대한 과신(過信)에서 비롯된 건지도 모른다. 그리고 그가 과신을 해도 좋을 만큼 우호적인 여건(특히, 신문들의 지지)이 마련돼 있다는 데에 눈을 돌려야 할 것이다.

많은 사람들이 자신은 이문열을 잘 안다고 생각한다. 물론 그의 생각을 잘 안다고 생각한다는 말이다. 과연 그럴까? 나는 대부분의 진보적 지식인들도 이문열을 정확히는 모르고 있다고 생각한다. 예컨대, 성공회대 교수 김동춘은 〈'막가는' 이문열〉이라는 제하의 칼럼에서 "지난 13일자 『조선일보』 지상을 도배한 이문열의 인터뷰는 그를 그냥 보수적 지식인, 상처받은 허무주의자로 인정하려 했던 필자의 생각을 확실히 바꾼 계기가 됐다"고 말한다. [4] 그러나 이문열은 아주 오래 전부터 '막가는'

---

3) 윤지관, 『민족현실과 문학비평』(실천문학사, 1990), 160-161쪽.

이문열 "아첨 한적없다…" '曲學阿世' 논쟁 "말을 말았어야…" 추미애

"세무조사에 문제 언론의 승리 기원"

"언론권력 편드는 지식인풍토 문제"

민주당 추미애 의원이 3일 언론사 세무조사 문제와 관련해 소설가 이문열씨의 조선일보(7월2일자) 기고문을 거론하며 '일부 지식인이 곡학아세(曲學阿世·바른 길에서 벗어나 학문으로 시류나 권력에 아첨해 인기를 얻으려 함)하고 있다'고 비판하자 이씨가 4일 이를 강하게 반박해 논란이 일고 있다.

추 의원은 3일 당원회의에서 이씨를 겨냥, '인터넷신문 '오마이뉴스'에서 '이 소설가야 말로 우리들의 일그러진 영웅'이라고 비판한 글을 흥미롭게 읽었다"면서 "지성인들이 일부 신문의 지면을 통해 성장한 뒤, 언론에 곡학아세해서야 되겠느냐"고 비판했다. 추 의원은 취임에도 "이문열이 개인을 비판하려는 것이 아니라 기득권 언론을 통해 성장한 지식인들이 자신의 지식을 팔아 권력에 이양되는 것을 비판하게 됐다"이라면서 "이씨가 '브레이크를 밟아달'라며 언론과 정부의 충돌을 피하라고 주문한 것은 예세로 밑으로 국민의 판단을 흐리게 하는 것이며 이씨는 자리를 말을 하지 말았어야 했다"고 자신의 입장을 재확인했다.

이에 대해 이문열씨는 이날 "정치인이 얘기한 것에 개입하고 싶지 않으며 대응할 필요도도 느끼지 않는다"고 전제하면서도 "내가 아첨을 하려고 한다면 정부나 시민단체 쪽에 붙는게 낫지 왜 특히 언론의 편을 들겠느냐. 나는 그 글을 써달라고 부탁받은 일도 없고 내가 그 글을 안썼다고 해도 그 신문과의 관계가 끊어지는 것도 아니다"

고 반박했다.

이씨는 언론사 세무조사에 대해 "지금 쟁점은 언론자유나, 언론의 사회적 책임이냐가 아니며 역사상 정적을 제거할 때 명분이 없었던 경우는 없다"면서 "세무조사 자체가 나쁘다는 게 아니라 이번 세무조사에 문제가 있다는 것"이라고 말했다. 이씨는 "이번 세무조사가 언론자유를 침해한다고 보느냐"는 질문에 대해서는 "아주 개연성이 높다. 권력이 할 법성을 가감해 신문에 강요하는 측면이 강하다"며 비판적 입장을 보였다.

이에 앞서 이씨는 '신문없는 정부(정)) 원하나'라는 제목의 기고문에서 "국세청이 언론기업의 탈세혐의들 검찰에 고발하는 것을 3개 뿐인 방송사가 모두 생중계하고 종일 그 뉴스로 화면을 뒤덮는 것을 보면 유태인 학살을 정당화하는 나치의 대국민 선전선동을 연상시킨다"고 정부측을 비판했다. 이씨는 또 '언론과 정권이라는) 두 기관차가 충돌로 승패를 가름해야 한다면 나는 언론폭의 승리를 기원할 수밖에 없다"고 강조했다.

이씨는 기고와 대화 인터뷰신문 '오마이뉴스'는 '이씨가 탑세 언론사를 비호함으로써 문학적 명성을 먹칠을 했다'고 비판했다. 민주당 전용학 대변인은 추 의원의 발언에 대해 "언론의 자유와 함께 사회적 책임이 병행되는 것이라는 입장으로 정리했다"고 말했다.

/한종호·오남석기자

(『문화일보』, 2001년 7월 4일)

이문열은 추미애와의 공방에서 "정치인의 잣대로 문화인을 폄하하지 말라"고 외치지만, 자신은 웬만한 정치인도 하기 힘든 '언어폭력'을 저질러 놓고 '문화인'이라는 특권을 앞세워 '정치인'에 비해 도덕적 우위를 누리고 있는 건 아닐까?

모습을 보여 왔다는 걸 상기할 필요가 있다. 그의 '막가는' 모습에 대해 이루어진 그간의 분석은 대체적으론 타당할망정 핵심을 제대로 건드리진 못했다는 것이 나의 생각이다.

『조선일보』의 '추미애 죽이기'

이제 본론으로 들어가 보자. 이문열은 『조선일보』 7월 2일자에 기고한 〈'신문없는 정부' 원하나〉라는 칼럼으로 인해 국회의원 추미애로부터 곡학아세(曲學阿世)한다는 비판을 받았다. 그 이후 벌어진 일은 세상

---

4) 김동춘, 〈'막가는' 이문열〉, 『대한매일』, 2001년 7월 20일, 6면.

을 떠들썩하게 만든 '뉴스'가 되었던 만큼 여기서 반복하지 않겠지만, 『조선일보』의 '추미애 죽이기'만큼은 짚고 넘어가는 것이 좋겠다. '문화 특권주의'를 이토록 드라마틱하게 보여주는 사례가 또 있을 것 같지 않기 때문이다.

이문열은 그간 잦은 '언어폭력'을 행사해 왔으면서도 매번 무사했다. 한국 사회의 여론을 지배하는 조중동(조선 – 중앙 – 동아)이 흡족해 할 만한 발언들을 해왔기 때문일 것이다. 예컨대, 이번에도 『조선일보』가 7월 13일자 전면 인터뷰를 통해 이문열을 지원사격하는 걸 보면,[5] 이문열과 『조선일보』는 해병대의 전우애보다 더 뜨거운 '공동 운명체'가 아닌가 하는 생각이 든다.

그러나 조중동과의 유착만이 전부는 아니다. 이문열은 '문화특권주의'의 혜택을 보았다는 점을 간과해선 안 될 것이다. 이문열은 추미애와의 공방에서도 "정치인의 잣대로 문화인을 폄하하지 말라"고 외쳤다.[6] 이게 바로 늘 이문열이 숨곤 했던 그의 은신처가 아닐까. 웬만한 정치인도 하기 힘든 '언어폭력'을 저질러 놓고 자신은 '문화인'이라는 특권을 앞세워 '정치인'에 비해 도덕적 우위를 누리고자 하는 게 아니냐는 것이다. 추미애는 이문열의 그런 수법을 다음과 같이 지적하였다.

"이문열 씨는 정치인의 잣대로 문화인을 폄하한다고 강변하면서, 어느 공간에서나 자가당착적인 말을 하고 있다. 문학적 공간이 아닌 오피니언 리더를 자처하면서 시론을 쓸 때는 올바른 가치관과 역사관을 가지고 있어야 하는데 번번이 그러하지 못했다."[7]

---

5) 김광일, 〈'신문없는 정부 원하나' 기고···논쟁 불지핀 작가 이문열 씨: "소수파 정권은 비제도적 폭력에 유혹느껴"〉, 『조선일보』, 2001년 7월 13일, 8면.
6) 임석규, 〈추미애 민주당의원: 기득권영합 '야만적 지식인' 많다〉, 『한겨레』, 2001년 7월 24일, 5면.
7) 임석규, 위의 글.

반면 추미애는 정치인이라는 이유 하나만으로 『조선일보』에 의해 '죽이기'를 당하는 매우 억울한 일을 겪었다. 그냥 얘기나 하자며 사적으로 만들어진 자리에서 한 이야기를 몰래 녹음해 1면에 대서특필한 『조선일보』기자와 『조선일보』를 과연 어떻게 보아야 할 것인가? 한신대 사회학과 교수 김종엽의 다음과 같은 진단에 동의하지 않을 수 없다.

홍미로운 것은 추미애 의원과 정작 말다툼을 하며 '사주 같은 놈'이라는 말을 들은 사람은 『동아일보』기자라는 점이다. 그렇다면 그때의 장면은 이렇게 추정할 수 있다. 추미애 의원과 『동아일보』기자가 험한 말을 주고받았다. 그 순간 그 자리에 있던 『조선일보』기자는 즉각 이것이 '특종'이라는 감을 잡고 그것을 휴대폰으로 녹음해서 재빨리 본사에 '송고' 했다(이것이 데스크가 아니라 『조선일보』일선 기자들의 몸에 밴 감각이라는 사실, 참 경악스럽기는 하다). 그렇다면 사건의 당사자인 기자가 몸 담고 있는 『동아일보』는 어떻게 했는가? 다음날 보도하지 않았다. 그러다가 7월 7일 아침 판부터 『조선일보』도 혀를 찰 정도로 흥분하며 이 사실을 대서특필하기 시작했다. 이 하루 늦은 『동아일보』의 흥분은 무엇을 의미하는가? 그 경과에 대해 합리적으로 이해하는 길은 이렇다. 처음에 『동아일보』야간 데스크는 그 사실을 술자리의 가십거리 정도로 여겼지, 신문의 제1면을 차지할 가치가 있다고 판단하지 않았다. 그러나 『조선일보』가 그 사건을 대서특필하자, 『동아일보』는 자신의 판단이 '잘못된' 것이라고 생각했고, '자성' 하듯이 『조선일보』를 따라 그것을 대서특필한 것이다. 이런 사례는 무수히 많다. 신문의 판수를 눈여겨볼 정도의 예민한 독자라면 설령 같은 날에 발간된 신문이라고 해도 동아나 중앙이 어떻게 조선을 추종하고 있는지 알아챌 수 있다. 그리고 이런 사실은 『조선일보』가 가장 수구적이고 냉전적인 신문일 뿐 아니라, 『동아일보』나 『중앙일보』의 논조를 사실상 지배하고 있는 뱀의 머리임을 말해 준다. 추미애

사건은 왜 조선이 문제이고 왜 조선이 전략적으로 '고립된' 비판대상이어야 하는지, 조선의 영향력 축소가 왜 그토록 필요한지를 다시 한 번 보여준 사례다.[8]

소설가에게 더 무서운 권력은 신문이다

이문열은 '곡학아세'라는 비판에 대해 "내가 아첨을 하려고 한다면 정부나 시민단체 쪽에 붙는 게 낫지 왜 특정 언론의 편을 들겠느냐. 나는 그 글을 써달라고 부탁받은 일도 없고 내가 그 글을 안 썼다고 해도 그 신문과의 관계가 끊어지는 것도 아니다"라고 답했다.[9]

과연 그럴까? 나중에 자세히 다루겠지만, 이문열은 언젠가 국회의원 공천을 주겠다는 정치권의 유혹을 뿌리친 이유로 '수지 타산'이 안 맞는다는 걸 든 적이 있다. 모든 이해득실을 총체적으로 따져 볼 때에 '소설가 이문열'이 '국회의원 이문열' 보다는 훨씬 더 알차다는 것이었다.

그러한 이치를 그의 '곡학아세'에 적용한다면, 소설가에겐 아무래도 '정권' 보다는 '유력 일간지'가 훨씬 더 강력한 권력을 가진 존재임에 틀림없을 것이다. 정권은 아무리 발버둥쳐도 이문열의 소설을 팔아줄 길이 없다. 공무원들에게 그의 소설을 강제로 읽게 할 수도 없는 일이고 그의 소설을 사서 국민에게 뿌릴 수도 없는 일이다. 소설가에게 힘이 되는 건 두말할 필요 없이 신문이다.

어디 그뿐인가. 신문과 친하면 신춘문예와 문학상 심사위원이라는 막강한 권력도 누릴 수 있고 해외여행도 수시로 갔다올 수 있다. 솔직한 건지 도무지 생각이 없는 건지 알 길이 없지만, 이문열은 어느 인터뷰에선

---

8) 김종엽, 〈추미애 욕설파문으로 드러난 뱀의 머리〉, 『월간 말』, 2001년 8월, 240쪽.
9) 『문화일보』, 2001년 7월 4일, 4면.

자신이 『조선일보』에 쓴 칼럼에 대해 말하면서 그걸 다음과 같이 털어놓았다.

"나치의 대국민 선전·선동이 생각나 격앙된 상태에서 글을 썼습니다. 처음엔 『조선일보』에 기고할 생각이 아니었어요. 『조선일보』는 여러모로 부담이 돼서요. 동인문학상 심사위원에다 지난 2월엔 『조선일보』 후원으로 시베리아에 갔다왔거든요. 그래서 『동아일보』에 보낼 생각으로 쓰고 있었는데 마침 『조선일보』 기자한테 원고청탁 전화가 걸려왔어요." [10]

그거 참 대단하다. 『조선일보』 후원으로 시베리아 여행을 공짜로 했기 때문에 『조선일보』는 여러 모로 부담이 됐다는 이문열의 윤리 의식이 말이다. 그러나 그 윤리 의식은 그만 전화 한 통으로 무너지고 말았다.

이문열의 신문과의 유착

이문열의 '곡학아세' 혐의가 타당하건 타당하지 않건 그의 항변은 부정직한 것이었음에 틀림없다. 이문열의 부정직을 좀더 실감나게 이해하기 위해 여기서 내가 역설해온 '미디어 지식인'이라는 개념을 다시 살펴볼 필요가 있겠다. 나는 이 개념정의(定義)를 "미디어를 가장 중요한 사회참여적 활동 무대로 이용하기 위해 미디어의 요구와 필요에 최소한의 타협을 하는 동시에 미디어를 비교적 성역과 금기로 간주하고 그 원칙에 따라 사회 이론을 개발해내고 사회비평을 하는 지식인"이라고 내린 바 있다. [11]

---

10) 조성식, 〈인터뷰/ '홍위병' 파문 이문열의 4시간 격정토론: "언론은 자성하고 정부는 양보하라"〉, 『신동아』, 2001년 8월, 113쪽.
11) 강준만, 『한국 지식인의 주류 콤플렉스』(개마고원, 2000), 16쪽.

'미디어 지식인' 이 탄생하게 된 가장 큰 이유는 지식인들의 '인정에 대한 욕망' 이다. 그 욕망을 충족시켜줄 수 있는 게 바로 미디어이기 때문에, 그들의 사회 참여는 '미디어의, 미디어에 의한, 미디어를 위한' 것이라고 해도 과언이 아니다.

어찌 생각하면 한국 사회가 '미디어 공화국' 이다. 그 공화국 내의 위계질서를 이해해야 한국 사회를 제대로 이해할 수 있다. 일개 가문(家門)이 겨우 한 자릿수 지분을 갖고 거대한 기업 군(群)을 마음대로 좌지우지하는 것과 비슷한 현상이 미디어 시장(市場)에 작동하고 있음을 이해해야 한다.

대학 교수의 수가 크게 늘어 그들의 '인정 투쟁' 이 치열해졌다는 점도 '미디어 지식인' 이 탄생하게 된 배경으로 작용하고 있는 것으로 보인다. [12] 1999년 현재 전국 204개 4년제 대학의 전임강사 이상 대학교수는 모두 4만 5천여 명에 이른다. 박사 학위 소지자는 3만 7천여 명이며, 해외 대학에서 학위를 취득한 교수는 1만 4천여 명(40.1%), 그리고 미국 박사가 1만여 명에 이른다(일본 박사 1900명, 독일 1092명, 프랑스 616명, 영국 329명). [13]

---

12) 극소수에 지나지 않으리라 믿지만 한 언론인의 다음과 같은 비판도 있다. "삐삐와 휴대 전화로 무장하고 하루라도 잠시라도 누군가와 연락이 안 되면 소외감을 느끼고 이 사회의 대열에서 탈락하는 것처럼 불안해하는 작가 · 교수 · 학자들을 흔히 본다. 현실 생활에서 한 발 물러나 깊이 자신을 성찰하고 지혜로운 말을 해줄 지식인은 보이지 않고 시류에 따라 이 말, 저 말을 바꾸어 하고 이 말, 저 말을 바꾸어 타는 지식인들의 군상을 보고 있을 뿐이다." 김선주, 〈지식인은 누구인가〉, 『한겨레신문』, 1998년 10월 15일자; 정영태, 〈개발연대 지식인의 역할과 반성〉, 장회익 · 임현진 외, 『한국의 지성 100년: 개화사상가에서 지식게릴라까지』(민음사, 2001), 166쪽에서 재인용.
13) 〈교수 4명 중 1명 '미국 박사'〉, 『매일신문』, 1999년 12월 24일, 25면. 서울대의 경우엔 2000년 말 현재 전체 교수 1483명 중 해외 유학파는 950명(64.1%)인데, 미국 747명(78.6%), 독일 67명, 일본 48명, 프랑스 33명, 영국 19명의 순이다. 〈서울대 교수 3명 중 2명 유학파〉, 『내일신문』, 2001년 7월 11일, 21면.

프랑스에서 학위 인플레이션이 계급변동을 낳았고 학생운동에까지 큰 영향을 미쳤다는 피에르 부르디외의 주장은 우리에게도 시사하는 바 크다. [14] 사회적 언로(言路)에서 대학 교수가 점하는 비중은 (그들의 사회적 위상과는 무관하게) 아마도 한국이 프랑스는 물론 세계 그 어떤 나라보다 더 높기 때문에, 대학과 교수 인구의 비대화와 높은 해외 의존도 [15] 가 시사하는 게 과연 무엇인지 앞으로 그걸 적극적인 탐구의 대상으로 삼아야 할 것이다.

다만 여기서 한 가지 비교적 안전하게 추론할 수 있는 것은 사회에 대한 발언 욕구를 갖고 있는 지식인들에겐 미디어의 유혹이 매우 강하게 작용할 것이며, 수요와 공급 사이의 큰 괴리로 인해 극우 신문의 유혹일지라도 그것이 강한 힘을 갖고 있을 경우 그 유혹을 뿌리치기 매우 어려울 것이라는 점이다.

이문열의 경우엔 조중동과의 유착을 매우 적극적으로 택한 지식인이라는 걸 유념할 필요가 있겠다. 다른 지식인들이 조중동의 입맛에 맞게 칼럼을 쓰려고 애쓰는 소극적인 자세를 갖고 있는 반면, 이문열은 자신이 조중동까지 이끌어야 한다는 사명감을 갖고 있는 것으로 보인다. 물론 그 사명감의 발휘는 이문열이 건재하다는 걸 그의 독자들에게 상기시키는 데에도 큰 도움이 되므로 이문열은 일석이조(一石二鳥)인 셈이다. 그래서 그가 쓰는 칼럼은 대부분 '이데올로기 공세' 아니면 '정치 공세' 용으로 일부러 논란을 만들어낸다는 특징을 갖고 있다.

---

14) 현택수, 〈아비튀스와 상징폭력의 사회비판이론〉, 현택수 편, 『문화와 권력: 부르디외 사회학의 이해』(나남, 1998), 151-152쪽.
15) 1950년부터 1980년까지 박사 학위를 취득한 사람 18,409명 중 15,147명이 미국에서 학위를 취득하였다. 박동서, 〈미국서 교육받은 한국의 엘리트〉, 구영록 외, 『한국과 미국-과거, 현재, 미래』(박영사, 1983); 정영태, 〈개발연대 지식인의 역할과 반성〉, 장회익·임현진 외, 『한국의 지성 100년: 개화사상가에서 지식게릴라까지』(민음사, 2001), 193쪽에서 재인용.

이문열의 '바람잡이' 역할

최근에도 가장 문제가 된 이문열의 칼럼은 '곡학아세' 혐의 이전에 최소한의 이성과 상식이 결여돼 있다는 걸 문제삼는 것이 더 온당한 게 아닌가 생각한다. 예컨대, 다음과 같은 발언은 어떤가?

"국세청이 언론기업의 탈세혐의를 검찰에 고발하는 것을 3개뿐인 방송사가 모두 생중계하고 종일 그 뉴스로 화면을 뒤덮는 걸 보면 유태인 학살을 정당화하는 나치의 대(對) 국민 선전 선동을 연상시킨다."

물론 방송 보도의 공정성을 문제삼는 건 정당하다. 그러나 방송 보도에 아무리 큰 문제가 있다 하더라도 그걸 어찌 나치의 선전 선동에 비유할 수가 있을까? 이문열은 1년 평균 3개 방송사가 동시 생중계를 몇 건이나 하는지 알고서 그렇게 말한 걸까? 국세청의 발표는 엄청나게 뉴스 가치가 높은 사건이었다. 그것보다 훨씬 못한 뉴스 가치를 갖고 있는 사건에 대해서도 3사 동시 생중계를 한 적은 아주 많다. 왜 새삼스럽게 이제 갑자기 그렇게 흥분을 하는 걸까?

이문열이 『동아일보』 7월 9일자에 쓴 〈'홍위병'을 떠올리는 이유〉라는 칼럼도 그렇다. 이문열의 입엔 아예 '홍위병'이라는 단어가 밴 모양이다. 그는 총선연대의 낙천·낙선운동 때에도 그 말을 쓰더니 이번에 또 그 말을 끄집어냈다.

그거 참 희한한 일이 아닐 수 없다. 이문열은 과거 군사독재정권에 대해선 무한한 인내와 관용을 베풀면서 그들을 옹호하는 발언까지 했던 인물이다. 왜 그런 사람이 그 반대편에 있는 사람들의 행태에 대해선 '나치'와 '홍위병'을 떠올리는 걸까? 혹 이문열은 조선일보사로 하여금 〈점입가경 … 한국판 '문혁(文革)' 시작됐나?〉[16] 와 같은 기사를 내보내게 해주기 위한 '바람잡이' 역할을 했다고 보아야 하지 않을까?

'홍위병'을 떠올리는 이유

위험한 운동이 되는지를 금세 알 수 있다. 몇 달 전에 잘 본 영화나 공연의 입장권을, 혹은 몇 년 전에 좋아서 산 그림을 마음에 들지 않는다고 집단적으로 반품한다면 어떻게 될까.

더구나 작품 그 자체가 아니라 작가나 예술가의 견해가 자신의 마음에 들지 않는다고 해서 하나의 운동으로 그런 일을 한다면.

우리가 중국 문화혁명을 주도했던 홍위병을 섬뜩하게 떠올리는 이유 중의 하나는 그들이 형식논리만 갖춰지

추상적 구호아래 문화 파괴

하지만 사고를 한 걸음만 더 전진시키면 그게 얼마나 억지스러우면서도

들리는 바로는 '언론사태'에 관한 내 견해를 못마땅하게 여기는 사람들이 소비자보호운동 차원에서 내 책의 반품을 논의하고 있다고 한다.

형식논리로는 문화도 어김없는 상품인 만큼 소비자는 보호돼야 하고 하자가 있는 상품은 반품될 수도 있다. 따라서 해도 당연히 소비자보호운동의 대상이 된다.

면 못할 짓이 없었다는 점이다. 극히 추상적이고 초보적인 원칙만 갖춘 구호 아래 저질러진 숱한 문화적 파괴와 억압의 사례를 보라.

그들은 거기에 따라 공자묘(孔子廟)를 돌 하나 성하지 않게 파괴했으며, 늙은 작가 바진(巴金)을 하방(下放)시켜 강제노역에 종사시키고, 대작 '낙타상자'의 작가 라오스(老舍)를 끌고 나가 사흘 뒤에 시체로 발견되게 했다.

그 다음 요즘의 시민운동에서 이따금씩 홍위병을 떠올리게 되는 것은 소수에 의한 다수 위장이다. 몇 명이 어

뗑게 모여 이루어진 단체인지 모르지만 만들어졌다 하면 그 즉시로 익명의 다수를 위장하고 대표성을 주장한다. 며칠 전 야당 당사 앞에서의 시위에서는 160여 개의 단체가 집결했다고 하는데 텔레비전 화면으로는 회장 부회장만 다 와도 그보다는 수가 많을 성싶었다.

비전문적 정치논리에 의지한 전문성 억압도 홍위병식 특징이다. 지난번 낙선운동은 특정한 정치인들만 겨냥했고, 어떤 안티운동은 특정 신문만 대

상으로 삼았지만, 그렇게 하기로 한다면 다른 분야인들 운동의 대상이 못될 까닭이 없다.

대학에서 가르치는 안티 교수를 내쫓는 운동, 노래 불러서는 안될 가수를 무대에 서지 못하게 하는 운동, 읽어서는 안될 책을 쓰는 작가로부터 둔해한 독자를 보호하기 위한 운동, 수구적인 감독에게는 영화 만들 기회를 주지 않는 운동 등은 어떤가.

특히 안티운동에서 전형적으로 드러나는 공격성과 파괴성도 우리에게 홍위병을 연상시킨다. 흑백논리에 바탕해서 그렇겠지만 그들은 공격 대상에

게 반론이나 회복의 여지를 주지 않는다.

특히 웹사이트에서 오가는 공방을 보고 있으면 공격성을 넘어 섬뜩한 살기(殺氣)까지 느껴진다. 따라서 그들의 생산물은 언제나 파괴와 부정이다. 창조와 통합은커녕 승인과 조화 같은 당연한 지향도 그들 속에서는 찾아보기 힘들다.

태연스레 정부주장 반복

마지막으로 요즘의 이런 저런 시민운동에서 홍위병을 떠올리게 되는 까닭은 우연의 일치치고는 너무 자주 그들의 견해가 정부 혹은 정권의 그것과 일치한다는 점이다. 솔직히 말해서 정부가 이미 추구하고 있는 것이라면 따로 시민운동으로 옥상옥(屋上屋)을 세울 필요는 없다. 그런데도 태연스레 정부의 주장을 반복하고 있는 운동을 보게 되면 절로 어떤 이면적인 연계를 억측하게 된다.

거기에다 그들을 더욱 불리하게 만드는 것은 지금의 정치상황이다. 아직껏 확고하게 다수를 확보하지 못하고, 군대나 경찰 같은 공권력도 선임자들의 악용 때문에 함부로 동원할 수 없게 된 정부가 의지할 수 있는 것이 있다면 바로 홍위병 같은 힘일 것이다.

일반의 그런 예측에서 나온 의구와 경계가 어쩔 수 없이 색안경을 끼고 그들을 보게 된다.

(『동아일보』, 2001년 7월 9일)

과거 군사독재 정권에 대해선 무한한 인내와 관용을 베풀면서 그들을 옹호하는 발언까지 했던 이문열이 왜 그 반대편에 있는 사람들의 행태에 대해선 '나치'와 '홍위병'을 떠올리는 걸까?

이문열의 오만한 사명감

나는 이문열이 잦은 '언어폭력'을 일삼으면서도 한국 사회에서 내로라 하는 소설가로 건재할 수 있는 이유에 대해 탐구하는 것이 그 어떤 서양 이론을 배우는 것보다 더 소중하다고 믿는다. 물론 그 이유는 '문언유착' 때문이다.

한국의 근현대사에서 정권은 늘 권력을 오용하고 남용하면서 대중을 통제해 왔다. 절대 다수의 대중은 권력이 두려워 권력에 복종해 왔지만

---

16) 정장열, 〈점입가경…한국판 '문혁(文革)' 시작됐나?〉, 『주간조선』, 2001년 7월 19일, 22-24쪽.

내심 권력에 대한 적개심을 품어 왔다. 그러나 적어도 '문민정부' 이후 정권이 대중을 통제할 수 있는 방법은 과거에 비해 혁명적으로 변화되었다. 물론 언론도 그 오랜 통제의 사슬에서 풀려나 정권을 자유롭게 비판할 수 있게 되었다.

정권은 아무리 그 힘이 막강하다 해도 제도와 법의 지배를 받는다. 정권 주체들의 머리와 가슴에 아무리 구태의연한 권위주의가 가득 찼다 해도 그들이 민주화된 제도와 법의 경계를 넘는 데엔 명백한 한계를 갖고 있다. 반면 대중의 머리와 가슴은 제도와 법보다는 과거의 기억과 정서로부터 더 큰 영향을 받는다.

그간 법 위에 군림했던 일부 수구신문들은 과거의 독재정권들을 옹호 또는 예찬했던 독재정권들의 공범이었건만, 그들은 대중의 증오와 혐오의 대상은 아니었다. 그래서 그들은 아무런 응징도 당하지 않은 채 여전히 대중의 머리와 가슴에 큰 영향을 미치는 위상을 누리고 있다. 수구 신문들은 독재정권의 주구 노릇을 하던 과거는 전혀 없었다는 듯 이젠 당당하게 독재정권을 반대했던 사람들이 주체가 된 새로운 정권을 향해 독기를 뿜어내고 있다.

수구 신문들을 옹호하는 문인들은 대부분 다른 면에선 최소한의 상식과 합리성을 보여온 사람들이다. 그런데 왜 그들이 그러한 독기에 덩달아 부화뇌동하는 걸까? 수구 신문들과 유착해 먹고살기 위해서라는 답으론 무언가 좀 부족하다. 문언유착의 오랜 역사를 이해해야 그 수수께끼가 온전히 규명될 수 있을 것이다.

최근 '문학의 위기'를 거론하는 사람들이 많지만, 나는 경제적으로는 그렇지 않을망정 적어도 '지식폭력'의 관점에서 보자면 문학은 한국 사회에서 과분한 지위를 누려 왔다고 생각한다. 소설가라면 그 어떤 사회적 문제에 대해서도 발언할 능력이 있다는 착각이 많은 사람들에게 일어나고 있거니와 이문열의 경우엔 자신이 한국의 정치를 계도해야 한다고 믿을 정도로 오만한 사명감을 갖고 있는 것으로 보인다.

물론 이는 극소수의 문인들에게만 해당되는 일이지만, 중요한 건 이문열의 그런 행태가 문단에서 별 흉이 되지 않았다는 사실이다. 이데올로기적 공세야 있었지만, 이데올로기의 좌우를 넘어선 직업 윤리 차원에서의 문제 제기는 없었다는 점에 주목할 필요가 있다. 물론 그런 사명감 자체를 탓할 수는 없는 일이다. 문제는 이문열의 그러한 사명감이 독립적인 지식인으로서 실천되었다기보다는 늘 문언유착을 통해 이루어졌다는 사실이다.

사학을 대체한 문학

이문열의 그러한 오만이 먹힐 수 있는 이면엔 우리의 불행한 역사가 도사리고 있다. 과거 표현의 자유가 전혀 보장되지 않았던 시절, 사학(史學)은 위험한 학문이었다. 특히 일제 치하에선 사학이 거의 몰락하였는데, 이때에 사학을 대체한 것이 바로 문학이었다. 한국학 연구자인 최봉영은 다음과 같이 말한다.

"1910년 대한제국이 망하고 일제의 식민지가 되면서 사학이 몰락하였고, 이에 따라 문학이 사학 대신 학문의 중심으로 역할하게 되었다. 문학은 계몽의 도구로서 민족의 삶에 대한 의욕을 불러일으키고, 미래를 개척할 수 있는 힘을 키우는 원동력으로 인식되었다. 그런데 사학 중심의 시대에 사학자들도 일찍이 문학이 계몽적 수단으로서 갖고 있는 가치를 인식하였다. 그들은 민족정신을 일깨우고, 신문화를 전파하는 수단으로서 문학을 활용하고자 하였다. 그들은 논설이나 시가의 형식을 빌려 애국정신을 고취하고, 매국적 행위를 성토하였다. 또한 그들은 전기나 소설의 형식을 빌려 국가의 흥망이나 위인의 행적을 알림으로써 애국심을 고취하려고 하였다. 이 때문에 그들은 문학에 많은 관심을 보였는데, 특히 소설의 효과에 대해 큰 관심을 보였다. 신채호는 '사회의 대추향(大趨向)은 국문소설이 정하는 바'라고 주장하였다."[17]

문학은 단지 사학을 대체한 정도가 아니었다. 일제 치하에서 다른 분야의 학문인들 제대로 할 수 있었겠는가? 문학의 특수성으로 인해 비교적 자유롭게 보장되었던 문학이 모든 학문의 중심 위치를 차지하게 되는 일까지 벌어졌다. 이에 대해 최봉영은 다음과 같이 말한다.

"지식인들은 민족정신을 문학적 표현을 통해서 완곡한 형태로 드러내고, 고취하는 방식을 취하게 되었다. 이광수의 말을 빌리면 사람들은 민족정신을 표현할 때 '문학 속에 밀수입의 형태로 위장하는 방식'을 취하게 되었다. 그들은 이렇게 함으로써 문학을 사학 대신 민족정신을 불러일으키고 신문화를 건설하는 적극적 수단으로 활용하고자 하였다. 문학 중심의 시대를 선도한 것은 육당 최남선과 춘원 이광수였다. …… 다른 지식인들도 문학에 지대한 관심을 갖게 되었다. 이처럼 그들이 문학에 많은 관심을 갖게 된 것은 그들에게 문학 이외의 길이 열려 있지 않은 것도 중요한 원인이었다. 그들은 공부를 하여도 관리가 되거나, 학자가 되거나, 사업을 하거나 하는 등의 활동으로 능력을 발휘하기 어려웠다. 이로 인해 그들은 어쩔 수 없이 문학적 활동에 관계하는 일이 많았다. 또한 그들에게 문학은 식민지적 고통과 울분을 표출하는 중요한 수단이 되었다. 이러한 결과 지식인의 관심이 급격히 문학 쪽으로 기울게 되어 문학 중심의 시대가 열리고, 문학이 학문의 중심적 위치를 차지하게 되었다."[18]

문언유착의 역사

일제 치하에서 상호 치열한 경쟁을 벌였던 『조선일보』와 『동아일보』

---

17) 최봉영, 『한국문화의 성격』(사계절, 1997), 290-291쪽.

가 1930년대 초반 '계몽'을 내세운 한글 보급운동에 뛰어들었고 이것이 결국엔 문학을 동원하는 방식으로 발전된 것도 문학과 신문의 관계를 들러붙게 만드는 데에 큰 영향을 미쳤다.

두 신문의 한글 보급운동은 좋은 뜻도 있었겠지만 동시에 기업적인 생존과 번영을 위한 선택이기도 했다. 당시 2천만 인구 중 신문을 구독할 수 있는 사람이 4백만에 불과해 독자 확보 차원의 계산도 있었지 않았겠느냐는 것이다. [19] 그런 관점에서 이 운동의 경비는 거의 학생들이 스스로 부담했고, 그 밖에 동리 유지, 지방단체, 교회, 그리고 신문사 지·분국 등이 부담하였다는 것이 지적되고 있다. [20] 그런 비판은 그 당시에도 제기되었는데, 『신단계』라고 하는 잡지의 1933년 1월호에 실린 글은 신문사의 문자 보급운동에 대해 다음과 같이 일침을 가하고 있다.

"문자의 필요는 우리도 잘 안다. 그러나 그것이 문자나 지식 그것만을 주는 한에 있어서는 우리는 그 필요를 그다지 크다고 생각지 않는다. 하물며 문자 그것을 통하야 전술한 바 동아지의 그 가공한 민족개량주의의 독성을 뿌림에 있어서랴! 그들은 그들의 주장을 보다 광범히 보다 힘있게 펴기 위하야 지금 귀중한 학생의 힘을 빌어 그 소리를 닦고 있는 것이다. 그리고 겸하야 문자를 원여(援與)함으로써 그 기관지 『동아일보』를 널리 소화시키려는 그러한 의도도 물론 있다." [21]

그러나 두 신문의 한글 보급운동이 민족 정신을 고취시키는 효과는

---

18) 최봉영, 『한국문화의 성격』(사계절, 1997), 292쪽.
19) 당시의 문맹률은 자료에 따라 각기 다르다. 손정목은 1930년 국세조사에서 10세 이상 조선인 가운데 문맹률은 70.3%인 것으로 나타났으며, 이러한 높은 문맹률은 "일본인들의 조롱의 대상이 되었고, '요보'니 '鮮人(센징)'이니 하고 더없이 방자하게 행동하게 한 동기 중의 중대한 요인이 되었다"고 말한다. 손정목, 『일제강점기 도시사회상연구』(일지사, 1996), 133쪽.
20) 김동민, 〈일제하 신문기업에 관한 고찰〉, 김왕석 외, 『한국언론의 정치경제학』, 150쪽.
21) 김동민, 위의 글, 151쪽에서 재인용.

분명히 있었거니와 이걸 심상치 않게 본 일제 총독부는 1935년 여름방학을 기해 문자 보급운동에 대한 중지령을 내리기에 이르렀다. 그런 문제에 봉착하자 두 신문은 다른 형태로 이 운동을 지속시키면서 신문 판매 확장을 꾀했는데, 그건 바로 신문 연재소설이었다. [22]

물론 신문 연재소설은 이미 그 전부터 신문 판매 확장의 중요한 수단으로 기능해 왔다. 당시 소설은 신문에 실리지 않으면 대중에게 접근할 방도가 없었기 때문에 문학의 신문 의존은 불가피한 면이 있었으나, 후일 이는 신문들이 '신춘문예'를 통해 실질적으로 한국 문학을 지배하는 결과를 낳고 말았으며, 문인들도 작품 홍보를 위해 언론과 불건전하게 유착하는 전통을 만드는 불행한 사태를 초래하고 말았다. 이와 관련, 유선영의 다음과 같은 말도 주목할 만하다.

"1931년 무렵만 해도, 4면만으로도 충분할 것을 신문사간의 경쟁 때문에 6면, 8면씩 확대하고 나면 채워야 할 기사거리가 부족하여 하루에 6,7종의 소설을 게재하는 기태(奇態)가 연출되기도 했다. 어느 면에서 문학의 저널리즘화는 문학계와 신문의 필요가 서로 일치한데서 비롯된 결과일 수도 있었다." [23]

이 당시 신문의 문학 지배에 대한 논의가 등장하였다는 것도 주목할 만하다. 소설가이자 『동아일보』 학예부 기자를 역임한 이무영은 1934년 월간 『신동아』에 기고한 〈신문소설에 대한 관견(管見)〉에서 "다른 나라에 비해 조선의 저널리즘과 문학 사이에는 조선의 현실만이 갖고 있는 여러 가지 특이성이 있다"며 다음과 같이 말한다.

"외국에서는 비교적 우수한 작가의 이름은 신문에서 발견할 수 없으

---

22) 허수, 〈베스트셀러와 금서의 변주곡〉, 한국역사연구회, 『우리는 지난 100년 동안 어떻게 살았을까 1』(역사비평사, 1998), 137쪽.

23) 유선영, 〈한국 대중문화의 근대적 구성과정에 대한 연구: 조선 후기에서 일제시대까지를 중심으로〉, 고려대학교 대학원 신문방송학과 박사학위 논문, 1992년 12월, 302쪽.

나 조선에서는 신문 소설을 써야만 비로소 작가로서 어떤 지위를 인정받게 되는 것이다. 조선의 작가로 신문소설을 쓰지 않는 사람이 없다. 외국에서는 신문소설을 씀으로 해서 몰락하는 반면에 조선에서는 신문소설을 씀으로 해서 작가적 지위를 획득한다. 이는 조선 사회의 지식 수준을 반영하는 것이 될 것이다. 또 한 가지 조선에서만 찾을 수 있는 특이성은 현 조선의 문예운동이 3개의 신문을 사실상 유일한 무대로 삼고 있다는 점이다. 오늘날의 조선은 소년잡지까지 합해 10여 종에 불과하고 빈약하나마 창작난을 가진 잡지가 2,3종에 불과하다. 원고지 한 매에 10전의 고료. 이것이 조선의 현실이다. 본의는 아니면서도 비교적 고료가 후하다는 신문소설로 작가의 눈이 돌아가는 것도 부득이한 일일 것이다. 여하튼 신문소설이 매년 조선문단에 남겨지는 수확의 전부가 되어 있다는 것은 슬픈 일이다." [24)]

신문의 문학 지배

일제 치하에서 신문의 문학 지배는 글쓰기에도 적잖은 영향을 미쳤는데, 이무영의 글에 이어 실린 이건영의 〈저널리즘의 문학〉이라는 글은 그 점을 다음과 같이 지적하고 있다.

"저널리즘은 뒤에는 눈이 없다. 그 눈은 앞에만 있어서 항상 앞으로만 전진한다. 저널리즘에 의해 생산된 제품은 가장 넓은 수요자를 목표로 만들어지므로 그 영역에 있어서도 통속화하고, 전문적인 소수인의 흥미 밖에 끌지 못하는 것들은 모조리 제외된다. 문학에서는 원래 개인적 독창이 중요시된다. 그러나 저널리즘에서는 개인적 독창은 극단으로 배격

---

24) 동아일보사, 『민족과 더불어 80년: 동아일보 1920-2000』(동아일보사, 2000), 254-255쪽에서 재인용.

된다. 여기서 표준화가 지배한다. 그러나 현대에 있어서 문학이 발전하려면 좋든 싫든 저널리즘과 제휴하지 않으면 안 된다. 저널리즘이 문학에 미치는 작용은 통속화다. 저널리즘의 목표는, 쉬운 문자를 이해할 수 있는 가장 낮은 수준의 민중이기 때문이다. 민중에게 어떠한 영향을 주고 안 주고의 문제가 아니라 한 부라도 더 팔릴 가능성이 있는가 없는가부터 문제삼는다. 일간신문의 생명은 하루 동안이요 월간 잡지의 생명은 한 달이다. 이것이 지나면 신문과 잡지는 휴지가 된다." [25]

신문의 문학 지배는 결코 과장이 아닌 것이 당시의 기준으로 베스트셀러라 할 수 있는 것은 거의 모두 신문 연재소설로 신문사에서 간행된 것이었다. [26] 김동인의 『젊은 그들』(동아일보, 1930), 염상섭의 『삼대』(조선일보, 1931), 이광수의 『흙』(동아일보, 1932), 이광수의 『유정』(조선일보, 1933), 김동인의 『운현궁의 봄』(조선일보, 1933), 이기영의 『고향』(조선일보, 1933), 현진건의 『적도』(동아일보, 1933), 심훈의 『상록수』(동아일보, 1935), 박종화의 『금삼의 피』(동아일보, 1935), 채만식의 『탁류』(조선일보, 1937), 현진건의 『무영탑』(동아일보, 1937), 이광수의 『원효대사』(매일신보, 1942), 이태준의 『황자호동』(매일신보, 1942) 등이 바로 그러했다. [27]

그러한 문언유착의 전통은 오늘에 이르기까지 계속되고 있다. 70년대에 신문 연재소설로 대성공을 거둔 최인호의 경우 심지어 "요즈음 신문이야말로 믿고 의지할 수 있는 유일한 종교며, 정치가 거짓의 덫에 갇혀

25) 동아일보사, 『민족과 더불어 80년: 동아일보 1920-2000』(동아일보사, 2000), 256쪽에서 재인용.
26) 신문사가 아닌, 삼중당에서 1939년 11월에 출간된 베스트셀러 『춘원서간문집』은 "삼중당의 서재수 사장이 선물꾸러미를 싸들고 부지런히 춘원을 방문하여 원고를 독촉, 편지를 쓸 때마다 밑에 먹지를 대고 쓰게 하는 등 2년여만에 얻어낸 원고였다." 이임자, 『한국 출판과 베스트셀러 1883-1996』(경인문화사, 1998), 163쪽.
27) 이임자, 위의 책, 162쪽.

있는 요즘 신문이야말로 우리가 믿을 수 있는 유일한 정부인 것"이라는 낯뜨거운 찬사도 서슴지 않으며 또 그래서 그는 신문이 "문학을 이끌어 가고 문화를 주도해 가"야 한다는 위험한 발언도 불사한다.[28]

80년대는 단연 이문열의 시대였다. 1984년에 이문열의 『영웅시대』가 나왔을 때에 백낙청은 그런 "황당한 이데올로기 소설이 문제작이고 분단문학의 걸작이라고 평가받는 요즘의 풍토"에 개탄했지만, '각주(脚註)'를 통해 자신의 개탄 대상이 이문열이라기보다는 언론의 무분별한 '띄워주기'임을 다음과 같이 밝히고 있다.

"『영웅시대』를 예로 든 것은 이 작품이 절대적으로 가장 황당해서가 아니라 그것에 쏟아진 온갖 찬사와 흥분된 논의에 비해 상대적으로 그렇다는 뜻에서다. '이데올로기 소설'이라고 한 것은 저자 자신의 것으로밖에 볼 수 없는 관념들의 포로가 주인공 및 주변인물들의 입을 빌어 거듭거듭 나오기 때문인데, 이 경우 그러한 관념에 독자가 동의하느냐 않느냐는 문제 이전에 도대체 '형상화'가 안 되었음을 문제삼아야 할 것이다."[29]

문언유착이 매우 심각하다는 건 역설적으로 그것이 문단에서 공식적인 의제로 전혀 거론되지 않는다는 사실이 반증해준다. '문언유착'은 그렇다 치더라도 탄생 초부터 신문과 뗄래야 뗄 수 없는 관계를 맺고 성장해 온 한국 문학에 대한 총체적 평가를 내리는 자리에서 그 관계가 전혀 다뤄지지 않는 현실을 어찌 이해해야 할 것인가?

예컨대, 한국의 대표적인 문인 32명이 발제자와 토론자가 되어 거창

---

28) 최인호, 〈신문이여 너마저〉, 『중앙일보』, 1999년 4월 7일, 7면; 최인호, 〈사라지는 신문연재소설〉, 『중앙일보』, 2001년 1월 13일 7면. 이는 『시사인물사전』에 게재 예정인 자유기고가 고훈우의 미발표 원고 〈최인호: 최고의 포경선 작살수의 비애〉에서 재인용한 것임.
29) 백낙청, 『민족문학과 세계문학 II: 백낙청 평론집』(창작과비평사, 1985, 제8쇄 1995), 346쪽.

한 심포지엄을 열고 그 결과를 책으로 묶어낸 『현대 한국문학 100년: 20세기 한국문학 어떻게 볼 것인가』(민음사, 1999)를 살펴보자. 760쪽에 이르는 이 방대한 책은 8개의 큰 주제를 다루고 있는데 신문과의 관계는 전혀 다루지 않고 있다. 한국문학 100년을 결산하는 심포지엄이 그래도 되는 걸까?

고려대 교수 김우창은 한국문학이 돈(Money)과 매스미디어(Mass Media)라는 두 M신(神)에 의해 지배되는 경향이 있다고 개탄한 바 있는데,[30] 왜 문인들은 신문의 문학 지배를 모르는 척하는 걸까? 문인(文人)들은 신문을 자신들의 자궁(子宮)으로 생각해 신문에 대해서만큼은 가치판단을 전혀 하지 않기 때문일까? 그래서 문학평론가 김명인의 다음과 같은 개탄에도 동의할 수 없단 말일까?

"하루에 56면을 발행하는 신문이 문학을 가십으로 만들고 작가를 대중스타로 만들고, 문학 기사와 기고문을 출판상업주의의 난장판으로 만들 수는 있으면서 진지한 문학 담론을 형성해 확산시키고, 가난한 문제 작가들을 발굴 소개하며, 이를 통해 동시대에 대한 문학적 진단을 내리고 전망을 모색하는 일에는 오불관언하는 신문이, 수천만 원짜리 문학상을 내걸고 의기양양하는 것에서 내가 느끼는 것은 문학의 소외이다. 문학은 그저 출판사와 신문사의 장사밑천으로 전락해 버렸다는 느낌, 여기에도 문학의 무덤이 있다."[31]

그러나 대부분의 문인들이 그 '무덤' 위에서 춤을 추고 있다. 이문열의 유별난 문언유착이 문단 내에서 의제로 다뤄지지 않는 이유도 바로 여기에 있을 것이다. 이문열이 그 일을 잘하는 걸 부러워하는 사람은 있

30) 김우창·도정일, 〈문학대담: 우리는 지금 어디로 가고 있는가?: 21C 인문학의 새로운 패러다임을 위하여〉, 『문예중앙』, 1999년 가을, 22쪽.
31) 김명인, 〈수렁에 빠진 문학 살리기〉, 『동아일보』, 2000년 6월 8일, A6면.

어도 그게 비윤리적이라고 문제 제기할 사람은 거의 없는 것이다.

유석춘-이인화-이순원의 지원사격

문언유착에 더하여 이문열의 경우엔 수구 기득권 세력의 지원과 더불어 수구 기득권 세력을 옹호하는 지식인들의 지원을 받고 있다는 점이 지적되어야 할 것이다. 수구 기득권 세력을 옹호하지는 않을망정 이문열이 누리는 문학권력의 혜택을 받았거나 이문열과 인간적인 친분을 쌓은 지식인들도 가세한다. 이들 역시 대체적으로 보수적인 성향을 갖고 있다는 건 분명한 사실이다.

이와 같은 범(凡) 보수 지식인들의 언로(言路) 참여 위계질서에서 이문열은 최정상 또는 최일선에 선 지휘관과 같은 존재이다. 이문열이 일단 논쟁을 만들어내면 그들이 이문열을 열심히 옹호하는데, 물론 이때에 옹호는 대부분 조중동을 통해 이루어진다. 몇 가지 '지원사격' 의 내용을 살펴보기로 하자.

연세대 사회학과 교수 유석춘은 〈'악령' 들의 문화혁명〉이라는 칼럼에서 이문열의 '언어 폭력' 을 비판하는 사람들을 '악령' 으로 몰고 이들이 '문화혁명' 을 한다고 말한다.[32] 그러나 나는 여기선 유석춘에 대한 말은 아끼련다. 나는 이 칼럼을 그냥 재미있게 읽었을 뿐이다. 나는 '심리 분석' 을 가급적 자제하려고 하지만, 유석춘의 경우엔 아무래도 그게 필요할 것 같아 그의 언행을 예의 주시하고 있다는 것만 밝혀둔다. 홍세화의 다음과 같은 견해에 동의하기 때문에 유석춘에 대해선 너그러워질 수 있게 되었다는 걸 밝혀 둔다.

"마침내 정의의 싹을 틔울 새로운 기회가 온다는 징조일까? 시민단체

---

32) 유석춘, 〈'악령' 들의 문화혁명〉, 『조선일보』, 2001년 7월 7일, 6면.

들이 거듭 요구했던 언론사에 대한 세무조사의 결과가 발표되면서 수구 세력의 입에서 '홍위병'이니 '악령'이니 하는 폭력적 언어들이 마구 쏟아져 나오고 있다. 흥미로운 현상이 아닐 수 없다."[33]

이화여대 교수이자 소설가인 이인화는 이문열을 독일의 토마스 만에 비유하면서 "우리 사회가 소설가의 질문을 존중하는 최소한의 이성을 발휘"해야 한다고 주장한다.[34] 왜 이문열을 이문열이 즐겨 인용하는 '괴벨스'에 비유하지 않고 애꿎은 토마스 만을 끌어들였는지 모르겠다. 이 칼럼이 중요한 건 바로 이게 내가 역설하는 '문화특권주의'의 '치고 빠지기 수법'을 잘 보여주고 있기 때문이다. 멀쩡한 사람들을 '홍위병'이라고 욕해 놓고도 그게 문제가 되면 "소설가의 질문을 존중하는 최소한의 이성을 발휘"해야 한다니, 이거 해도 너무 하지 않은가?

소설가 이순원은 이문열을 옹호하기 위해 국회의원 추미애의 '곡학아세' 발언을 '망발'로 규정짓는 대담한 일을 저질렀다.[35] 추미애의 발언이 '망발'이라면 이문열의 발언은 '망발 곱빼기'일 터인데, 이순원의 눈엔 그게 보이지 않나 보다. 이화여대 교수 조기숙의 다음과 같은 평가에도 동의할 수 없단 말인가?

"같은 민족을 나치, 홍위병, 악령 등에 비유하는 것은 아무리 잘 봐주려 해도 섬뜩하다. 이런 언어폭력에 비하면 술김에 내뱉은 정치인의 육두문자는 차라리 애교에 가깝다."[36]

이태동-이경철-홍광훈-이청준의 지원사격

서강대 교수이자 문학평론가인 이태동은 "상상력이 풍부한 이문열이

33) 홍세화, 〈정의의 싹은 움트는가〉, 『한겨레』, 2001년 7월 16일, 2면.
34) 이인화, 〈소설가는 질문한다〉, 『조선일보』, 2001년 7월 9일, 7면.
35) 이순원, 〈본질 벗어난 '곡학아세 공방'〉, 『경향신문』, 2001년 7월 9일, 7면.
36) 조기숙, 〈'침묵의 다수'가 목소리 낼 때〉, 『문화일보』, 2001년 8월 6일, 6면.

이러한 사태를 두고 중국 문화혁명 당시의 홍위병들의 발호에 비유했던 것도 '말없는 다수'의 일치된 의견일 수도 있음을 우리는 간과해서는 안 될 것"이라고 주장한다.[37] 이태동 역시 이인화가 써먹은 수법을 쓰고 있다. '상상력이 풍부한' 운운하면서 소설가의 '특권'을 방패로 삼고 있는 것이다. 자, 그러면 나도 상상력이 풍부하다고 소문난 사람인데 나 또한 아무런 근거 없이 이태동을 '이문열과 조중동의 앞잡이'라고 욕한다 해도 그것 역시 '말없는 다수'의 일치된 의견일 수도 있음을 우리는 간과해서는 안 된단 말인가?

이런 허튼 말씀에 대해 내가 매우 수준 높고 훌륭한 기자로 생각하고 있었던 『중앙일보』의 문화부 기자 이경철까지 다음과 같은 제2차 지원사격을 가하고 나섰으니 정말 개탄을 금치 못할 일이다.

"'지금 우리는 제1정부와 제2정부인 신문 사이의 갈등의 혼돈 상태에서 벗어날 수 있는 말을 끊임없이 해줄 수 있는 용기 있는 작가의 출현을 기대하고 있는지도 모른다.' 문학평론가 이태동 씨가 최근 한 신문의 칼럼에서 한 말입니다. '지식인의 언로를 차단하고 봉쇄하려는 보이지 않는 정치적인 움직임이 감지되는 시점'이라며 이태동 씨는 지식인들의 용기 있는 글을 원하고 있습니다. 지식인들 힘내세요."[38]

이경철은 '인터넷 폭언'을 문제삼는가 본데, 그게 왜 이문열의 경우에만 문제가 되어야 한단 말인가? 이경철은 '인터넷맹(盲)'인가? 그 동네 속성을 전혀 몰랐다가 이번에 알게 된 건가? 나도 그간 인터넷에서 엄청나게 당한 사람이다. 이문열보다 훨씬 더 지독한 욕도 많이 들었다. '밤길 조심하라'는 협박 편지도 많이 받았다. 그러나 나는 그걸 무슨 '정치적인 움직임이 감지'된다고 호들갑을 떤 적도 없고 왜 다른 지식인들

---

37) 이태동, 〈이문열과 지식인의 역할〉, 『문화일보』, 2001년 7월 11일, 6면.
38) 이경철, 〈이경철이 본 글과 세상: 인터넷 '세무폭언'과 침묵하는 지식인들〉, 『중앙일보』, 2001년 7월 14일, 39면.

이 힘을 내지 않느냐고 선동한 적도 없다. 아무리 이문열이 막강한 '문화 권력'이라고 하지만 이렇게까지 인간 차별해도 되는 건가? '인터넷 폭력'은 '인터넷 폭력'의 문제로 봐야지 그걸 이문열의 면죄부로 삼는 건 전혀 온당치 않은 꼼수가 아닐까?

나는 이경철이 『월간 말』 2001년 9월에 진중권이 쓴 〈진중권의 조선 일보 '밤의 주필' 취임기: 미친개들의 조독마, 내가 접수하마〉라는 글을 꼭 읽어보기 바란다. 진중권이 "인터넷 『조선일보』 독자마당을 가득 메웠던 목소리들을 문명적으로 순화해서 표현한" 다음과 같은 '미친개'들의 울부짖음을 듣고서도, 이문열에 대한 '인터넷 폭언'만 문제삼는 것이 과연 온당한 것인지 자기 성찰의 기회를 갖기 바란다.

"김대중은 절름발이다. 현 정권은 공산당이다. 김대중과 김정일이 손을 잡고 이 나라를 적화하려고 한다. 단병호 의장은 노동귀족이다. 한총련은 간첩이다. 시민단체는 정부의 홍위병이다. 광주사태는 폭동이다. 5·18때 전라도 종자들을 확실히 쓸어버렸어야 했다. 대한민국 군부여, 무엇을 하고 있는가, 들고일어나라!"

서울여대 중문과 교수 홍광훈은 "지금의 상황이 두 기관차가 마주보고 달리는 것이라고 한 이문열 씨의 표현은 적절하지 않다. 언론은 그 본연의 사명인 비판기능을 충실히 수행했을 뿐 누구를 향해 마주 달린 것이 아니다. 언론이 본연의 사명을 스스로 포기한다면 가장 먼저 독자가 용납하지 않을 것이다"라고 한 술 더 뜬다.[39] 문학에 대해 말하라고 하면 보나 마나 "많이 팔리는 소설이라고 좋은 소설은 아니다"라는 모범답안을 내놓을 사람이 신문에 대해선 왜 그렇게 이성을 상실한 발언을 하는 건지 정말 알다가도 모를 일이다.

순천대 석좌교수이며 소설가인 이청준은 "요즘 정부와 몇 언론사 간

---

39) 홍광훈, 〈누런 띠와 흰 갈대의 땅〉, 『조선일보』, 2001년 7월 17일, 6면.

의 대립상과 관련하여 우리 시대를 대표할 만한 작가의 언표에 대한 어느 정치인의 비이성적 폭언에 다시 한번 우리 문학의 흔치 않은 망명의 꿈, 『광장』의 이명준을 떠올리게 된 연유다"라고 말한다. [40] 아마도 이청준은 『조선일보』를 '우리 시대를 대표할 만한 신문'으로 생각하는 것 같다. 그러나 그렇게 양(量)으로만 따지면 안 된다. 양으로만 따져 이청준의 소설을 백만 부 이상을 팔아치운 대중 소설들보다 못한 소설이라고 한다면 이청준이 흔쾌히 수긍할지 의문이다. 그리고 왜 누구 말은 '언표'고 누구 말은 '비이성적 폭언'인가? 이청준의 마음에 들면 '언표'고 이청준의 마음에 안 들면 '비이성적 폭언'인가? 어떤 발언이 나오게 된 맥락도 전혀 따지지 않고 그렇게 단순 비교해 비이성적인 폭언을 해도 되는 건가?

'이데올로기로 출세한 사람들'

이문열이 자신의 소설에서와 마찬가지로 한편으론 노골적인 '언어 폭력'을 저지르지만 다른 한편으론 그것에 현학(衒學)의 포장을 씌우는 일도 게을리 하지 않는다는 건 매우 흥미로운 일이 아닐 수 없다. 자신의 '언어폭력'은 심오한 이론에 근거한 것이라는 걸 말하고자 하는 걸까?

이문열의 『월간중앙』 2001년 8월호 인터뷰 기사의 표지 제목을 보자. 이문열의 전형적인 현학 수법이 이 제목에서도 그대로 드러난다. "원칙이 악용되는 사회가 가장 불행한 사회"란다. 마치 무슨 철학적 진술처럼 들리지 않는가? 기자가 그 말을 표지 기사 제목으로 뽑은 것도 바로 그런 이유 때문이었을 것이다. 그런데 이문열의 주장은 과연 그럴 듯한가?

---

40) 이청준, 〈문학의 숲 고전의 바다: 다시 읽는 '광장'의 망명〉, 『조선일보』, 2001년 7월 28일, 34면.

(『중앙일보』, 1998년 1월 20일)

이데올로기 때문에 어두운 어린 시절을 보내야했던 이문열이 그 이데올로기를 팔아 성공과 명예를 거머쥘 수 있었다는 건 한국의 불행한 현대사에 대한 생생한 증언이기도 하다.

전혀 그럴 듯하지 않으니 그게 문제다. 그러나 더욱 큰 문제는 그러한 주장의 내용을 일일이 확인할 독자가 많지 않으리라는 점이다.

기자가 "원칙이 악용된다는 것은 어떤 의미인가요?"라고 묻자 이문열은 "5공화국 당시 삼청교육대를 생각해 보세요"라고 답한다. 기자가 "이번 세무조사에서도 원칙이 악용됐다는 뜻인가요?"라고 묻자 이문열은

"조세정의라는 원칙을 내세우고 있지만, 그 의도도 불순해 보이고 집행 과정도 석연치 않다는 것입니다"라고 답한다. [41] 삼청교육대와 세무조사를 같은 층위에 놓고 원칙이 악용되는 사회는 불행한 사회라고 떠들어대는 이문열의 강심장이 그저 놀라울 뿐이다.

나는 가끔 인간은 정말 더러운 동물이라고 생각할 때가 많다. 물론 나라고 하는 동물도 포함해서 하는 말이니 나 혼자 잘난 척하려는 걸로 생각할 필요는 없을 것이다. 내가 가장 더럽다고 생각하는 게 어떤 사건의 '피해자'가 자신의 피해 경험을 십분 활용하여 그와 유사한 사건의 '가해자'로 둔갑하는 행태다.

나는 이문열에게서 그런 어두운 면을 본다. 나중에 자세히 다루겠지만, 그는 이데올로기의 피해자였다. 월북(越北)한 아버지 때문에 그가 겪어야 했던 고통은 그에게 처절한 한(恨)으로 남아 있다. 나는 그가 단지 최소한의 생존을 위해서거나 아니면 분에 못이겨 한풀이 하고자 하는 차원에서 가해자로 변신했다면 그를 이해할 수도 있다. 그러나 그는 그런 경우가 아니다. 그는 자신의 가해자 역할에서 자신의 성공과 명예를 찾았다. 그건 대성공을 거두었으며 그는 여전히 자신의 '성공 이데올로기'에 도취해 있다.

이데올로기 때문에 어두운 시절을 보내야했던 젊은이가 이데올로기를 팔아 성공과 명예를 거머쥘 수 있었다는 건 한국의 불행한 현대사에 대한 생생한 증언이기도 하다. 그러나 나는 지금 그런 증언의 차원에서 이 책을 쓰게 된 건 아니다. 지금 나의 주된 문제의식은 이문열의 이데올로기 자체에 대한 것이 아니다. 나는 이문열의 이데올로기의 오용과 남용에 관심을 갖고 있다. 언제 기회가 닿으면 『이데올로기로 출세한 사람들』이라는 책을 낼 생각도 있다. 이데올로기와 전혀 무관한 문제마저도

---

41) 박종주, 〈와이드 인터뷰/ '권언전쟁' 와중에서 '곡학아세' 공격받은 이문열〉, 『월간중앙』, 2001년 8월, 85쪽.

어떻게 해서든 이데올로기화 시켜 자신이 그 수호의 전위를 자처함으로써 자신의 성공과 명예를 지키고 더 키우고자 하는 이문열의 무서운 욕망을 탐구하고자 하는 것이 이 책의 주된 목적 가운데 하나이다.

이문열과 『조선일보』는 닮은꼴

요즘 아이들은 어떤지 모르겠으나 나의 어린 시절엔 어린아이들이 친구와 싸우다 불리할 것 같으면 집으로 뛰어들어가면서 엄마를 외쳐대는 일이 많았다. 이문열의 엄마는 바로 이데올로기다. 그는 상식의 수준을 뛰어넘는 '언어폭력' 일삼기를 즐겨 한다. 그렇다. 그건 분명히 상식적으로 판단해야 할 문제들이었다. 그러나 이문열에겐 비장의 카드가 있다. 그게 바로 이데올로기라는 카드다. 이데올로기 앞에서 상식은 무력해진다. 이문열의 상식이 범국민적으로 의심받지 않는 이유도 바로 여기에 있을 것이다. 이데올로기는 이문열에게 그 어떤 창도 막아낼 수 있는 갑옷이었던 것이다.

과거에 이문열을 비판했던 사람들에게도 일말의 책임이 없는 건 아니다. 그들은 거의 대부분 진보적 이념을 갖고 있던 사람들이었다. 그들의 비판 언어도 그런 냄새를 물씬 풍겼다. 그 바람에 그들의 비판은 자연스럽게 이문열을 보수의 자리에 앉혀주는 문제를 낳고 말았던 것이다. 나는 진보적인 철학자 최종욱이 어느 글에서 이문열의 어떤 주장에 대해 "인격적 모독이요, 언어적 폭력을 넘은 언어적 테러", "무책임하고 비열한 태도"라고 호되게 꾸짖으면서도 글의 결론을 다음과 같이 내리는 걸 보고선 어이없어 했다.

"이문열이 자신이 쳐둔 '변경론'이란 덫에서 빠져 나오지 않는 한, 그는 보수주의자, 그것도 일방적으로 우편향적인 보수주의자일 수밖에 없다는 것이 나의 주장이다. 따라서 그가 허무주의 운운하는 것도 따지고 보면 치밀하게 계산된 일종의 자기 변명에 지나지 않는다는 것이 나의 결론이다."[42]

아니 이문열이 겨우 '우편향적인 보수주의자'라는 걸 밝혀내기 위해 34쪽에 이르는 긴 글이 필요했단 말인가? 게다가 결론도 잘못됐다. 이문열이 단지 보수일 뿐인가? 천만의 말씀이다. 물론 이문열의 『변경』을 탐구한 글인 만큼 『변경』에선 그 정도밖에 발견할 수 없었다고 말할 수도 있겠지만 그래도 평소 보고 들은 게 있었을 텐데 해도 너무 하셨다.

이문열을 보수라 부르는 건 보수에 대한 결례일 수도 있지 않을까. 좋은 의미건 나쁜 의미건, 그는 그 이상이다. 언어를 그렇게 두루뭉술하게 쓰면 안 된다는 게 나의 주장이다. 몸이 아파 내과를 찾아간 환자에게 "당신의 병은 외과가 아니라 내과에서 다뤄야 하겠군요"라는 말은 백 번 옳지만 너무도 하나마나한 말이라는 것이다.

나는 언어를 바로 쓰는 일에서도 "조선일보 제 몫 찾아주기"만큼이나 "이문열 제 몫 찾아주기"가 필요하다고 생각한다. 『조선일보』와 이문열은 둘이 어찌나 닮은꼴인지 깜짝 놀랄 지경이다. 이제 여러 각도에서 이문열의 실체를 심도 있게 탐구해보기로 하자. 🎴

---

42) 최종욱, 〈시대와의 불화: 역사에 개인적 보복을 가한 이문열〉, 강준만 외, 『레드 콤플렉스: 광기가 남긴 아홉 개의 초상』(삼인, 1997), 106쪽.

이문열의 진정한 자전 소설

『우리들의 일그러진 영웅』

이문열의 '성질' 탐구가 필요하다

그간 이문열의 자전 소설에 대해선 여러 작품이 거론되었지만, 이문열의 최근 행태를 가장 잘 설명해줄 수 있는 진정한 자전 소설은 『우리들의 일그러진 영웅』이라는 게 내 생각이다. 이문열은 그간 '자전 소설'이라는 평가에 대해 거의 폭력에 가까운 신경질적인 반응을 보였던 인물이다. 그는 심지어 자신의 고향 사람들에게까지 성질을 부리기도 했는데, 『그대 다시는 고향에 가지 못하리』의 1986년 '서문'에선 다음과 같이 호통을 치기도 했다.

"고향 사람들에게도 미리 말한다. 이 작품에 나오는 사람들은 나의 다른 작품들에서와 마찬가지로 당신들 중 어느 누구도 아니다. 어쩌다 발견된 몇 개의 공통점으로 이 작품의 등장 인물들 중 하나를 자신이라고 단정하는 일이 있으면 나는 당신들의 그 어리석음을 소리내어 비웃을 것이다. 자신이라 단정한 인물의 역할이 맘에 거슬린다고 당신들이 성을 낸다면 그 천박한 이해에 내가 보답할 것은 경멸뿐이며, 그 이상 내게 악의와 원한을 품는다면 나 또한 이 세상에서 가장 악랄하고 잔인한 검열관에게 보낼 저주로 당신들에게 응수할 뿐이다. 소설과 기사 또는 기록문을 끝내 구별해주려고 하지 않는 당신들의 완강함에 나는 지쳤다."[1]

참으로 대단하지 않은가. 아무리 시달렸기로서니 그렇게 '경멸'과 '저주'를 미리 퍼부을 필요가 있을까? 사실 이문열의 위와 같은 '성질'에 접하다 보면, 이문열의 정치적인 언어폭력도 그의 성질 또는 기질의 관점에서도 탐구할 필요가 있지 않나 하는 생각이 든다. 이런 탐구는 이문열을 실제로 겪은 사람이 해야 할 터인데, 그렇게 이문열을 잘 아는 사람이라면 '의리'에 얽매여 그런 글을 쓰지 못할 터인즉 참으로 유감이 아닐 수 없다. 이건 숙제로 남겨 두기로 하고 진도를 계속 나가기로 하자.

문학평론 대신 소설을 쓴 이태동

불행 중 다행히도 그런 문제에 대한 이문열의 '성질'이 좀 달라졌다. 그는 김성우의 『백화나무 숲으로』라는 책을 읽고 자신의 소설에 자전적인 요소가 많다는 것에 대해 느껴온 강한 불만을 더 이상 갖지 않기로 했다니, 나도 이젠 안심하고 이야기할 수 있겠다. 이문열이 왜 불만을 갖지 않기로 한 건지 어디 그 사연이나 들어보자. 그는 다음과 같이 말한다.

"나는…… 작가와 소설 주인공의 동일시를 상당히 불만스럽게 생각해 왔습니다. 실제로도 가장 자전적인 요소가 많다고 보는 『젊은 날의 초

---

1) 이문열, 〈서문〉, 『그대 다시는 고향에 가지 못하리: 이문열 장편소설』(나남, 1986, 제18쇄 1994), 13쪽.

상」같은 경우조차 거기서 내가 직접 체험을 소설화한 것은 50% 이하로 떨어질 겁니다. …… 그러나 옛날과 달리 요즈음은 자전적이라는 말에 대해서 부정적인 느낌을 갖고 있지 않습니다. 『백화나무 숲으로』에서 밝혀진 바로는 러시아 문호들의 대표적인 작품들은 대개가 직접 체험과 연관을 맺고 있더군요."[2]

그러나 내가 볼 때엔 중요한 건 자질구레한 체험의 내용이 아니다. 중요한 건 세상을 바라보는 시각이다. 그렇게 볼 때에 오늘날의 이문열을 가장 잘 설명해줄 수 있는 그의 대표작은 『우리들의 일그러진 영웅』이라는 게 내 생각이다.

왜 그런가? 이문열 스스로 밝히고 있듯이, 이 소설에서 그의 가장 중요한 관심사는 '지식인과 권력의 관계' 이기 때문이다.[3] 문학평론가 이남호도 이 소설이 "엄석대라는 카리스마적 인물에 대한 탐구처럼 보이지만 실제로는 권력과 집단, 특히 집단의 속성에 대한 탐구라 보아야 할 것이다"라고 말한다.[4]

여기서 잠시 서강대 교수이자 문학평론가인 이태동의 엉뚱한 학설에 대해 한 마디하고 넘어가는 것이 좋겠다. 문학평론이 소설로 빠지는 경향의 문제점을 이태동이 잘 보여주고 있기 때문이다. 이태동은 『우리들의 일그러진 영웅』에 대해 다음과 같이 말한다.

"어떻게 생각하면, 이 작품의 또 하나의 중요한 사실은, 오늘날과 같은 시대적인 상황이나 기계문명이 인간으로부터 위엄과 도덕 및 의리와 같은 인간가치를 박탈해가고 있기 때문에 비극적인 영웅이 존재할 수 없다는 것에 대해 적지 않은 슬픔을 나타내고 있는 것이다. 그러나 이러한 그의 슬픔은 그로 하여금 과거로 거슬러 올라가서 정신문화의 꽃을 수

2) 이문열, 『시대와의 불화: 이문열 산문집』(자유문학사, 1992), 237-238쪽.
3) 이문열, 위의 책, 273쪽.
4) 이남호, 〈낭만이 거부된 세계의 원형적 모습〉, 류철균 편, 『이문열』(살림, 1993), 252쪽.

없이 피우게 했던 전통적인 서화(書畵) 풍경을 배경으로 해서『금시조(金翅鳥)』와 같은 훌륭한 비극적 작품을 쓰도록 했다."[5]

앞서도 거론되었고 이후 또 거론되겠지만, 이태동은 이문열의 열렬한 팬이다. 그렇지만 아무리 팬이라 하더라도 그렇게 황당한 소설을 써도 되는 걸까?『우리들의 일그러진 영웅』이 도대체 '기계문명'과 무슨 관계가 있단 말인가? 그런 식으로 억지로 끌어다 대자면 그 소설이 '교육개혁'과 관련 없으란 법도 없겠다. 이태동이 쓴 글의 제목은 〈비극(悲劇)과 비장미(悲壯美)〉인데, 아마도 이 주제에 꿰어 맞추려고 아예 소설을 쓴 것 같다.

엄석대와 전두환

『우리들의 일그러진 영웅』은 이문열이 말한 그대로 '지식인과 권력의 관계'를 다룬 것이다. 최근 이문열을 둘러싼 논란의 핵심 또한 '지식인과 권력의 관계'이기 때문에 이 소설을 제대로 분석해야 이문열의 '언어폭력'을 제대로 이해할 수 있다는 것이 나의 주장이다. 내가 이 소설에서 가장 중요하다고 생각한 몇 대목만 소개하면서 설명을 드리도록 하겠다.

그가 내게 바라는 것은 오직 내가 그의 질서에 순응하는 것, 그리하여 그가 구축해 둔 왕국을 허물려 들지 않는 것뿐이었다. 실은 그거야말로 굴종이며, 그의 질서와 왕국이 정의롭지 못하다는 전제와 결합되면 그 굴종은 곧 내가 치른 대가 중에서 가장 값비싼 대가가 될 수도 있으나 이미 자유와 합리의 기억을 포기한 내게는 조금도 그렇게 느껴지지 않았다. 하기야 나중에 - 그러니까 내가 그의 질서에 온전히 길들여지고 그의 왕국

5) 이태동,『우리문학의 현실과 이상』(문예출판사, 1993, 제2쇄 1995), 433쪽.

에 비판없이 안주하게 되었을 때 - 그가 베푼 은총의 대가로 내가 지불해야 했던 게 한 가지 더 있기는 했다. 그것은 바로 나의 그림솜씨였다. 나는 미술 실기(實技) 시간만 되면 다른 아이들이 한 장을 그리는 동안 두 장을 그려야 했다. 그림솜씨가 시원찮은 석대를 위해서였는데, 그 바람에 '우리들의 솜씨' 란(欄)에는 종종 내 그림 두 장이 석대의 이름과 내 이름을 달고 나란히 붙어 있곤 했다. 그러나 그것도 석대가 원해서 그랬는지, 내가 자청해서 그랬는지조차 뚜렷하게 기억나지 않을 만큼 강요받은 흔적은 보이지 않는다. 짐작으로는 그의 왕국에 안주한 한 신민(臣民)으로 자발적으로 바친 조세나 부역에 가까운 것이었다.[6]

여기서 석대는 전두환이고 '나' 는 이문열이다. 말이야 바른 말이지 전두환 정권이 어떻다곤 하지만 이 정권은 그 질서에 순응하는 사람들에겐 꽤 괜찮은 정권이었다. '자유와 합리의 기억' 만 포기하면 만사형통이었다. 물론 이문열은 그 기억을 포기하고 전두환 체제에 안주할 수 있게 되었다. 그가 안주하기 전 얼마나 비참한 삶을 살았었는지 잘 아실 것이다.[7]

이문열이 그런 은총을 베풀어준 정권에 대해 단지 순응하는 것만으론 부족한 일이었을 게다. 그는 그 은총의 대가로 전두환 체제[8]를 위한 글을 써주게 된다. 물론 결과적으로 전두환 체제에 도움이 될 글을 이문열의 독립적인 판단에 의해 써 주었다는 것이지 그 쪽으로부터 무슨 주문을 받고 썼다는 말이 아니니 행여 오해 없기를 바란다.

누가 먼저 원했는지 그건 분명치 않다. 분명히 강요는 없었지만, 이문

---

6) 이문열, 〈우리들의 일그러진 영웅〉, 『이문열/우리들의 일그러진 영웅: 1987 이상문학상 수상작품집』(문학사상사, 1987, 제2판36쇄 1996), 53쪽.
7) 이는 이 책에 실린 다른 글에서 깊이 다루었다.
8) 노태우 체제는 전두환 체제의 연장선상에 있는 체제임을 잊지 않는 게 좋겠다.

'신문없는 정부 원하나' 기고… 논쟁 불지핀 작가 李文烈 씨

"소수파 정권은 非제도적 폭력에 유혹느껴"

"
세무조사 생중계
나치 괴벨스 닮아
참을 수 없었다
"

"
우리 사회
80년대 이후
質的 성장 멈춰
"

"보수를 守舊·반동·惡으로 몰지말라"

네티즌 언어폭력 너무 심해

황석영씨는 존경하는 선배

(『조선일보』, 2001년 7월 13일)

『우리들의 일그러진 영웅』의 주인공들이 펼치는 "지식인과 권력의 관계"를 분석해보면 최근 이문열을 둘러싼 논란과 그의 '언어폭력'을 제대로 이해할 수 있다.

열로선 이미 누리고 있는 은총을 더 누리고 싶은 욕심이 작동한 건 아니었을까? 한 신민(臣民)이 자발적으로 조세나 부역을 더 많이 바치게 되면 왕은 그 신민을 더욱 사랑하게 될 것이고, 그 왕을 위해 일하는 언론과 같은 각종 사회기구들은 왕의 뜻을 받들어 그 신민을 더욱 키워주려고 애를 쓸 게 틀림없다. 이는 바로 이문열에게 일어난 일이 아니었을까?

누가 '교활하고도 비열한 변절자'인가?

　내가 석대의 비행에 대해 잘 모른다고 한 것은 진심과 오기가 반반 섞인 말이었다. 내가 마지막 서너 달을 석대와 유난히 가깝게 지낸 것은 사실이었지만 그때도 그는 어찌된 셈인지 자신의 치부만은 애써 감추었다. 첫 한 학기 그에게서 받은 피해도 모두 간접적인 것이어서 내게는 증거가 없었으며 - 또 그 대강은 이미 딴 아이들의 입으로 들추어진 뒤였다.……오기는 그날 내 앞까지의 아이들이 석대를 고발하는 태도 때문에 생긴 것이었다. 석대의 나쁜 짓을 까발리고 들춰내는 데 가장 열정적이고 공격적인 아이들은 대개 두 부류였다. 하나는 간절히 석대의 총애를 받기 원했으나 이런저런 까닭으로 끝내는 실패한 부류였고, 다른 하나는 그날 아침까지도 석대 곁에 붙어 그 숱한 나쁜 짓에 그의 손발 노릇을 하던 부류였다. 한 인간이 회개하는 데 꼭 긴 세월이 필요한 것은 아니며, 백정도 칼을 버리면 부처가 될 수 있다고도 하지만, 나는 아무래도 느닷없는 그들의 정의감이 미덥지 않았다. 나는 지금도 갑작스런 개종자(改宗者)나 극적인 전향인사(轉向人士)는 믿지 못하고 있다. 특히 그들이 남 앞에 나서서 설쳐대면 설쳐댈수록. 내가 굳이 석대를 고발하려 들면 거리가 전혀 없는 것은 아니었지만, 그날 끝내 입을 다문 것은 아마도 그런 아이들에 대한 반발로 오기가 생긴 때문이었다. 내 눈에는 그 애들이 석대가 쓰러진 걸 보고서야 덤벼들어 등을 밟아대는 교활하고도 비열한 변절자로밖에 비쳐지지 않았다. [9]

　이건 꽤 그럴 듯해 보이는 말이지만, 크게 경계할 필요가 있다. 이문열은 오늘날에도 실제로 이와 같은 주장을 하고 있는데, 이게 바로 앞서

---

9) 이문열, 〈우리들의 일그러진 영웅〉, 『이문열/우리들의 일그러진 영웅: 1987 이상문학상 수상작품집』(문학사상사, 1987, 제2판36쇄 1996), 68-69쪽.

이명원이 지적한 바 있는 '기만의 수사학'일 수도 있다는 점에 주목해야 할 것이다.

전두환을 고발한 사람들은 석대의 경우와 달리 이문열처럼 처음부터 굴복한 사람이 아니라(소설과는 달리, 현실 세계에서 이문열이 젊은 시절 겪은 고통은 전두환과는 무관하다), 자신의 목숨을 걸고 투쟁해온 사람들이다. 물론 뒤늦게 기회주의적으로 전두환 고발에 나선 사람들도 있었지만 그들의 수는 매우 적거니와 전두환 체제로부터 아무런 득을 본 게 없는 보통사람들의 경우 그건 흉볼 게 못 된다. 그러나 이문열은 늘 기초적인 사실 왜곡을 자행해가면서 자신이 마치 '의리의 사나이'라도 되는 양 자신의 수구 이데올로기를 정당화하고 더 나아가 예찬까지 하는데, 그거야말로 정말 큰일날 일이다.

과연 누가 '교활하고도 비열한 변절자'일까? 한 개인이 어쩔 수 없는 폭력 체제하에서 침묵했다가 그 폭력 체제가 사라진 후에 할 말을 하는 것은 교활한 것도 아니고 비열한 것도 아니다. 그 폭력 체제가 사라진 후에도 그 폭력 체제의 유산이 쏠쏠하게 남아 있는 걸 보고서 이해타산을 해본 다음에 그걸 옹호하는 사람이야말로 '교활하고도 비열한 변절자'임에 틀림없다. 그건 바로 인간에 대한 변절인 것이다. 한때 자신이 갖고 있었던 '자유와 합리의 기억'에 대한 변절인 것이다. 그것도 대단히 교활하고도 비열한 변절인 것이다.

이거 하나는 분명히 알아두자. 이문열은 절대 '소수를 위한 변명'을 하는 사람이 아니다. 속된 말로, 그는 절대 밑지는 장사를 하는 사람이 아니라는 말이다. 그의 막말조차도 주도면밀한 계산 끝에 나오는 것임을 잊어선 안 된다. 이는 나중에 자세히 논의하게 될 그의 '성공 이데올로기'를 알면 간단히 풀리는 문제인 것이다.

'언론 세무조사'에 대한 그의 '언어 폭력'도 그가 'DJ 대 반(反)DJ' 구도로 전락한 현 정국 상황을 꿰뚫어보고 문화권력으로서의 '장기 집권'을 위해 저지른 일일 수도 있다. 그는 지금 자신의 '언어 폭력'에 대해 매우 흐뭇하게 생각하고 있다. 왜? 그의 말을 들어보자.

"내가 하고 싶은 말이 실제 내 목소리보다 더 크게 전파된 것은 큰 도움이었다고 봅니다. 하고 싶은 말을 했다가 아무런 반향이 없으면 그것도 낭패인데, 나로서는 말을 하지 않은 것보다 훨씬 나았다고 생각합니다." [10]

그렇다. 그는 아무런 반향이 없는 말은 아예 하질 않는다. 그는 자신의 '언어 폭력'을 위기에 몰린 조중동이 목숨 걸고 밀어주고 키워주리라는 걸 알고 '언어 폭력'을 저지른 것이다. 반(反)DJ 정서를 갖고 있는 사람들의 열화와 같은 지지가 있으리라는 걸 알고 그런 것이다. 그것도 일부러 격렬하게.

7월 20일 SBS TV 〈토론공방〉의 ARS 여론조사에서 자신의 주장에 동의하는 시청자가 54.7%로 나왔다고 하자 이문열은 "절반이 넘는 시청자가 내 의견에 동의한 결과를 보니 쓸데없는 발언을 한 것은 아니라는 생각이 든다"는 시청 소감을 밝혔다. [11] 옳은 말씀이다. 이문열은 절대 쓸데없는 일은 하지 않는다. 바로 이것이 그의 성공 비결이다.

이문열은 반(反) 민주주의자

그 뒤 한동안 우리 반을 혼란스럽게 했던 선거만능 풍조의 시작이었다.……변혁을 선뜻 낙관하지 못하는 내 불행한 허무주의는 어쩌면 그때부터 싹튼 것이나 아닌지 모르겠다.……교실 안에서 우리에게 가장 많은

---

10) 박종주, 〈와이드 인터뷰/'권언전쟁' 와중에서 '곡학아세' 공격받은 이문열〉, 『월간중앙』, 2001년 8월, 101쪽.
11) 윤정훈, 〈"세무조사는 언론탄압 이문열씨 주장이 옳다"〉, 『동아일보』, 2001년 7월 23일, A30면.

혼란과 소모를 강요한 것은 의식의 파행(跛行)이었다. 선생님의 격려와 근거없는 승리감에 취한 우리 중에 일부는 지나치게 앞으로 내달았고, 아직도 석대의 질서가 주던 중압에서 깨어나지 못한 아이들은 또 너무 뒤쳐져 미적거렸다. 임원진으로 뽑힌 아이들도 마찬가지였다. 어른들 식으로 표현하면, 한쪽은 너무도 민주(民主)의 대의에 충실해 우왕좌왕하는 다수와 함께 우왕좌왕했고, 또 한쪽은 석대 식의 권위주의를 청산하지 못해 은근히 작은 석대를 꿈꾸었다. 거기다가 새로 생긴 건의함(建議函)은 올바른 국민탄핵제도(國民彈劾制度)의 기능을 하기보다는 밀고와 모함으로 일 주일만에 하나씩은 임원들을 갈아치웠다. [12]

굳이 말할 필요도 없는 것이지만, 이문열은 민주주의를 믿는 분이 아니다. 그러나 대명천지에 "나는 민주주의에 반대한다"고 말할 수야 있겠는가? 그저 가끔 소설이나 잡문의 형식으로 민주주의를 교묘하게 또는 노골적으로 비판하는 글을 쓰면서 자신의 수구 이데올로기가 옳은 것임을 만천하에 공포함으로써 수구 기득권 세력의 사랑을 받고 자신의 기득권도 지키고 키워나가는 일을 하고 있는 건 아닐까? 예컨대, 그는 자신과 마찬가지로 민주주의를 조롱하기에 바쁜 『조선일보』에 연재했던 〈오디세이아 서울〉에서 '소설'을 빙자하여 민주주의에 대해 다음과 같이 말한다.

민주주의란 말이 세상에 선뵌 지는 벌써 2천 년이 넘었고, 세계의 정치판이 역사의 창고 깊숙한 곳에서 그걸 다시 찾아내 무슨 만능의 부적(符籍)처럼 이마빼기에 붙이고 시도 때도 없이 그 신통한 효능을 우려먹은 지도 그럭저럭 두 세기가 넘었다. 내게는 그 민주주의가 한물가서 추해진 창녀같이 느껴질 때가 있다. 젊어 한때는 매력으로 빛나는 홍등가

---

12) 이문열, 〈우리들의 일그러진 영웅〉, 『이문열/우리들의 일그러진 영웅: 1987 이상문학상 수상작품집』(문학사상사, 1987, 제2판36쇄 1996), 70-73쪽.

(紅燈街)의 여왕이었으나 이놈 저놈이 함부로 끼고 자며 짓주물러 놓은 바람에 이제는 엉덩이짓밖에 볼 게 없어진 늙은 창녀 말이다. 내 생각으로 민주주의가 그 꼴이 난 것은 민주란 말이 가지는 정치적 최음(催淫) 효과와 그 의미의 가변성(可變性) 내지는 가소성(可塑性) 때문일 것이다. 처녀보다는 창녀란 소리를 들으면 더 쉽게 성욕을 느끼고 화사한 대리석은 어찌해 볼 엄두조차 내지 못하면서도 진흙덩이를 보면 공연히 주물러보고 싶어지듯 민주란 말은 힘없는 민초들을 턱없이 정치적인 흥분에 빠져들게 하는 데가 있으며 또 머리깨나 굴리는 권력추구자들에게는 우물떡 주물떡 저희 쓰기에만 편리한 물건을 만들고 싶은 유혹을 일으키는 데가 있다. 두 놈이 똑같은 민주를 외쳐대는 데도 가만히 내용을 따져보면 하늘과 땅 같은 차이가 나는 것은 바로 그 때문이다. [13]

민주주의 비판이야 나도 책 한 권 분량 이상으로 얼마든지 할 수 있고 이문열의 비판보다 더 혹독하게 할 능력과 뜻이 충만해 있는 사람이다. 그러나 이문열의 민주주의 비판은 그런 원론적인 차원의 것이 아니다. 소설에서 한 말 아니냐고 슬쩍 넘어갈 수 있는 일도 아니다. 앞으로 계속 증명해 보이겠지만, 그는 현실 세계에서도 민주주의에 대단히 적대적인 인물이다. 우선 김정란의 다음과 같은 평가를 음미하고 넘어갈 필요가 있겠다.

"이문열의 세계관은 본질적으로 근대적 사회의 재구성 방식을 견디지 못하는 전근대적 향수 이데올로기라고 할 수 있는데, 이 세계관이 위험한 이유는 작가가 전근대적 공동체의 따뜻한 인정을 회복하고 싶어하는 열망을 넘어서, 신분사회의 부활을 꿈꾸고 있기 때문이다. 이문열은 평등을 구현하는 것을 이상으로 여기는 민주사회의 원리를 정면으로 부정

---

13) 이문열, 『오디세이아 서울』(민음사, 1993, 제9쇄 1995), 133-134쪽.

하고 있다. 그에게 인간은 상하로 엄연히 구분되어지는 것이어서, 양반은 넉넉하고 인격적으로 사람으로, 상민들은 영악하고 천한 성품으로 그려진다."[14]

이문열의 '민주주의 수호자' 행세

이문열이 최근 '민주주의'라는 단어를 구사하면서 정권을 공격하는 것도 좀 깊이 살펴볼 일이다. 그는 상황 판단이 매우 뛰어난 사람으로서 공격의 가장 유리한 무기를 선택한 것일 뿐 그가 발언하는 '민주주의'란 단어는 소리 이상의 의미는 없는 건지도 모른다.

과거를 잊고 피상적으로만 보자면, 김대중 정권 들어 이문열보다 더 헌신적인 '민주주의 수호자'는 찾아보기 어려울 것이다. 이문열은 어느 기자로부터 지난 2000년 "올초에는 총선연대를 홍위병에 비유한 글을 쓰셨잖습니까"라는 질문을 받고 다음과 같이 '민주주의 수호자'다운 면모를 유감없이 드러냈다.

"총선연대 문제는 내 나름의 입장 정리가 끝났기 때문에 밖으로 얘기한 겁니다. 그 사람들이 낙선 대상자를 선정하고 유세장까지 찾아가 시위를 벌이는 것도 문제 아닙니까? 투표는 유권자들이 하는 것이고, 어느 사람을 찍을지 가리기 위해서는 후보 얘기를 들어봐야 하는 것 아닙니까? 그런데 그 자리에까지 가서 소란을 피우며 누구는 찍지 말라며 개입하는 것은 온당치 않지요. 그럴 바에야 차라리 총선연대에다 국회의원 임명권을 줘버리지, 유세는 뭣하러 하고 투표는 또 왜 합니까. 이런 것을 지적해야 할 언론도 그저 침묵하고 눈치만 보는 것 같아요."[15]

---

14) 김정란, 〈우아(優雅)한 사랑 노래? 아가(雅歌)?〉, 『문예중앙』, 제90호(2000년 여름), 363쪽.
15) 박종주, 〈와이드 인터뷰: '선택' 이후 3년만에 새 장편소설 '아가' 펴낸 작가 이문열〉, 『월간중앙』, 2000년 5월, 158쪽.

정작 소란을 피운 게 누군지 이문열은 알고나 말하는 걸까? 어느 소비자운동 단체가 어느 회사 제품 불매운동을 벌이면 그게 그 회사 경영권을 넘겨달라는 건가? 하기야 오랜 세월 군사독재정권 옹호하다가 갑자기 '민주주의 수호자' 행세를 하려니 그게 쉬울 리는 없을 게다. 그래서 이문열의 뜻은 가상할망정 그의 주장은 논리적으론 점점 더 엉망진창으로 내닫는다. 그는 남북정상회담에 대해 대구 『매일신문』 2000년 7월 7일자 좌담회에서 다음과 같이 말한다.

"이번 정상회담 기간 동안 특히 매스컴의 호들갑에 짜증이 났다. 역사성에 대해 충분히 얘기하지 않고 정권의 한 건 주의로 흐르는 것 같아 아쉬웠다. …… 정상회담을 통해 지식인들이 북에 완전히 순치됐다는 느낌도 주목할 만한 점이다. 특히 일부 매스컴이 취재 거부당한 보도를 자기검열에 의해 제때 하지 않는 북한 눈치보기 태도는 심각하다고 생각한다. …… 나는 이산가족 중에 한 사람이다. 그런데 우리 정부가 그 동안 나의 부친 상봉에 비협조적이었다고 생각한다. 개인적인 얘기지만 부친은 사망한 것으로 확인되고 있다. 이산가족문제는 정말 가슴 아픈 일이다. …… 김정일이 오더라도 매스컴이 이번처럼 호들갑을 안 떨었으면 좋겠다."

아, 이 얼마나 감동적인 발언인가! 이문열의 얼음처럼 차가운 이성! 그러나 오래 감동할 수만은 없을 것 같다. 이문열이 정부의 비협조적인 태도에 대한 보복 차원에서 위와 같이 말했다고 보기는 어렵다. 정략적 발언으로 이해하는 것이 온당할 것이다. 숨막히는 분단체제의 멍에를 조금이라도 느껴본 한국인이라면 TV의 남북정상회담 보도를 지켜보는 어느 순간 엄청난 충격을 받는 느낌을 갖는 건 너무도 당연한 일 아닐까? 그러나 이문열은 그 충격을 호들갑으로 표현하는 대담함을 보여준다. 그가 얼음처럼 차가운 심장을 갖고 있기 때문일까? 아니면 순전히 정략 때문일까? 이미 정답은 충분히 제시되었지만, 페이지를 넘겨 계속 끈질기게 확인하고 또 확인해보도록 하자. 💈

'지식폭력'의 피해자에서 가해자로

『시대와의 불화』를 해부한다

'시대와의 불화'가 아닌 '약자와의 불화'

이미 앞서 산발적으로 소개하긴 했지만, 이 글에선 이문열이 1992년 10월에 낸 산문집 『시대와의 불화』를 본격적인 분석의 대상으로 삼아 그가 주장하는 '시대와의 불화'가 사실은 '약자(弱者)와의 불화'였다는 걸 확실하게 입증하고자 한다. 책이 쓰여진 순서대로 논의를 진행하도록 하겠다.

이문열은 '내면적 깊이 없는 정신적 유행으로서의 진보와 혁명'에 대해 공격을 감행한다. 그는 유행을 혐오하는 발언을 자주 하지만 강압에 의한 유행엔 더할 나위 없이 관대하다는 걸 잊지 말아야 할 것이다. 이문열은 마땅히 내려야 할 도덕적 가치 판단을 심미적 평가로 대체하려는 시도를 집요하게 보인다. 왜? 자신의 안전과 성공에의 집착을 정당화하기 위해서다. 물론 그가 그걸 인정하는 건 아니다. 그의 변명은 제법 화려하다. 문제는 그의 변명이 도무지 말이 안 된다는 데에 있다. 일단 그의 변명부터 들어보자. 그는 다음과 같이 말한다.

"80년대 후반에 언론을 통해 집중적으로 드러난 이 나라 지성의 유행은 바로 기성 체제의 악과 부조리를 고발하고 비판하는 것이었다. …… 그것을 누가 했든 이미 비판당한 악, 들추어진 부조리를 두 번 세 번 되풀이하는 것은 동어반복에 지나지 않는다. 나는 그런 동어반복에 흥미가 없었고, 그래서 오히려 비판 받아보지 않은 악, 들추어지지 않는 부조리 쪽으로 눈길을 돌렸다. 그리고 크고 밝은 대의에 감추어진 무논리와 맹목성 쪽을 얘기했는데 그것이 나를 시대의 유행에서 고립시키는 결과를 가져왔다. 어쩌면 80년대 후반 내가 겪어야 했던 정신적인 적막감은 시대의 유행을 거부한 당연한 대가인지도 모른다."[1]

그러나 이문열은 시대의 유행을 거부한 것이 아니다. 시대를 초월하여 존재하는 윤리를 거부한 것이다. 나는 이문열의 문제 제기 자체엔 일리가 있을 수도 있다고 생각하지만 이문열에겐 그런 문제 제기를 할 자격이 없다고 생각한다. 그는 직간접적으로 단지 현실적이라는 이유만으로 무조건 기성 체제를 옹호했던 인물이기 때문이다. 오히려 이문열이 운동 세력보다 더 반성해야 하는 것 아닌가? 그러나 이문열에겐 윤리를 앞세워 자신을 비판했던 사람들에 대한 복수욕만 있을 뿐이다.

그런데 문제는 이문열이 그러한 복수욕에 현학의 포장을 씌운다는 점이다. 예컨대, 그는 그가 혐오해 마지않는 운동세력의 활동과 관련하여 "에리히 프롬이 말한 그 '자유로부터의 도피'로 진행해 갈 수도 있"다고 주장한다.[2] 그러나 프롬의 책을 조금이라도 읽은 사람이라면, '자유로부

1) 이문열, 『시대와의 불화: 이문열 산문집』(자유문학사, 1992), 13-14쪽.
2) 이문열, 위의 책, 15쪽.

터의 도피'라는 개념을 군사독재정권을 옹호하는 사람이 그 정권을 비판하는 사람에게 쓰는 건 난센스라는 걸 금방 알 것이다. 그러나 그 난센스를 깨달을 독자가 얼마나 있을까? 오히려 "역시 이문열이야. 에리히 프롬에 대해서도 잘 아나 보다"라고 감동받지 않았을까?

이문열의 희한한 이중 잣대

이문열이 군사독재정권을 옹호하는 논리는 매우 단순하다. "이미 일어난 사건은 일어날 만했으니까 일어난 것으로 모두 다 정당하다"[3]는 식의 이른바 '아메바 논리'다. 그는 그 논리를 다음과 같이 역설한다.

"현실성 없는 예가 될지 모르지만 이른바 신군부 세력이 워싱턴이나 파리나 런던에 출현했다고 가상해보자. 한 정보사령관과 몇몇 장성이 몇천 명의 군대를 풀어 워싱턴·파리·런던을 장악하고 각료들을 연금했다고 해서 미국이나 프랑스, 영국에 우리 식의 5공이 생겨났을 것 같지는 않다. 다시 말해 우리에게서만 유독 5공이 가능했던 데는 우리 사회 전체가 책임져야 할 부분도 있는 셈이 된다. …… 무엇보다도 그 모든 것을 겁먹은 눈으로 묵인한 대다수의 기성 세대는? 한 줌의 예외를 제외하면 5공은 우리 모두의 공동 작품일 수도 있다."[4]

독자들께서는 '우리 모두의 공동 작품'이라는 표현을 기억해 두시기 바란다. 이문열이 그 개념을 매우 자의적으로 사용하기 때문이다. 그가 매도해 마지않는 운동세력의 활동이라는 것도 워싱턴·파리·런던에선 가능하지 않았을 것이다. 그렇다면 그들의 활동 역시 '우리 모두의 공동 작품'이 아닐까? 그러나 이문열은 이 경우엔 정반대로 나간다. 매도 일변도다.

---

3) 이건 이문열의 발언이 아니라 내가 만든 말이다.
4) 이문열, 『시대와의 불화: 이문열 산문집』(자유문학사, 1992), 18-19쪽.

왜 그럴까? 그 이유는 간단하다. 누가 이문열에게 안전과 번영을 보장해줄 수 있느냐 하는 것이 유일무이한 기준이다. 운동세력은 이문열을 좀 피곤하게 만들 수는 있지만, 그의 안전과 번영을 위협할 수는 없다. 반면 군사독재세력은 이문열의 안전과 번영을 위협할 수 있기 때문에 이문열이 뜨겁게 껴안아야 할 '우리 모두의 공동 작품'이 되는 것이다.

이문열의 잣대는 한 마디로 이야기해서 자기 기분 내키는 대로다. 이문열은 군사독재정권 옹호를 위해서는 '한국적 상황'을 강조했지만, 운동세력에겐 정반대로 '서양의 상황'을 들이밀면서 정치를 잊으라고 주장한다.

"말할 것도 없이 국민들의 정치의식이 깨어 있는 것은 그 나라를 위해 좋은 일이다. 그러나 정치 과잉이 되면 오히려 무관심보다 더 해로울 수가 있다. 그래서 현대의 정치학자들 중에는 정치적 무관심층이 두꺼울수록 그 나라의 정치적 안정도가 높아진다는 논리를 내세운 학자들도 있다. 우민화 정책에 의해서 만들어진 정치적 무관심이 아니라 수평적·분화적 가치관에서 저절로 형성된 정치적 무관심층이야말로 어쩌면 이 나라에서는 가장 소중한 집단이 될는지도 모르겠다."[5]

이문열은 정치에 대한 관심을 "사회적 허영에 불지핀 정신적 유행"이라는 말로 폄하한다. 그리고 그 '유행'은 "좌파적이라는 기본 방향을 갖고 있었"단다.[6] 그것 참 이상하다. 이문열이 지지하는 신군부가 어느 날 갑자기 하늘에서 뚝 떨어진 것이 아니듯이 그런 '유행'도 어느 날 갑자기 땅에서 불쑥 솟아난 것이 아니지 않은가. 그렇다면 그것 역시 '우리 모두의 공동 작품'으로 보는 것이 온당하지 않겠느냐 이 말이다.

게다가 신군부는 이문열의 말마따나 몇천 명에 지나지 않았던 반면, 이문열이 매도해 마지않는 그 '유행'은 "일반 출판이나 기타 표현 활동

---

5) 이문열, 『시대와의 불화: 이문열 산문집』(자유문학사, 1992), 27쪽.
6) 이문열, 위의 책, 34-35쪽.

(『시사저널』, 2001년 7월 19일)

네티즌 조롱에 "앗, 나의 실수"

소설가 이문열씨, '책값 환불' 공언했다 곤욕… '홍위병론' 또 펴며 방어 나서

"책값에 최고 이자를 붙여 돌려주겠다는 말이 오해의 소지가 있다."

지난해 홍위병론으로 논쟁을 불러일으켰던 이문열씨가 다시 돌아왔다. 이씨는 지난 7월 2일자 〈조선일보〉에 '신문 없는 정부를 원하는가'라며 언론사 세무 조사를 둘러싸고 벌어지는 상황을 개탄하는 글을 실었다가 논쟁에 휘말렸다.

정치권에서는 민주당 추미애 의원이 '꼭 학아세를 그만두고 정제를 밝히라'고 이씨에게 공격의 포문을 열었다가 취중 발언이 보도되는 바람에 곤욕을 치르고 있는 사이, 이씨도 그에 못지않은 격전을 치러내야 했다. 이씨의 글이 발단이라면 논쟁의 흐름은 빤했다. 사태가 이상한 방향으로 흐르기 시작한 것은 한 네티즌이 이씨의 책을 반환하겠다고 나서면서부터.

화를 참지 못한 것이 화근이었다. 이씨는 '당신의 책을 읽었다는 것이 부끄럽다. 책을 반환할 테니 주소를 알려 달라'는 한 네티즌(콜라삼)의 글을 읽고 격분해 '내 주소는 ㅇㅇ다. 최고 이자를 붙여 돌려주겠다. 어디 가서 내 책 읽었다고 하지 말라'고 대꾸해 버린 것이다.

하지만 이씨는 곧 아차 싶었다. 이씨가 오만하다고 성색하고 비난하는 이들도 있었지만 '한 선면 정도는 확보할 수 있는데 정말 최고 이자 쳐서 반환해 주느냐'라며 이씨를 조롱하고 나서는 네티즌이 늘었기 때문이다.

이씨는 파문이 확산되자 진화에 나섰다. 7월9일 홈페이지 게시판을 통해 '최고 이자 운운한 것은 상심한 독자에게 나름의 성의를 보여 주겠다는 것이었다. 하지만 솔직히 말하면 그 대응에 감정적인 면이 없지는 않았다'고 고백했다.

이문열씨의 진심은 〈동아일보〉에 기고한 글에 더 잘 드러나 있는 것으로 보인다. 〈조선일보〉에 글이 실린 뒤 자신에게 쏟아진 반응을 놓고 쓴 지난 7월3일자 시론에서 이씨는 '나를 비난하는 이들의 섬뜩한 광기를 보노라면 후배로 상대를 차단했던 홍위병이 떠오른다'며 다시 홍위병론을 들고 나왔다.

이씨가 지난해 낙선운동을 펼치는 시민단체를 놓고 홍위병론을 폈을 때 네티즌의 반응을 기억하는 독자라면 후속편에 대한 기대가 클 것으로 보인다.

노숙동 기자

이문열은 군사독재정권에 대해선 "이미 일어난 사건은 일어날 만했으니까 일어난 것으로 모두 다 정당하다"는 식의 논리로 옹호하면서 운동세력의 정치에 대한 관심은 '사회적 허영에 불지핀 정신적 유행'이라는 말로 폄하하고 있다.

은 대부분이 반체제에 장악되어 80년대 후반 한때는 '민중상업주의'란 유행어가 통용될 수 있을 정도로 호황을 누렸다"지 않은가 말이다.[7]

그렇다면 '신군부'보다는 그러한 '유행'이 더 '우리 모두의 공동 작품'에 가까운 게 아닌가. 신군부는 그렇게 쉽게 인정해주는 이문열이 왜 그 막강한 세력을 가졌었다는 '유행'은 인정해주지 않느냐 이 말이다. 물론 우리는 그 이유를 모르지 않는다. 이문열의 출세에 도움이 되느냐 되지 않느냐 하는 게 그 기준이다. 이문열은 행여 자신의 그런 속마음이 들킬까봐 '출세주의'를 비판하는 묘기를 감행한다.

"우리에게는 '사미인곡(思美人曲)의 전통'이라고 이름해도 좋을 변형된 출세주의의 전통이 있다. …… 학생운동의 경우도 그런 전통에서 큰 예외는 아니었다. 체제에 순응하여 착실하게 공부한 쪽보다는 체제 비판적인 학생운동의 리더들이 오히려 출세의 지름길을 달리게 되는 수가 있는데, 그 전형적인 예는 4·19 세대에서 볼 수 있을 것이다. 모범생으로 60년대에 행정고시를 통과한 사람들은 80년대 중반까지도 기껏해야 정부 부처의 국장급이었으나 방향을 바꾼 학생운동의 리더들 중에는 차관급 이상이 여럿 있다. …… 감옥에서의 1년은 좋은 시 1백 편보다 훨씬 효율적으로 시인의 문학적 지명도를 높여 주었다."[8]

이문열의 '수지 타산'

무슨 말인지는 알겠는데, 그런 식으로 출세를 한 사람의 수가 과연 얼마나 될까? 운동을 하다가 이름 없이 사라져간 그 수많은 사람들은 이문열의 안중에도 없는가? 그리고 이문열은 왜 자꾸 정계 진출만을 '출세'라고 생각하는가? 그건 마음에도 없는 거짓말은 아닐까? 그는 지난 1996년 정치할 뜻은 없느냐는 질문을 받고 이렇게 답한 적이 있다.

"현실적으로 계산해서 수지(收支)가 안 맞습니다. …… 국회의원 자리나 기타 이렇게 영입됐을 때 정치권이 제게 줄 수 있는 게 뻔합니다. 그

---

7) 이문열, 『시대와의 불화: 이문열 산문집』(자유문학사, 1992), 31쪽.
8) 이문열, 위의 책, 37-38쪽.

건 지금 제가 갖고 있는 것보다 많지 않다는 것이지요. 해방 이후로 국회의원이나 장관은 수천 수만 명이 됩니다. 그러나 제가 곱게 늙는다면 이문열이는 그렇게 많지 않을 겁니다."[9]

그렇다. 세상이 과거와 많이 달라져 정계 진출만이 출세가 아닌 것이다. 이문열은 1997년에도 정치할 뜻은 없느냐는 질문을 받고 다음과 같이 비슷한 답을 내놓았다.

"젊은 시절엔 정치에 관심이 많았다. 그러나 지금은 정치를 믿지 않는데다 작가로서 만족하고 있다. 과거 여당으로부터 여러 차례 공천 제의를 받았던 게 사실이다. 하지만 계산이 안 맞아 할 생각이 없었다(웃음). 국민에게 미치는 영향력으로 따져봤을 때 웬만한 국회의원만큼은 되고 의원 봉급의 수십 배 소득을 올리고 있으니 굳이 정치할 이유가 없잖은가. 요즘엔 문화권력이란 것을 실감하고 있다."[10]

'사미인곡'의 시절엔 정치 이외엔 출세의 길이란 게 없었다. 그러나 오늘날엔 이문열 스스로 인정했다시피 베스트셀러 작가가 훨씬 더 실속 있는 출세다. 게다가 이문열은 정치적인 문화권력으로서 정치적인 발언도 원 없이 하고 있지 않은가. 이제 이 정도면 이문열 자신도 '사미인곡의 전통'에 따라 변형된 출세주의의 길을 걸어왔다는 걸 흔쾌히 인정할 수 없겠는가?

이문열에겐 한 가지 이상한 습관이 있는데, 그건 자꾸 자기가 무슨 엄청난 탄압이라도 받은 것처럼 과장하는 것이다. '시대와의 불화'라는 말도 그런 과장된 표현임은 두말할 나위 없다. 다음과 같은 과장도 듣기에 민망하지 않은가?

---

9) 최보식, 〈인터뷰/이문열의 세상읽기: "위정자여, 대중의 천박한 복수욕에 야합하지 마라"〉, 『월간조선』, 1996년 7월, 332쪽.

10) 이문열·조성식, "페미니즘 논쟁 불씨 『선택』의 작가 이문열 씨", 『일요신문』, 1997년 6월 8일, 78-79면.

"작가가 된다는 것은 다만 무력한 다수의 갈채와 유력한 소수의 악의를 함께 얻는다는 뜻일 뿐이다. 만약 양쪽의 무게가 동등하다면 그것이 특별히 불행일 수 없지만, 무력한 다수의 갈채에 취하고 고양되는 시간은 짧고 유력한 소수의 악의에 시달리는 시간은 길다."[11]

이문열의 '파시스트 미학'?

진중권은 『인물과 사상 7』에 쓴 〈파시스트 미학과 이문열의 『선택』〉이라는 글에서 이문열의 '파시스트 미학'을 날카롭게 해부한 바 있다.[12] 이문열의 그러한 '미학'과 아울러 그의 '마초' 근성은 꽤 알려진 사실인데, 바로 이것이 한국 사회를 보는 그의 시각에도 큰 영향을 미친다는 점은 비교적 간과되고 있는 것 같다. 이문열의 다음과 같은 발언이 궁극적으로 의미하는 게 과연 무얼까 깊이 생각해 보시기 바란다.

> "그대들은 저항파의 자부심에 충실해라. 나도 협력파의 자부심에 충실했을 뿐이다." 나치에 협력했던 프랑스의 작가 드리외 라 로셸은 전후 그 한 마디를 남기고 자살했다. 의회주의란 간사한 정치적 술책으로 나날이 부패해가는 유럽을 구원할 수 있는 가능성을 새로이 대두하는 파시즘에서 본 그는 독일이 프랑스를 점령하자마자 친독지(親獨紙)를 복간시켜 히틀러를 찬양하고 나섰다. 민족을 배신하고 지성인의 자유정신을 포기한 프랑스 국민뿐만 아니라 전세계의 지성인을 분노하게 한 행위였다. 하지만 뒷날 세상이 바뀌었을 때 그는 변명이나 참회로 자신의 책임을 줄이

---

11) 이문열, 『시대와의 불화: 이문열 산문집』(자유문학사, 1992), 66쪽.
12) 요즘 '파시즘'이라는 말이 오·남용되는 경향이 있는데, 파시즘에 대한 정확한 개념을 알기 위해선 『시사인물사전 11: 부드러운 파시즘』(인물과사상사, 2000)을 참고하는 게 좋을 것이다.

려들기보다는 죽음으로써 자신의 견해를 지켰다. 젊은 날부터 줄곧 그를 유혹해 온 자살의 충동이나 치열한 행동의 추구 뒤에 숨은 진한 허무주의 같은 것들로 그런 그의 결단을 달리 해석할 길도 없지는 않으나, 어쨌든 그의 자살은 이 땅의 친일파들이 해방 후에 보인 갖가지 추태에 견주어 보면 일종의 아름다움까지 느끼게 하는 결단이다. [13]

이문열은 친일파에 대해 비판적인 사람인가? 아니다. 그는 최근 "용케도 난 48년생이라 친일혐의는 없지만, 내가 만약 그 20년 전에 태어났다고 생각하면 모골이 송연할 때가 많다. 어느 누구든 그 혐의를 어떻게 벗을 수 있겠는가. 욕먹을 얘기지만 나는 친일 문제에 대해서도 관대한 편이다"라고 말했다. [14] 그가 앞서 친일파들이 '추태'를 보였다고 욕한 건 자살이라는 '아름다움'을 보여주지 않았다는 데에 불만일 뿐 그 이상의 의미는 없는 것이다.

이문열은 한 마디로 이야기해서 '사무라이' 같은 분이다. 그는 "펜을 검처럼 생각해 왔다"고 말하는데, [15] 그는 펜을 든 사무라이인 것이다. 그는 한동안 니체에 깊이 심취했었다. 어느 정도로? 니체는 이문열에게 '새로운 하늘과 새로운 땅'이었을 정도였다. [16] 니체에 심취하는 사람들은 여러 종류지만, 굳이 나누자면 우파 니체주의자가 있고 좌파 니체주의자가 있다. 우파 니체주의자가 극단으로 가면 바로 니체를 숭배했던 히틀러와 무솔리니를 만나게 된다. [17] 이문열은 어느 쪽에 가까운 걸까? 독자들께서 한번 잘 생각해 보시기 바란다.

---

13) 이문열, 『시대와의 불화: 이문열 산문집』(자유문학사, 1992), 155쪽.
14) 김광일, 〈'신문없는 정부 원하나' 기고…논쟁 불지핀 작가 이문열 씨: "소수파 정권은 비제도적 폭력에 유혹느껴"〉, 『조선일보』, 2001년 7월 13일, 8면.
15) 이문열, 위의 책, 56쪽.
16) 이문열, 위의 책, 57쪽.
17) Roger Eatwell, 『Fascism: A History』(New York: Penguin Books, 1995), p.44.

군사독재정권엔 아량, 운동권엔 저주

누차 말했지만, 이문열의 자기 중심주의는 대단하다. 그는 심지어 무슨 핑계를 댔을망정, 좋든 나쁘든 무조건 현실적이라는 이유 하나만으로 기성 체제를 옹호해온 자기 자신을 정당화하기 위해 '물귀신 작전'까지 마다하지 않는다. '우리 모두 죄인'이라는 것이다. 이문열이 앞서 했던 말과 중복되는 부분도 있지만, 우리 모두 인내심을 갖고 다시 한번 음미해 보기로 하자.

"지난 8년 내지 지난 20여 년, 우리 사회가 어떤 특정 세력 또는 특수 집단에 의해 변질 당하고 피해를 입은 것은 부인할 수 없는 사실이다. 그들이 장악한 정치력에 의해 많은 부정과 비리가 저질러졌으며, 그 밖의 사회 제 가치는 적지 않은 억압과 왜곡을 경험해야 했다. 하지만 오늘날 우리가 안고 있는 이 모든 갈등과 부조리의 뿌리를 오직 그 세력 또는 집단과 정치에서만 찾는 것은 너무도 염치없는 자기 변명이나 책임 회피가 되는 게 아닐까. 사회의 나머지 구성원과 다른 제 가치가 충실하고 흔들림 없이 자기의 기능을 수행하고 있었다면 과연 그런 일이 가능했을까. 한 마디로, 우리 모두 그때 어디서 무엇을 했건 오늘에 대한 책임은 조금씩 나누어져야 되는 게 아닐까. 좀 억지스런 예가 될지 모르지만 어떤 야심에 찬 장군이 워싱턴에 몇 개 사단을 끌고 들어갔다고 해서 미국에서 군사 쿠데타가 성공했을 것 같지는 않다. 런던이나 파리는 물론, 우리처럼 분단된 서독의 본에서도 그런 일이 반드시 성공했으리란 보장은 없다. 그런데 어째서 우리에게서만 가능했을까." [18]

다시 말씀드리지만, 그렇게 군사독재정권에 대해 무한한 아량과 포용력을 보여주는 이문열이 왜 운동세력에 대해선 그렇게 저주를 퍼붓느냐

---

18) 이문열, 『시대와의 불화: 이문열 산문집』(자유문학사, 1992), 168-169쪽.

이 말이다. 아니 그는 가난한 사람에 대해서도 저주를 퍼붓는다. "시쳇말로 '못 가진 자' 역시 정신적 AIDS를 앓고 있기는 마찬가지"라나.[19] '가진 자'들의 잘못된 일에 대해선 '우리 모두의 공동 책임'이라고 주장하는 분이 어찌하여 '못 가진 자'에 대해선 '정신 AIDS' 운운하는 언어 폭력을 행사하는 걸까? 과거 자신의 가난에 대해 복수를 하려는 걸까? 그러려면 혼자서 조용히 할 것이지 자신처럼 가난의 수렁에서 빠져 나오지 못해 아직 비참하게 사는 사람들에게 왜 저주를 퍼붓는 것일까?

자신의 과거에 대한 보복?

『시대와의 불화』엔 이문열과 문학평론가 홍정선과의 대담이 실려 있다. 이문열은 "선생님 소설의 지적인 측면에 대응되는 민중적 측면에 대한 생각을 듣고 싶습니다"라는 홍정선의 질문에 대해 여러 이야기를 했는데, 마지막 부분만 인용해보자.

"그 밖에 내가 이른바 '민중적인' 작품을 별로 쓰지 않은 데는 제 사적인 감정도 있습니다. 소외 받은 대중, 밑바닥 삶에 대한 혹독한 체험에서 비롯된 것이지요. 쉽게 말해, 그 혹독했던 시절을 추체험하는 고통이 겁나 짐짓 그런 소재를 외면했는지도 모르겠습니다."[20]

워낙 가슴 아픈 이야기라 공감이 가긴 하는데, 그게 민중적인 것을 매도해야 할 이유는 될 수 없는 게 아닐까? 혹 이문열은 자신이 거의 독학으로 습득한 지식에 치인 건 아닐까? 꼭 그런 뜻은 아니었겠지만, 비슷한 맥락에서 홍정선은 다음과 같이 묻는다.

"거기에는 혹시, 다시 자전적인 문제를 끄집어내서 죄송합니다만, 이런 건 작용하지 않았나요? 많은 지식인들이 민중들의 가난하고 고통받

19) 이문열, 『시대와의 불화: 이문열 산문집』(자유문학사, 1992), 182쪽.
20) 이문열, 위의 책, 244쪽.

는 삶을 이야기할 때 선생님 자신이 직접 겪었던 고아원에서의 생활과 같은 어려웠던 시절의 체험들이 그 사람들 이야기의 추상성과 덧없음을 이미 간파한 것으로 만들어 주는 식으로 말입니다. 또 그리고 앞에서 소설의 교양적 기능을 개인적으로 지지한다고 이야기했는데 선생님 자신이 지닌 폭넓은 지식의 체계가 민중주의가 지닌 오류들을 나름으로 확신하게끔 만들어 주지는 않았나요?" [21)]

이문열은 그러한 질문에 긍정적으로 답하면서도 "그 밖에 논리적으로는 극단주의와 획일주의의 위험성에 대한 거부감도 80년대의 내 태도를 결정지은 이유가 될 겁니다"라고 말한다. [22)] 이문열이 도대체 세상 구경을 얼마나 했길래 그러는 걸까? 과연 누구의 극단주의와 획일주의가 더 위험했는데, 이문열은 민중주의에 대한 거부감만을 느끼게 된 걸까? 앞서 지적했다시피, 대인관계를 절대적으로 중요하게 생각하는 이문열이 문단이라는 좁은 골목길에서 받은 상처를 부풀려 '문단 = 대한민국'으로 착각하고 그런 말을 하는 건 아닐까? 그러니까 '골목길 콤플렉스'의 지배를 받고 있는 게 아닌가 하는 것이다. 아니면 모든 게 다 의도적인 것인가?

사르트르가 이문열의 '옛 스승'?

알다가도 모를 일이 아닐 수 없다. 이문열은 계속되는 홍정선과의 대담에서 '실존주의'를 걸고넘어지면서 자신의 수구적 성향에 대한 '물타기'를 시도하는데, 이것 역시 '촌놈 겁주려고 한다'는 의미에서 교묘한 '지식폭력'이 될 것이다. 그는 자신이 17세 때 사르트르의 저서를 처음 읽었다고 밝히면서 "나는 아직도 이 옛 스승에게서 많은 것을 빚지고 있다" [23)]고 주장하기도 했는데, 지하에서 사르트르가 이문열이 어떤 사람

21) 이문열, 『시대와의 불화: 이문열 산문집』(자유문학사, 1992), 244쪽.
22) 이문열, 위의 책, 244쪽.

인지 알면 황당해 할 일이 아닐 수 없겠다.

그러나 이문열만을 탓할 일도 아니다. 이문열로 하여금 '지식폭력'을 저지르게끔 자꾸 부추기는 사람들이 적지 않다. 예컨대, 서강대 교수이자 문학평론가인 김욱동은 다음과 같이 말한다.

"그는 실존주의자들과 마찬가지로 이미 만들어진 권위나 제도 또는 이념을 인정하려고 하지 않는다. 이렇게 도덕의 상대성을 강조하고 기성적인 이데올로기를 거부한다는 점에서 그는 장 - 폴 사르트르와 아주 비슷하다. …… 이문열은 사르트르와 같은 실존주의자나 도스토예프스키와 같은 작가처럼 신이 없는 세계에서는 개인의 자유가 무엇보다도 중요하다는 점을 역설한다. 그러므로 이문열 특유의 허무주의는 '실존주의적 허무주의'라는 용어로 불러도 크게 틀리지 않을 것 같다." [24]

참으로 기가 막힌 해설이다. 나는 근래에 이렇게까지 현학적인 언어유희를 본 적이 없다. 혹 비평 방법론의 문제 때문인가? 하긴 김욱동은 자신의 새로운 비평 방법론을 역설하면서 '역사 비평'의 문제를 지적하였다. 이문열 개인에 대한 "역사적 사실을 모르고서도 이문열 문학에 대한 접근은 얼마든지 가능하다. 역사주의에 대한 지나친 믿음은 마땅히 경계하여야 한다"는 것이다. [25]

물론 이러한 주장엔 얼마든지 동의할 수 있다. 그러나 김욱동이 구사하는 '미국 신비평을 비롯한 형식주의 접근 방법'이라고 해서 널리 알려진 역사, 아니 현재 진행되고 있는 사실까지 애써 모른 척해야 한다고 주장하는 건 아닐 게다. 김욱동의 책은 1994년에 나온 것인데, 그때엔 이미 이문열이 자신의 정체를 꽤 드러낸 시점이 아닌가. 도대체 이문열이 "이미 만들어진 권위나 제도 또는 이념을 인정하려고 하지 않는다"니 이

23) 이문열, 『시대와의 불화: 이문열 산문집』(자유문학사, 1992, 제4쇄 1994), 60쪽.
24) 김욱동, 『이문열: 실존주의적 휴머니즘의 문학』(민음사, 1994), 46-47쪽.
25) 김욱동, 위의 책, 12쪽.

무슨 자다가 봉창 두드리는 소리란 말인가? 이문열 소설이라고 하는 텍스트만 보더라도 그건 도무지 말이 안 되는 말씀이다. 어찌됐건 실존주의에 관한 이문열의 말을 들어보기로 하자. 이문열은 자신이 '정신적인 성장'을 하던 때를 회고하면서 다음과 같이 말한다.

"그때는 실존주의가 마지막 햇살로 서산마루에 걸려져 있을 때라 그랬는지 모르지만 그때의 자유는 오늘날처럼 정치적이고 제도화된 자유만 말하는 것이 아니었고, 존재와 연관된 자유까지 포함하고 있었는데 오히려 80년대 와서 어떤 압제, 특히 제도라든가 혹은 정치 쪽에서 오는 그 압제만을 대상으로 하는 개념으로 쪼그라들고 말았습니다. 저를 자유주의자라고 하면 틀린 말이 아니지만 제 관심은 오히려 그런 것들, 제도나 사회의 압제에 대한 자유보다는 오히려 무형의 억압 쪽에 있습니다. 제가 본 것 중에 가장 본질적이고 큰 억압은 시간과 공간이 될 겁니다. 이 억압 때문에 우리는 일정한 시간이 지나면 반드시 죽어야 되고 이 공간 때문에 삶에서 수많은 비용을 강요당합니다. 따라서 내게는 기본적인 억압 양식이 시간과 공간 같은 형이상학적인 내용이 될 것이고 신(神) 같은 것도 억압의 한 형태로 볼 수 있습니다. 정치적인 의미의 억압은 내게 있어서는 그런 여러 일부에 지나지 않습니다. 그런데 그 일부를 전부로 치환하라고 강요하면 짜증이 나지요."[26]

이문열의 몫은 정당한가?

대담도 이 수준의 현학(衒學)이면 소설이라 부를 만하다. 대담에서조차 소설을 쓰는 이문열, 그러나 그 어떤 대담자도 감히 이문열에게 그걸 추궁할 수는 없다. 힘의 관계에서 밀리기 때문이다. 아쉬운 건 대담을 요

---

26) 이문열, 『시대와의 불화: 이문열 산문집』(자유문학사, 1992), 246-247쪽.

청한 쪽이지 이문열이 아니다. 그래서 대충 넘어가는 수밖에 없다. 이게 바로 이문열에게 자기 성찰의 기회를 박탈하는 것인지도 모른다.

나는 YS정부 초기 시절 『월간 말』의 요청으로 당시 공보처 장관이던 오인환을 인터뷰했다가 도중에 실패한 적이 있다. 나는 어리석게도 처음부터 말도 안 되는 답에 대해 추궁하는 질문을 계속 던졌다가 그로 하여금 도중에 바쁘다고 일어서게 만들고 말았다. 나 같은 사람에게 인터뷰를 맡겼으니 『월간 말』이 실수했던 거다. 어찌됐건 앞으로 독자들께서는 이문열이 출연한 무슨 인터뷰나 대담을 읽을 때엔 방금 내가 지적한 상호 권력관계에 유의하면서 읽어야 할 것이다. 이문열이 아무리 앞뒤가 맞지 않는 말을 해도 그걸 추궁하는 대담자를 만난다는 건 애초부터 불가능한 일이다. 그러나 공정하게 말해서 홍정선은 공손한 표현을 썼을 망정 매우 날카로운 질문을 여러 개 던졌다는 건 높이 평가받아야 할 것이다.

이문열은 자신이 사회를 해석할 때 "가장 중요한 척도로 삼는 것은 균형과 몫이라는 개념"이라고 주장한다. 자신이 "화를 낼 때는 그 몫이 잘못되고 균형이 깨졌을 때"란다.[27] 이 말을 듣자마자 얼른 떠오르는 생각 가운데 하나가 "지금 이문열이 누리고 있는 몫은 정당한가?"하는 의문이다. 나는 매우 부당하다고 생각하는데, 이문열은 정당하다고 생각하는 걸까?

그런데 이문열이 말하는 '균형'과 '몫'이라는 개념은 매우 독특한 것이라는 걸 유념해둘 필요가 있겠다. 이문열은 독재정권들에게 '균형'과 '몫'이라는 척도로 비판을 가한 적은 없다. 물론 화도 내지 않는다. 그는 무서운 권력이 주체가 된 제도적 폭력에 대해선 무한대의 이해심을 발휘했다. 그렇게 하지 않으면 자신의 안전과 번영이 위협을 받기 때문이었

---

27) 이문열, 『시대와의 불화: 이문열 산문집』(자유문학사, 1992), 247쪽.

"잊기위해 글쓴다"

李文烈씨 문예지에 解明性고백

「이념혐오증 없어… 「균형」 강조했을뿐

「體驗우려먹는 作家」評엔 억울」

숨겨진 가족사등 진솔하게 털어놔

印稅수입은 月3千萬원

(『경향신문』, 1992년 3월 2일)

이문열은 '지식폭력'의 피해자에서 가해자로 변신하는 데에 성공했다. 그는 그러한 변신에 대한 면죄부 또는 위장막을 얻기 위해 자신의 '시대와의 불화'를 역설하지 않으면 안 되었던 건지도 모른다. 그러나 그건 '시대와의 간통'이었을 뿐, 결코 불화는 아니었다. 그 어떤 불화가 있었다면, 약자(弱者)들과의 불화가 있었을 뿐이다.

을 것이다. 그러나 그는 자신의 안전과 번영에 아무런 위협을 가할 수 없는 약자(弱者)들의 도덕적 요구에 대해선 불같이 화를 낼 뿐만 아니라 그걸 '폭력'으로까지 간주한다. 강자(强者)들이 저지르는 제도적 폭력은 '하늘이 준 질서'지만, 약자들의 도덕적 요구는 자기 정당화를 위해서라도 잔인하게 깔아뭉개야 한다고 생각하는 걸까?

'문화적 강요'라는 '지식폭력'

다시 '지식폭력' 이야기로 돌아가 보자. 홍정선은 "선생님처럼 특이한 방식으로 소설 속에 지식의 체계를 도입해서 우리 소설사의 지적 취약성을 메우고 혁신해 나간 경우도 드물 것입니다"라고 말했다. [28] 좋게 보자면 그렇게 볼 수도 있겠지만, 그건 동시에 교양주의를 위장한 '지식폭력'일 수도 있다는 점에 주목해야 할 것이다. 이문열은 자신의 그런 글쓰기 방법의 일부를 다음과 같이 공개한다.

"사람들은 흔히 내 글을 관념적이라고 말하는데 그것은 사물을 구체적으로 서술하기보다는 인상적으로 개념화시키는 버릇 때문에 그럴 겁니다. 쉬운 예를 들어 '요새 가난한 사람들은 뻔뻔해지고 억지스러워졌어'라고 말할 수도 있고, '요즘 보이는 것은 가난의 권리화 현상입니다'라고 말할 수도 있는데, 비슷한 내용을 담고 있지만 사람들은 두 번째 방식의 표현이 어딘가 더 무게있고 지적인 것으로 듣게 됩니다. 그런데 내 말버릇이 바로 그런 느낌을 독자에게 주는 것이나 아닌지 모르겠습니다. 아니, 그 이전에 한 독자로서의 나도 그런 식으로 사물이 표현되는 것을 좋아하고 있는지도 모르지요." [29]

말이야 바른 말이지, 그런 경우야 무슨 문제가 되겠는가? 문제는 수구 이데올로기를 이문열이 고급스럽게 포장해 이론화하려는 것일 게다. 이문열도 스스로 '문화적 강요'라는 표현을 쓰는데, 바로 이것이 도덕적 분노를 느껴 마땅한 사안에 대해서조차 그것이 학술적으로 차분하게 논의할 만한 가치가 있는 것인 양 보이게 만드는 데에 크게 기여하고 있다는 걸 잊어선 안 될 것이다. 이문열은 다음과 같이 말한다.

---

28) 이문열, 『시대와의 불화: 이문열 산문집』(자유문학사, 1992), 251쪽.
29) 이문열, 위의 책, 261쪽.

"내가 경험한 바로는 통속적인 재미 이외에도 독자들의 구매 동기를 유발하는 것은 많이 있었습니다. 그 중에 중요한 것으로는 '문화적 강요'로 말할 수 있는 부분이 있더군요. 물론 저 자신도 그런 동기에 의해서 책을 구매한 적이 많구요. 이를테면 내가 열여섯인가 열일곱일 때 사르트르의 『말』이 노벨문학상을 수상했는데, 그때 나도 그 책이 내가 읽기에는 분명히 어렵고 지루하다는 걸 알면서도 샀습니다. '문화적 강요' 역시 진정한 의식이 아니기는 마찬가지지만 그래도 통속적인 흥미와는 구별돼야 할 걸로 알고 있습니다. 물론 내 모든 작품이 문화적 강요를 할 만큼 대단하다고 말할 수는 없습니다만." [30]

그런데 이문열도 잘 알겠지만, 그 '문화적 강요'에 있어서 절대적으로 중요한 역할을 하는 게 바로 신문과 평론가다. 이문열이 한국에서 문언유착에 가장 뛰어난 소설가이고 평론가들을 비롯한 문단 내의 대인관계를 위해서도 엄청난 투자를 하는 소설가라는 점을 인정한다면, 이문열이 누리는 인기의 비결은 전부는 아닐망정 상당 부분은 바로 여기서 풀리는 게 아닐까?

홍정선이 "제가 알기로는 선생님의 소설에 대해서 지적인 허무주의라든가 냉소주의라는 비난이 가장 많았던 것 같습니다만"이라고 말하자, 이문열은 "어떤 의미에서는 허무주의의 성과도 그리 만만하게 볼 것은 아닙니다. 불교의 출발은 틀림없이 허무주의였고 젊은이들이 열광해왔던 러시아 혁명도 그 허무주의에 힘입은 바 많은 것으로 알고 있습니다"라고 답했다. [31]

그러나 내가 보기엔 이문열에게 '허무주의'니 '냉소주의'니 하는 건 찬사일 수는 있어도 비난일 수는 없는 것이다. 이문열은 1989년에 소설

---

30) 이문열, 『시대와의 불화: 이문열 산문집』(자유문학사, 1992), 263쪽.
31) 이문열, 위의 책, 264-265쪽.

가 이순원과 가진 대담에선 '허무주의자'를 "과거는 물론 현재, 변혁, 미래 모두를 비관하는 사람"으로 정의한 바 있다.[32] 그 동안 이문열의 '허무주의' 개념이 변한 것인지는 알 수 없으나, 이문열은 놀라운 자기 중심주의로 자신과 세계를 동일시해온 인물이기 때문에 그가 과연 누구의 '현재, 변혁, 미래'를 비관해온 것인지 그걸 반드시 짚고 넘어가야 할 것이다.

그는 자신의 '낙관'을 위해 '비관'을 도구로 사용한 것일 뿐, 그 어떤 의미에서건 결코 허무주의자가 아니다. 이문열에게 있어서 허무주의와 냉소주의는 그의 출세주의의 하부 개념이거나 출세주의를 위한 제스처에 불과한 것이었고 그의 '성공 이데올로기'를 위한 한 장치에 지나지 않는 것이었음을 잊어선 안 될 것이다. 이문열의 출세주의와 성공 이데올로기에 대해선 나중에 자세히 다루도록 하자.

이문열이 당한 '지식폭력'

『시대와의 불화』의 끝 부분에 실린, 이태리 잡지 『리네아 돔브라』와의 인터뷰에 이문열의 '지식폭력'과 관련하여 건질 만한 내용이 있다. '지식폭력'의 피해자에서 가해자로 변신한 반경환의 '지식폭력'[33]과 통하는 점이 있을 수도 있겠다는 점에 주목할 필요가 있겠다. 문답 한 토막을 인용하기로 한다.

> 문: 학생 시절 귀하의 배움은 매우 단편적이고 불완전했을 뿐만 아니
> 라 초등 교육밖에는 이수하지 못했음에도 불구하고 귀하는 폭넓은 지식

---

32) 이순원, 〈이문열 무엇을 생각하고 있나〉, 『작가세계』, 창간호(1989년 가을), 42쪽; 김욱동, 『이문열: 실존주의적 휴머니즘의 문학』(민음사, 1994), 45쪽에서 재인용.
33) 이에 대해선 강준만, 〈'학문 신비주의'라는 폭력: 반경환은 '지식폭력'의 희생자인가〉, 『인물과 사상 19: 시장은 누구의 것인가?』(개마고원, 2001), 243-282쪽을 참고하십시오.

과 교양의 소유자로 알려져 있다. 이러한 문학적 교양은 어떻게 습득했는가? 그리고 귀하의 교양은 동양의 지식에 한정된 것인지, 서양의 지식까지를 포괄하는 것인지?

답: 내게 지식이나 교양이라고 부를 만한 부분이 있다면 그 대부분은 독서에서 왔을 것이다. 나는 정규 교육을 충분하게 받을 만큼 유복한 환경에서 자라지는 못했지만 가족들의 생계를 떠맡거나 내 빵을 스스로 해결해야 할 정도로 열악한 환경이었던 것은 아니었다. 따라서 남들이 정규 교육에 얽매여 있는 동안 나는 집안에서 빈둥거리게 되었는데, 그때의 무료한 시간들이 나를 책읽기로 이끈 듯하다. 그러나 그것도 작가가 되기 전까지의 일이고 작가가 된 뒤의 지난 10여 년은 거의 책을 읽지 못했다. 그 벌을 곧 받게 될 것 같아 걱정이다. [34]

아니다. 이문열은 벌을 받지 않았다. '지식폭력'의 피해자에서 가해자로 변신한 사람에겐 진정한 지식이 중요한 건 아니다. 그리고 위와 같이 한 답은 솔직한 것도 아니었다. 그는 나중에 "지금까지는 가난 때문에 학교를 그만 두었다고 말하기는 자존심이 용납하지 않았다. 그러나 사실은 제도교육으로부터 이탈할 수밖에 없었던 가장 큰 이유는 바로 가난에 책임이 있다"고 털어놓았다. [35]

이문열과 대담을 나누었던 홍정선은 몇 년 후 '지식폭력'이라는 말은 쓰지 않았지만 이문열이 당한 '지식폭력'을 비교적 자세히 다룬 글을 발표했다. 그는 그 글에서 이문열이 쓴 『변경』의 한 토막을 다음과 같이 인용한다.

"뿐만 아니라 그는 그 방면으로 사리를 잡아갈수록 이론으로만 예술

---

34) 이문열, 『시대와의 불화: 이문열 산문집』(자유문학사, 1992), 274쪽.
35) 양권모, 〈"잊기 위해 글쓴다" 이문열 씨 문예지에 해명성 고백〉, 『경향신문』, 1992년 3월 2일자.

하려는 무리, 특히 어쩌다 자신이 전공하게 된 인구어(印歐語)의 한 갈래가 결정해준 특정의 이론에 송두리째 영혼을 내맡기고, 우매할 만큼 비판도 회의도 없는 습득 과정을 반복한 뒤 이윽고는 거기서 얻은 자(尺)로만 예술을 재려 드는 무리에게는 숨김없는 혐오와 경멸을 드러냈는데 ……. (『변경 6』, p.147)" [36]

그러한 '숨김없는 혐오와 경멸' 은 실질과 무관하거나 거리가 먼 '지식' 으로 사람을 주눅들게 만드는 데 대한 격한 반발이 아니었을까? 그러나 이문열은 이데올로기적으로 피해자에서 가해자로 변신했듯이, '지식폭력' 에서도 피해자에서 가해자로 변신했으며, 이는 앞서 살펴본 바와 같다. 홍정선은 이문열의 그런 변신의 이유에 대해 다음과 같이 말한다.

"우리가 자전적 형식으로서의 이문열의 소설 쓰기와 관련해서 대결의식을 이야기할 때는 반드시 한 가지 조심스러워 (해)야 할 점이 있다. 그것은 그의 소설 쓰기가 '세상의 지식과 힘있고 아름다운 문장' 에 대한 탐욕스러운 욕심, 정규적인 교육을 받은 사람에게 결코 지지 않겠다는 일종의 대결 의식의 소산이면서도 바로 그렇기 때문에 또 다른 차원에서는 변경인 의식의 소산이란 점이다. …… 이문열은 자신을 변경인 의식의 소유자로 만든 그 환경이 그를 소설가로 길러낸 토양이었을 가능성을 이야기한다. 그 열악한 환경 때문에 오히려 더 기를 쓰고 부린 지식과 문장에 대한 탐욕, 다시 말해 대결 의식이 그를 작가로 만들었을 가능성을 말하고 있는 것이다." [37]

'변경론' 은 자신이 당한 '지식폭력' 에 대한 복수?

자신의 젊은 시절 이 사회로부터 당했던 '지식폭력' 에 대해 이문열은

---

36) 홍정선, 〈소설로 가는, 기억의 길〉, 『문학과 사회』, 제30호(1995년 여름), 761쪽.
37) 홍정선, 위의 책, 761-762쪽.

변경론으로 복수를 한 건 아닌가 하는 생각이 든다. 그의 '변경론'은 순수하게 학술적으로 논의할 가치는 있겠지만, 이문열의 용법에선 '정치성'이 드러나는 개념이다. 그건 강자와 약자를 막론하고 동시에 적용되어야 할 터인데, 그는 그걸 약자들에게만 적용하고 있는 것이다. 그것이 보복용으로 기획되었다는 걸 말해주는 게 아닐까? 이문열은 다음과 같이 말한다.

우리는 분열된 세계 제국(世界 帝國)의 변경인(邊境人)이다. 이 두 세계 제국의 뿌리를 동서(東西) 로마 제국의 분열에서 찾든, 너무 익은 서유럽 문명의 자기 분열로 보든, 우리는 오랫동안 그 제국의 판도(版圖) 밖에 있었다. 그러다가 이 세기에 와서 겨우 그 제국에 편입되었으나 이번에는 단순한 주변이 아니라 변경이었다. 주변과 변경은 본질적으로 다르다. 하나는 그저 핵심에서 멀리 떨어져 있을 뿐이지만, 다른 하나는 그 경계선 너머 또 다른 적대 세력 또는 세계 제국이 존재해 있다는 뜻이다.

그런 변경에 제국이 가져올 것은 뻔하다. 그것이 변경의 확대를 위한 것이건, 유지를 위한 것이건, 제국이 가장 힘주어 그 원주민에게 주입시키려는 것은 적대의 논리다. 결국 당신들이 요란하게 떠드는 것도 따지고 보면 오늘날 아메리카와 소비에트로 표상되는 두 제국(帝國)의 적대 논리 내지 그 변형에 지나지 않으며, 또한 그것이 당신들이 이념이라고 부르는 것의 정체다.

때로 당신들도 그 실상을 꿰뚫어봐 이번에는 이른바 제3세계를 빌어 온다. 그러나 내가 거기서 보는 것은 검은 피부나 갈색 피부를 빈 제국의 정신이다. 간혹 그것이 자기가 속한 제국에는 이탈이거나 저항의 외양을 띠고 있어도 결국 상대방 제국의 변경 확장을 돕는 이념 장치로 기능할 뿐인. 소르본느에서 또는 옥스퍼드에서 공부한 아프리카 사상가 아무개 씨(氏)며, 하버드에서 공부한 중남미의 종속이론가 아무개 씨며, 해방신

학자 아무개 씨, 그들이 과연 검은 아프리카의 정신이고 누런 아마존의 이념일까.

더군다나 일류의 정신은 앵무새처럼 되뇌기를 좋아하지 않는다. 특히 제국이 짓고 퍼뜨린 노래는, 다만 이류(二流)의 정신만이 기억과 지혜를 혼동하고 암송(暗誦)을 선각(先覺)과 착각하며, 즐겨 제국의 책상물림이 책임없이 얽어놓은 이념의 헌신적인 사도(使徒)를 자처한다. [38]

'변경론'은 '요술 방망이'?

그렇다. 이문열의 경우 자신이 일류를 지향했던지라 앵무새처럼 되뇌기를 좋아하진 않았다. '서구적 교양주의'에 탐닉하는 지적 취미는 되뇌일 필요를 없게 만든다. 소설이건 그 무슨 글이건 이문열의 책들을 보라. 다양한 '서구적 교양주의'의 축복이 가득하다.

이문열의 '변경론'은 김용옥의 '변방론'과 통하는 점이 있어 흥미롭다. 물론 이문열의 '변경론'이 훨씬 더 공격적이었고, 김용옥은 그걸 스쳐 지나가는 이야기로만 했을 뿐이지만, 김용옥 역시 한국엔 "좌익이 없다" [39]는 주장을 하기 위해 '변방론'을 내세웠다는 점에 주목할 필요가 있겠다. 이는 강한 엘리트 의식과 '인정 욕구'를 갖고 있는 사람들의 공통된 특성일까? 자신의 입지를 어떻게 해서든 이론화하려는 버릇 말이다. 두 사람의 주장은 논의를 해보자는 식으로 이루어진 것이 아니라 일방적인 선언의 성격이 강한 것도 결코 우연이 아닐 것이다.

진보적인 철학자 최종욱은 이문열의 『변경』을 분석한 글에서 그의 '변경론'이 "자신을 방어할 뿐만 아니라, 자신을 비난하는 세력에게도

---

38) 이문열, 『사색』(살림, 1991, 제13쇄, 1996), 182-183쪽.
39) 김용옥, 『나는 불교를 이렇게 본다』(통나무, 1989, 중판 1997), 290-291쪽.

타격을 가할 수 있"고 "극우·보수세력들의 의혹과 비난으로부터도 그를 안전하게 지켜 주는……'요술 방망이'"라는 평가를 내린다.[40] 최종욱이 심각하게 문제삼는 것은 이문열의 자기 중심적인 태도다. 최종욱은 다음과 같이 말한다.

> 물론 이문열도 자신의 '변경론'이 갖고 있는 맹점을 알고 있다. 그는 무지한 작가가 아니다. 그는 자신의 '변경론'이 "부조리한 기존 체제를 유지하려는 불의한 세력의 논리적 기반이 되거나 때로는 옹호의 수단으로까지 악용"(2권 296쪽)될 수 있다는 사실을 알고 있다. 그래서 그는 "나 같은 사람들의 견해가 불의한 권력의 유지·옹호에 악용되는 게 괴롭고 쓸쓸하다. 또 나의 그런 견해가 내 개인의 가족사에 불필요하게 얽매인 결과"(2권 296쪽)라는 것도 알고 있다고 고백한다. "하지만 그렇다 해도 나는 구태여 그 부분에 대해서 사람들의 이해를 구하거나 변명하려고는 않겠다. 내 의도가 그렇지 않은데 내가 가진 견해가 악용된다면 그것은 악용하는 사람의 잘못이다"(2권 296-297쪽)라고 하면서 이문열은 자신을 변명한다.……나는 이문열의 이런 태도야말로 무책임하고 비열한 태도라고 생각한다.[41]

글쎄, 아무리 자전적 소설이라 하더라도 소설 속에서 한 말일 뿐이니까 너무 열낼 필요는 없겠지만, 이문열이 현실 세계에서는 소설 속에서 보여준 그 정도나마의 태도도 전혀 보여주지 않는다는 점은 반드시 지적되어야 할 것이다.

---

40) 최종욱, 〈시대와의 불화: 역사에 개인적 보복을 가한 이문열〉, 강준만 외, 『레드 콤플렉스: 광기가 남긴 아홉 개의 초상』(삼인, 1997), 102-103쪽.
41) 최종욱, 위의 책, 104-105쪽.

이문열의 귀족주의와 선민의식

이문열은 의외로 자기 이야기를 잘 한다. 남을 비판하겠다고 한 말인데, 그게 가만 따지고 보면 자신에게 부메랑으로 되돌아가는 경우가 많다. 운동권 욕하려고 한 다음과 같은 말도 난 아무래도 이문열 자신을 묘사한 것처럼 여겨진다. 나만 그렇게 생각하는 걸까? 잘 들어보시기 바란다.

"한 생각의 틀로서 평범한 사람들을 괴롭히는 것은 일쑤 귀족주의나 선민의식이다. 가끔 우리 주위에서 이런 형태의 인간들을 만나게 된다. …… 대개는 어떤 형식으로든 몰락을 경험했거나 영광스러웠던 과거의 기억을 가진 경우가 많은데 – 참으로 곤란한 존재들이다. …… 기억의 과장으로 터무니없이 엄청나진 과거 그 자체에 몰입하거나 그 때문에 평범한 사람들보다 몇 배나 강렬해진 신분 상승의 욕구에 휘몰려 스스로를 망쳐버리고 만다." [42]

이문열에겐 그러한 귀족주의나 선민의식이 없었을까? 오히려 불행한 과거 때문에 그것에 더욱 매달렸다고 보아야 하지 않을까? 앞서 지적했다시피, 이문열이 끊임없이 자신의 적(敵)을 과장하면서 자신을 피해입고 박해받은 사람으로 묘사[43] 하기 위해 안달하는 모습을 보여온 것도 바로 그런 귀족주의나 선민의식과 관련이 있는 게 아닐까?

이문열의 '독특한 이중 잣대도 그의 귀족주의나 선민의식과 무관하지 않을 것이다. 이문열에게 있어서 어떤 건 '우리 모두의 공동 작품'이 되고 어떤 건 척결해야 할 대상이 되는데, 그 기준은 힘과 자신의 이익이다. [44] 여태까지 그가 보여준 게 그랬다. 욕먹을 소리인지는 모르겠으나,

---

42) 이문열, 『사색』(살림, 1991, 제13쇄, 1996), 186쪽.
43) 이는 좀 세련됐다는 차이만 있을 뿐 사실 반경환의 수법 이상이 아닌가 하는 생각이 든다.

나는 그게 큰 문제가 된다고 생각하지는 않는다. 이문열의 문제는 자신이 지식인이라는 이유로 그것을 정당화하는 이론을 끊임없이 만들어내려고 온갖 요설, '지식폭력'을 생산해내고 있다는 점이다.

이문열은 '지식폭력'의 피해자에서 가해자로 변신하는 데에 성공했다. 그는 그러한 변신에 대한 면죄부 또는 위장막을 얻기 위해 자신의 '시대와의 불화'를 역설하지 않으면 안 되었던 건지도 모른다. 그러나 그건 나중에 다른 각도에서 또 살펴보겠지만, '시대와의 간통'이었을 뿐, 결코 불화는 아니었다. 그 어떤 불화가 있었다면, 약자(弱者)들과의 불화가 있었을 뿐이다. 🔣

---

44) 이문열의 이런 이중잣대는 전체로서의 사회라는 인식 또는 총체성에 반대하는 논리와 매우 유사한 구조를 갖는다. 테리 이글턴은 다음과 같이 말한다. "총체성들에 대한 회의론은, 그것이 좌파에서 비롯되었건 우파에서 비롯되었건 간에, 일반적으로 아주 엉터리다. 일반적으로 그러한 회의론은 어떤 종류의 총체성에 대해서는 의심하면서 다른 종류의 총체성에 대해서는 열광적으로 승인하는 것으로 드러난다. 즉, 어떤 종류의 총체성-감옥, 가부장제, 육체, 절대주의적 정치질서 등-은 받아들여질 수 있는 대화의 주제가 되지만, 다른 종류의 총체성-생산양식, 사회 형성과정, 교조적 체제-은 암암리에 검열을 받게 된다는 것이다." 테리 이글턴, 김준환 옮김, 『포스트모더니즘의 환상』 (실천문학사, 2000), 36쪽.

선거 때만 되면 몸살을 앓는 이문열

왜 이문열은 정치 없인 살 수 없나?

92년 대선에서의 활약

이문열은 대선 때마다 가만히 있지 않고 여당 후보의 선거 운동을 음으로 양으로 열심히 해온 인물이다. 그는 87년 대선에선 노태우에게 표를 던졌고, 92년 대선에선 김영삼을 밀었다. 그냥 민 것도 아니다. 92년 대선의 경우, '있는 힘을 다해' 밀었다.[1]

92년 대선시 그가 보여준 최대의 활약은 아마도 그 악명 높은 '초원 복집 사건'을 신문 연재소설을 통해 옹호한 일일 것이다. 『한겨레』 기자 최재봉은 최근 이문열이 수구 신문들의 탈세를 옹호하는 것과 관련해 그 사건을 다음과 같이 말한다.

---

1) 최보식, 〈인터뷰/이문열의 세상읽기: "위정자여, 대중의 천박한 복수욕에 야합하지 마라"〉, 『월간조선』, 1996년 7월, 331쪽.

제14대 대통령 선거가 있던 1992년. 이문열은 『조선일보』에 소설 〈오디세이아 서울〉을 연재하고 있었다. 선거전이 막바지로 치닫던 12월, 부산의 초원복집에서 그 지역 기관장들이 선거 대책회의를 하다가 도청에 걸려들었다. 집권당 후보였던 김영삼에게는 '치명적'일 수도 있었던 이 사건에 대해 이문열은 〈오디세이아 서울〉을 통해 몇 가지 '독창적인' 견해를 내놓았다. "그것은 공식적인 회의가 아니었다는 점, 주재자가 현재의 내각과는 전혀 무관하고 모임의 형식도 아침 식사를 겸한 사적인 성질의 것이며, 내용도 사담 수준으로 전혀 어떤 결정력을 가지지 않는 점 등"이 그것들이었다. 등장인물의 입을 빌리는 식의 수고도 생략한 채 작가 자신의 육성을 날것으로 토해낸 이 견해는 "장교 몇이 모여 아침을 먹으며 어떤 후보를 돕기 위한 사적인 논의를 했다고 해서 '군부회의'라 할 수 있는가"라는 반문을 거쳐 "더 관심이 있는 것은 당연히 그 도청의 경위와 방법"이라는 주장으로 발전한다. 기관장들의 선거대책 모임이라는 사건의 본질을 제쳐두고 도청의 배후에 대한 의심을 부각시키는 솜씨는, 언론사의 탈세라는 본질을 제쳐두고 세무조사의 정치적 의도만을 강조하는 그의 논리와 쌍둥이처럼 닮았다.……그의 문학적 행로를 돌이켜 보면, 그만큼 문학 안팎에서 자신의 정치적 견해를 줄기차게 주창해 온 작가도 흔치 않다는 사실을 깨닫게 된다.[2]

　　92년 대선이 자기 뜻대로 결판이 나자 이문열은 우쭐함까지 느낀다. 속으로 자신에게 그렇게 말하지 않았을까? "내가 문화권력이라고? 웃기는 소리하지 말라. 나는 진짜 실속 있는 정치권력이다!" 이문열의 행태는 『조선일보』의 그것과 너무 비슷하다. YS를 지지하긴 했지만 YS를 통제까지 해야겠다는 것이다. 그래서 그는 YS가 '역사 바로 세우기'를 시도

---

2) 최재봉, 〈이문열을 친 이문열의 정치성〉, 『한겨레』, 2001년 7월 16일, 27면.

하자, 그걸 '집단 히스테리'로 매도한다.[3]

97년 대선에서의 활약

그러나 이문열에게도 최소한의 양심이란 건 있었던 걸까? 문화권력의 가면을 쓰고 수구 정권의 탄생을 위해 애쓴 것에 대해 양심의 가책을 받았던 걸까? 그는 96년 봄에 쓴 어느 글에서 다음과 같이 말했다.

"이제서야 내게도 본질적인 것이 아닌 것들의 현혹에 빠져 작가로서는 불성실하기 그지없게 세월을 낭비해온 게 아닌가 하는 반성이 인다. 실속 없이 떠들썩하기만한 이름과 대중들이 던져주는 푼돈을 내 문학적 성취와 혼동하며 즐겨오는 동안 시간은 손가락 사이를 빠져나가는 모래처럼 나를 지나쳐 가버렸나 – 때로는 그런 비감까지 든다."[4]

그러나 아무래도 이문열에겐 반성도 픽션이었던 모양이다.[5] 그는 그런 말을 해놓고도 97년 '정치의 계절'이 돌아오자 몸이 근질근질한 걸 견딜 수 없었던지 어느 대선 후보의 집을 방문해 지지 의사를 밝혔고 때가 오자 그 후보를 지원사격하는 칼럼을 썼던 것이다.

이미 권력의 맛을 보아 권력에 중독된 이문열은 97년 대선에서도 자신의 영향력을 행사하고 싶었을 것이다. 늘 기성 체제를 옹호하는 데에 이력이 나 있는 이문열은 전두환·노태우 정권과 비교해서는 김영삼 정

---

3) 최보식, 〈인터뷰/이문열의 세상읽기: "위정자여, 대중의 천박한 복수욕에 야합하지 마라"〉, 『월간조선』, 1996년 7월, 328쪽.
4) 한강희, 〈경기도 이천에 부악문원 개원한 작가 이문열 씨〉, 『문예중앙』, 1998년 봄, 10쪽에서 재인용.
5) 이문열이 1987년 1월 1일에 쓴, 『사람의 아들』〈개정증보판을 내면서〉라는 글에서 한 다음과 같은 말도 픽션이 되고 말았다. "한 가지 죄스러운 것은 새 책에 보충되거나 달라진 내용을 궁금히 여기는 독자에게 새로운 부담을 드리게 되지 않을까 하는 점이다. 갈채에 귀먹지 않고, **문학 외적 유혹에 눈멀지 않으며**, 안주하지 않고 썩지 않음으로써 그 애호와 성원에 보답하리라는 다짐으로 사죄에 갈음한다."(고딕체는 인용자 강조) 이문열, 『사람의 아들』(민음사, 1979, 제3판 9쇄 1996), 340쪽.

동아 시론

李 文 烈
(작 가)

제 칼에 찔린 「文民」

요즘의 정국을 보면 商君(상군)의 낭패가 떠오른다. 상군은 형명학(刑名學)으로 진(秦)나라를 부강하게 한 公孫鞅(공손앙)을 높여부르는 이름이다. 그러나 그 과정에서 얼한 법시행으로 상하(上下)의 미움을 사다가 마침내 쫓기는 몸이 됐다. 함곡관 아래에 이르러 한 객사에서 쉬고자 했으나 그를 알아보지 못한 그곳 사람이 말했다.

겪어야할 개혁의 아픔

「상군의 법에 여행권 없는 자를 유숙시키면 처벌을 받습니다」

이에 상군은 쓸쓸히 탄식했다.

「아, 법의 폐해가 마침내 내게도 이르렀구나」

또 일설에는 그가 목숨이 위급한 상황에서 성문을 빠져 나가려 했으나 수문장이 말하기를 「해가 뜨기 전에 성문을 열면 상군의 법에 따라 죽게 됩니다」라고 열어주지 않아 끝내 사로잡혀 수레에 몸이 찢겼다고 한다.

물론 문민정부의 사정(司正)이나 역사바로세우기를 상군의 형명과 같은 차원에서 다룰 수는 없다. 그러나 자신이 뽑은 칼에 자신이 상하게 된 점에서는 유사한 느낌을 지울 수가 없다.

돌이켜 보면 지난 4년동안 개혁의 칼날은 너무 많은 사람을 벴다. 청산해야 할 구시대의 유산이라지만 짧은 기간에 그토록 많은 장군과 장관과 국회의원과 재벌과 공기업의 장(長)들이 상한 적은 일찍이 없었다. 소급입법까지 해가며 우리가 겪었던 그 어떤 혁명보다 더 철저한 청산을 해왔다. 그리고 이제는 그 마지막 단계, 권력찬출의 기반이 된 대선자금으로 칼날이 움직였다.

시대상황과 무관한 악(惡)은 드물고 정치와 연관된 악은 더욱 그렇다. 그러나 그런 이유로 당자의 억울함에 동정하거나 개혁의

무자비함을 비판하고 싶은 외도는 추호도 없다. 당시에는 관용이었다 하더라도 용서할 죄악은 마땅히 처벌돼야 한다. 우리 사회가 거듭나기 위해서는 겪어야 할 아픔이다.

그런데 참으로 알 수 없는 일은 그 마지막 순간에서의 머뭇거림이다. 대통령은 대선자금의 공개를 약속했으나 다 취소하더니 다시 30일로 날을 잡았다. 그것도 구체적인 내용공개는 없으리라는 단성적인 관측들과 함께.

지금까지의 경과로 보아 대선자금 공개는 그동안 지속적으로 추구돼온 개혁의 마무리 작업이다. 이로써 과거의 그릇된 정치관행은 근원적으로 척결되고 우리 사회는 온전히 거듭나게 된다. 거기에 부정과 불법이 있었다면 달게 처벌받는다. 그것은 개혁의 대의를 위한 정치적 순사(殉死)다. 죽음으로써 오히려 사는 길이다.

「告白」으로 참 마무리를

국민에게도 눈과 귀가 있고 짐작이 없도 없다. 여기서 더 머뭇거리면 두번 죽음이 있을 뿐이다. 그보다는 솔직하게 털어놓고 이해를 구하라. 그리고 야당에도 강력하게 대선자금의 공개를 요구하라. 공개를 회피하면 자신에게와 똑같은 무자비함으로 수사하라. 그때에는 아무도 그걸 정치보복으로 의심하지 않을 것이다.

국민들이 보기 싫어하는 것은 대선자금 공개회피로 담할 대통령과 여당의 낭패뿐만이 아니다. 규모의 차이일 뿐 본질적으로는 똑같은 구조의 대선활동을 했으면서도 큰 호기나 만난 듯 설쳐대는 야당도 보기 싫기는 마찬가지다. 대권에 눈멀어 산적한 국내 현안들은 제쳐놓고 김칫국부터 마셔대는 그들에게도 섬뜩하게 반성하고 참회할 기회를 주라.

(『동아일보』, 1997년 5월 29일)

이미 권력의 맛을 보아 권력에 중독된 이문열은 칼럼마다 기성체제 옹호에 이력이 나 있는 것을 볼 수 있다.

권을 욕하다가도 그래도 김영삼 정권이 야당보다는 훨씬 더 예뻤던가 보다. 그는 『동아일보』(97년 5월 29일) 칼럼에서 그런 심사를 유감없이 드러냈다. 그는 그 칼럼에서 대통령의 대선 자금 공개를 촉구하는데, 그거야 당시엔 아무나 다 하던 소리라 별 의미가 없고 중요한 건 다음과 같은 결론일 것이다.

"그리고 야당에도 강력하게 대선자금의 공개를 요구하라. 공개를 회피하면 자신에게와 똑같은 무자비함으로 수사하라. 그때에는 아무도 그걸 정치보복으로 의심하지 않을 것이다. 국민들이 보기 싫어하는 것은 대선자금 공개 회피로 당할 대통령과 여당의 낭패뿐만이 아니다. 규모의 차이일 뿐 본질적으로는 똑같은 구조의 대선활동을 했으면서도 큰 호기나 만난 듯 설쳐대는 야당도 보기 싫기는 마찬가지다. 대권에 눈멀어 산적한 국내 현안들은 제쳐놓고 김칫국부터 마셔대는 그들에게도 섬뜩하게 반성하고 참회할 기회를 주라."[6]

글쎄, 그 좋은 뜻은 알겠는데 '무자비'니 '섬뜩'이니 '참회'니 하는 과격한 표현을 쓴 이유는 과연 무엇일까? 혹 매우 불안했기 때문에 그랬던 건 아닐까? 97년 대선의 향방이 자기 뜻대로 돌아가지 않을 걸 예감한 게 아니냐는 것이다. 그가 '김칫국부터 마셔대는'이라고 운운한 건 제발 그렇게 되기를 바라는 자신의 희망 사항을 토로한 것으로 보아야 하지 않을까?

이문열의 조순 지지

때는 바야흐로 가을! 이문열은 불안감을 견디다 못해 자신이 직접 본격적인 '킹 메이커' 역할을 하기로 작정했나 보다. 그는 자신이 유력하다고 생각하는, 자신의 입맛에 맞는 후보의 집을 찾아 나선다. 그런 적이 없었던 이문열이 그렇게까지 발 벗고 나섰다는 건 그의 불안감이 극에 이르렀다는 걸 말해주는 것이었을까? 당시 신문들 가운데 유일하게 『세계일보』만이 이문열의 행차를 1단 기사로 보도한 바 있다. 『세계일보』 9월 18일자는 다음과 같이 보도하고 있다.

"민주당 조순 총재의 한 측근은 17일 …… 우리 시대 대표적 작가인 이문열 씨가 민주당 조순 총재를 적극 돕겠다는 의사를 피력했다고 말했다. 이씨는 추석인 16일 소설가 여러 명과 함께 봉천동 자택으로 조 총재를 찾아와 하루종일 머물며 여러 얘기를 나눴는데, '조 총재를 적극 돕겠다'는 의사를 피력했다고 조 총재의 한 측근이 전했다."

나는 당시 그 보도에 약간 어리둥절했었다. 늘 수구 기득권 세력과 여당만을 지지해 온 이문열이 웬 일로 당선 가능성도 없는 조순을 지지하기로 한 것일까? 자신의 과거를 반성하기로 한 걸까? 아니면 이미 '정치

---

6) 이문열, 〈제 칼에 찔린 '문민'〉, 『동아일보』, 1997년 5월 29일, 5면.

9단'의 경지에 오른 이문열로선 조순 카드가 가장 유력하다고 본 걸까? 게다가 조순은 다른 건 몰라도 정통 유림(儒林)의 족보로 이문열을 흡족하게 해줄 수 있는 인물이 아닌가.

어찌됐건 중요한 건 그 이후 조순의 '거품 인기'가 빠지면서 한자릿수 지지율로 전락할 때까지 이문열이 침묵했다는 점이다. 늘 당선 가능성이 확실한 후보만을 지지하는 것이 자신의 정치 성향이라고 고백한 바 있는 이문열로서는 내심 당혹해하며 97년 대선만큼은 침묵을 지키기로 작정했던 걸까?

'까마귀 날자 배가 …… '

그런데 이게 웬일인가? 신한국당과 민주당이 합당을 한다지 않는가! 그 소식이 알려지자마자 이문열은 즉각 신문 칼럼으로 지원사격에 나섰으니, 이거야말로 자신의 칼럼 제목대로 '까마귀 날자 배 떨어지는 꼴'이 아닌가? 『조선일보』가 이문열에게 원고 청탁을 한 것인지, 아니면 이씨 스스로 그런 칼럼을 쓰겠다고 자청한 것인지 그건 알 길이 없지만 이문열의 뜻이 어디에 있었는지는 알 만하다.

문제의 칼럼은 『조선일보』 1997년 11월 12일자 '시론'에 쓴 〈까마귀 날자 배가 …〉라는 제하의 칼럼이다. 이문열은 이 칼럼에서 청와대의 국민신당 창당자금 지원설에 대해 이야기하고 있는데, 아주 교묘한 방법으로 설득력있게(?) 그 '설'이 사실이 아니냐고 몰아붙이고 있다. 그의 결론은 매우 호전적이다. 창당 자금을 물고 늘어진 부분부터 그의 글을 인용하기로 하자.

"공직자 재산등록 때 밝혀진 이인제 후보의 재력으로 막대한 창당자금을 감당하기 어렵다는 것은 불보듯 뻔하고, 그래서 거기서도 그가 믿는 것이 무얼까 국민들은 궁금했다. 그런데 주머닛돈 꺼내 쓰듯 아무 잡음 없이 창당이 끝나자 의심은 절로 청와대로 돌아가지 않을 수 없었다. 이번에 문제가 된 주장이 낭설에 불과할지라도 그게 국민 일반의 그같은 의심에 편승하고 있다는 점은 주목할 만하다. 옛말에는 또 '오얏나무 아래서는 갓을 고쳐 쓰지 않고 외밭에서는 신발 끈을 다시 묶지 않는다'는 게 있다. 하지만 불행히도 청와대는 갓도 고쳐쓰고 신발끈도 다시 묶은 격이 되었다. 특별 담화와 뒤이은 국무회의가 강경한 부인을 대신했지만 그걸로 모든 것이 다 해명되었다고 믿어서는 안 된다. 어떤 외국인의 말에 따르면 우리 국민은 지난 수십 년의 격동기를 거치면서 국내 정치에 관한 한 모두가 정치평론가 수준에 올라있다고 한다. 그 중에는 진작부터 신한국당의 경선 이후에 벌어진 일련의 사태를 단수 높은 정치 지도자의 기발하기는 하지만 한편으로는 신물나고 역겹기까지 한 정치 술수로 의심하고 관찰하는 사람도 있음을 알아야 한다."

이문열의 좋은 뜻은 알겠는데, 사람에 따라선 이문열의 이 칼럼도 "신물나고 역겹기까지 한 정치 술수"로 볼 수도 있지 않을까? 민감한 선거 국면에서 '설'을 기정사실화하는 식의 칼럼은 전혀 온당치 않은 게 아닐까? 또 당시 『조선일보』가 어떤 후보를 위해 뛰고 있는가 하는 건 천하가 다 아는 사실이었는데, 더욱 신물나고 역겹기까지 한 게 바로 이문열과 『조선일보』의 유착이라고 생각할 사람도 있지 않을까?

조상들에 대한 죄책감

어찌됐건 97년 대선만큼은 이문열의 뜻대로 돌아가지 않았다. 최근 그가 과거의 그답지 않게 '반정부 인사(?)'로 변신한 건 그런 맥락에서 이해해야 할 것이다. 여태껏 자기가 밀었던 사람이 대통령이 되었는데, 97년 대선만큼은 그러질 못했으니 그의 아픔을 이해하지 못할 바는 아니나 아무래도 지나치다는 생각을 지우기 어렵다.

이문열에겐 소설가로서 쌓은 명성을 곱게 지키고 싶은 욕심이 전혀 없는 걸까? 그러나 이는 이문열을 제대로 이해하면 간단히 풀리는 의문이다. 정답은 『그대 다시는 고향에 가지 못하리』의 작가 후기에 나와 있다. 이문열은 거기서 다음과 같이 말한다.

"내게 있어 고향의 개념은 바로 문중(門中)이다. 그 고향은 일찍이 내 보잘것 없는 재주에 과분한 갈채와 기대를 보내 주었다. 그런데 나는 근년 들어 계속 한심하고 실망스런 꼴을 보이다가 끝내는 시정(市井)의 잡문을 담는 그릇으로 결정되고 말았다. 행여 이 글이 그런 내게 느낀 고향의 배신감을 조금이라도 달래줄 수 있다면……."[7]

그렇다 바로 이것이다. 이문열을 20세기의 사람으로 보면 크게 실수하는 거다. 그는 조선 성종 때쯤의 유학자와 비슷하다. 당시엔 글쟁이가 정치까지 도맡아 했는데, 20세기 들어 그만 그게 달라졌다. 이문열은 그게 한(恨)이 맺힌 것이다. 조상들은 물론 고향 뵐 면목조차 없게 된 것이다. 그러나 조금 돌아서 가면 될 것 아닌가? 이문열이 나름대로 생각해 낸 게 바로 정치에 사사건건 개입해 권력을 행사하는 '정치적 문화권력'이 되는 게 아니었을까? 따라서 이문열에게 소설가로서 존경을 받는 분이 무엇 때문에 민감한 정치적 이슈에 끼어 들어 그렇게 피곤하게 사느냐고 묻는 건 이문열에게 '하루빨리 죽을 생각 없으세요?' 라고 묻는 것처럼 어리석은 짓인지도 모른다.

이문열이 작가 후기에 쓴 위 글은 그렇게 해석하는 게 옳을 것이다. 그런데 이문열의 수제자를 자처하는 것으로 보이는 소설가 이인화(류철균)는 눈에 뭐가 씌었는지 이문열의 위와 같은 발언에 대해 맹랑한 해석을 늘어놓는다. 하도 어이가 없어 그걸 여기에 소개한다.

---

7) 류철균, 〈이문열 문학의 정통성과 현실주의〉, 류철균 편, 『이문열』(살림, 1993), 23쪽에서 재인용.

"한 사람의 소설가로 입신한 자신을 문득 '시정의 잡문을 담는 그릇으로 결정되고 말았다' 고 탄식하게 만드는 어떤 완결된 세계를 이문열은 엿보았다. 이 엿봄이야말로 스스로의 허약함에 대한 깨달음이었다. 이문열의 문학이 근대 예술의 좁고 편협한 세계에 몰입되어 있는 다른 작가들에 비해 비할 수 없이 넓은 스펙트럼을 갖는 이유는 바로 이 엿봄에 있다." [8]

정말 놀고 있다는 생각이 든다. 그런데 뒤집어서 생각하니 말이 안 될 게 없다는 생각이 든다. 그렇다. 이문열이 아름답지 못한 방법으로 정치에 개입하는 것도 문학 행위라고 볼 수 있다면, 이문열 문학의 스펙트럼이 넓다는 건 분명한 사실이다.

이문열에게 '정치 참여'는 필연

이문열이 정치적 발언을 하지 않으면 안 되는 이유에 관한 한, 앞서 다른 건으로 비판을 가하긴 했지만, 서강대 교수 김욱동이 더 정확하게 보고 있다. 김욱동의 해설을 들어보자.

"문단에 데뷔할 당시 작가는 고향 문중의 전통적인 가치관과 문학 사이에서 적지않이 고민을 하였다고 고백한 적이 있다. 좀더 구체적으로 말해서 오로지 천하경륜(天下經綸)과 공명(功名)에 뜻을 두고 있던 사대부들의 의식 속에는 작가가 되는 일이란 그렇게 바람직한 일이 아닐 뿐만 아니라 부끄럽고 죄스러운 일과 다름없었다는 것이다. 엄격한 유가 전통의 사대부 정신을 저버리고 한낱 '소설 담는 그릇' 으로 전락한 자신에 대하여 작가는 부끄러움(은) 물론이고 심지어는 죄의식을 느꼈다고 여러 번 고백한 적이 있다. 이문열로서는 어떤 식으로든지 이러한 죄의

---

8) 류철균, 〈이문열 문학의 정통성과 현실주의〉, 류철균 편, 『이문열』(살림, 1993), 23쪽.

식으로부터 벗어날 방법을 찾지 않으면 안 되었을 것이다."[9]

비록 김욱동은 이문열이 찾고자 했던 '죄의식으로부터 벗어날 방법'이 무엇인지에 대해선 전혀 엉뚱한 말씀만 하고 있긴 하지만, 이문열이 '죄의식으로부터 벗어날 방법'에 집착하지 않을 수 없는 사정만큼은 잘 지적하였다는 점에서 높은 평가를 내리지 않을 수 없다. 텍스트 밖의 세계에 잠깐 눈을 돌려보면 쉽게 답을 찾을 수 있을 터인데, 텍스트에만 매몰된 김욱동의 지나친 '텍스트주의'가 안타깝기는 하지만 말이다.

이문열에게 글쓰기를 통한 '정치 참여'는 우연이 아니라 필연이었을 것이다. 죄의식, 그것도 그가 자신의 목숨보다 더 소중히 여기는 문중과 고향에 대한 죄의식에서 벗어나기 위한 일인데 무얼 망설이랴. 문학평론가 홍정선은 '정치 참여'까지 건드리진 않았지만 이문열의 그런 '죄의식'을 날카롭게 꿰뚫어 보고 있다. 홍정선은 "그에게 있어 소설가로서의 성공이 의미하는 것은 무엇일까? 그것은 변경인 의식을 벗어나는 어느 정도의 훌륭한 계기가 될 수 있는 것은 아닐까?"라고 질문을 던진 후 "그렇지만은 않은 것 같다"고 답을 내리고 나서 그 이유를 다음과 같이 설명한다.

> 그것은 이문열이 소설가로 성공한 다음에도 오랫동안 자신이 사장지학(詞章之學) 따위나 하는 글쟁이란 사실을 부끄러워했으며, 이 사실을 두고 "나는 조금도 감정의 과장 없이 내 진실을 밝힌"다면 "어린 내 정신을 지배했고 지금도 이따금씩은 묵은 상처처럼 어떤 아픔을 일으키는 것은 쓴다는 행위에 대한 부끄러움과 죄의식"이라고 고백한 바가 있는 까닭이다. 그것은 왜일까? 그 이유는 바로 그에게 현실 세계와의 대결 의식을 심어준 유가적 전통의 패러다임에 그가 속해 있기 때문이다. 그의 가

9) 김욱동, 『이문열: 실존주의적 휴머니즘의 문학』(민음사, 1994), 56-57쪽.

족과 문중이 신봉하는 유가의 전통에서 볼 때 소설가가 되는 일은 대결의식에서 자랑스러운 승리를 뜻하는 것이 결코 아닌 까닭이다. 자랑스러운 승리는 오로지 고시와 같은 시험에 합격해서 세상에 공명을 떨치는 일을 통해 가능할 것이었다. 그런데 그는 자랑스럽지 못한 소설가가 된 것이다. 그 때문에 그는 한편으로 "작가란 모든 것에 대해 알지 않으면 안 된다. 그는 작은 조물주이고, 그래서 한 세계를 창조하기 위해서는 전지전능하지 않으면 안 되는 것이다. 나는 모든 것에 대해 알고 난 뒤에 내 얘기를 시작하리라"(〈젊은 날의 일기〉, 『작가세계』, 1989년 여름호, 32쪽.)와 같은 오만한 의미를 부여하면서도, 문중으로 상징되는 고향 앞에서는 지레 '초라한 성공'을 스스로 확인하곤 하는 것이다. [10]

이문열의 '수지 타산'

혹자는 이문열이 그렇게 죄의식에 시달린다면 왜 화끈하게 국회의원 선거에 출마하지 않는지 그게 답답하다고 생각할지 모르겠다. 그러나 그건 하나는 알고 둘은 모르는 소리다. 이 책의 부제로 사용된 '문화특권주의'라는 개념을 떠올려 보시기 바란다. '꿩 먹고 알 먹는 방법'이 있는데 무엇 때문에 꿩만 먹는단 말인가? 이문열은 절대 국회의원 같은 건 하지 않을 분이다. 왜? 그는 전혀 책임지지 않으면서 정치에 마음대로 끼어들어 영향력을 행사할 수 있는 '정치적 문학권력'을 더 높이 평가하기 때문이다. 하긴 그는 지난 1996년 정치할 뜻은 없느냐는 질문을 받고 이렇게 답한 적이 있다. 이건 앞서도 인용했지만 너무 중요한 거라 또 인용할란다.

"현실적으로 계산해서 수지(收支)가 안 맞습니다. …… 국회의원 자리

---

10) 홍정선, 〈소설로 가는, 기억의 길〉, 『문학과 사회』, 제30호(1995년 여름), 762-763쪽.

나 기타 이렇게 영입됐을 때 정치권이 제게 줄 수 있는 게 뻔합니다. 그건 지금 제가 갖고 있는 것보다 많지 않다는 것이지요. 해방 이후로 국회의원이나 장관은 수천 수만 명이 됩니다. 그러나 제가 곱게 늙는다면 이 문열이는 그렇게 많지 않을 겁니다." [11]

그렇다. 세상이 과거와 많이 달라져 '정치권력' 보다는 '문학권력' 이 훨씬 더 실속이 있는 것이다. 이문열은 97년에도 정치할 뜻은 없느냐는 질문을 받고 다음과 같이 비슷한 답을 내놓았다.

"젊은 시절엔 정치에 관심이 많았다. 그러나 지금은 정치를 믿지 않는데다 작가로서 만족하고 있다. 과거 여당으로부터 여러 차례 공천 제의를 받았던 게 사실이다. 하지만 계산이 안 맞아 할 생각이 없었다(웃음). 국민에게 미치는 영향력으로 따져봤을 때 웬만한 국회의원만큼은 되고 의원 봉급의 수십 배 소득을 올리고 있으니 굳이 정치할 이유가 없잖은가. 요즘엔 문화권력이란 것을 실감하고 있다." [12]

이문열의 못 말리는 '정략'

'영원한 캠페인(permanent campaign)' 이라는 말이 있다. 미국에서 대통령이 재선되기 위해 자신의 임기 4년 내내 실질적인 선거 캠페인을 하는 것처럼 국정운영을 한다는 걸 비판하기 위해 어느 언론인이 만든 말이다. [13] 한국은 대통령 단임제라 '영원한 캠페인' 이 없을 거라고 생각하면 큰 오산이다. 이문열이 바로 그 일을 하고 있기 때문이다.

---

11) 최보식, 〈인터뷰/이문열의 세상읽기: "위정자여, 대중의 천박한 복수욕에 야합하지 마라"〉, 『월간조선』, 1996년 7월, 332쪽.
12) 이문열·조성식, 〈페미니즘 논쟁 불씨 『선택』의 작가 이문열 씨〉, 『일요신문』, 1997년 6월 8일, 78-79면.
13) 시드니 블루멘탈, 〈대통령 마케팅〉, 강준만 편저, 『TV와 이미지정치』(공간미디어, 1995), 15-31쪽을 참고하십시오.

사람들은 이문열이 문인치곤 '정치적 발언'이 너무 잦다고 말한다. 그러나 나는 '정치적 발언'이라기보다는 '정략적 발언'이라고 표현하는 게 더 정확할 거라고 생각한다. 그만큼 이문열의 정치적 발언이 적극적이고 공격적이라는 뜻이다. 이건 그만큼 이문열이 세상을 능동적으로 산다는 걸 의미하는 것이기도 하다. 그는 벌써 다음 대선을 염두에 두고 있는 것으로 보인다.

이문열은 자신이 정략적 발언을 자주 해 왔다는 걸 인정하지 않는다. 심지어 "내가 써온 시론은 이번 것까지 쳐도 10편을 크게 넘지 않을 것입니다. 그런데도 내가 그런 논쟁적인 글을 많이 써온 사람으로 인식된 것은 그때 그때 발표되는 글이 논란이 된 경우가 많았기 때문이겠지요"라고 말한다. [14]

천만의 말씀이다. 이문열의 말을 그대로 믿으면 안 된다. 그는 '뉴스 메이커'가 되어야 한다는 강한 사명감을 갖고 있기 때문에 큰 논란이 되지 않은 칼럼은 아예 안 썼다고 믿는 버릇을 갖고 있을 뿐이다. 그는 『조선일보』에 연재한, 소설이라고 주장한 〈오디세이아 서울〉을 보라. 그 지면에서 김영삼 후보 지원사격까지 해놓고 왜 딴소리를 하는 걸까? 어디 그뿐인가. 이문열은 '책읽기'를 위해 할애된 신문 지면에서도 도무지 자신의 정략적 충동을 이겨내질 못한다. 예컨대, 그는 『조선일보』 2000년 7월 22일자에 쓴 〈이문열의 '책읽기' : 투키디데스의 '펠로폰네소스 전쟁사'〉에서도 다음과 같이 말씀하신다.

"이 책에는 부분적이나마 냉전의 개념이 이미 도입되어 있다. 전쟁사가이기에 앞서 한 아테네인으로서 조국 아테네가 번영의 절정에서 한 초라한 패전국으로 전락해, 마침내는 적국의 괴로(뢰?)정권에 지배를 받게

---

14) 박종주, 〈와이드 인터뷰/ '권언전쟁' 와중에서 '곡학아세' 공격받은 이문열〉, 『월간중앙』, 2001년 8월, 92쪽.

되는 과정을 정리하고 있다는 점도 음미해볼 가치가 있다. 지난번 남북 정상회담을 전기로 한반도는 지금 두루 춘풍이다. 헌법으로 보면 의연히 국토를 참절한 반국가단체이고, 국제법적으로는 휴전 상태일 뿐인 교전 당사국 북한은 아무 문제없는 내 겨레 내 동포요, 통일도 머지 않은 눈앞의 일인 양 들떠 있다. 북한에 대한 경계나 불안을 얘기하면 여지없는 촌놈이 되거나 반통일세력으로 몰리기 십상이다. 그런데 알 수 없는 일은 그같은 들뜸 혹은 자신감의 근거이다. 아마도 경제적 우위를 믿고 있는 듯한데, 실은 그게 그리 미덥지도 못한 것이거니와 설령 믿을 만하다 해도 이토록 턱없는 자신감의 근거는 되지 못한다."

이문열은 "북한에 대한 경계나 불안을 얘기하면 여지없는 촌놈이 되거나 반통일세력으로 몰리기 십상이다"고 그랬지만, 나는 한국인들, 특히 『조선일보』 독자들 가운데 이문열을 '촌놈'이거나 '반통일세력'으로 볼 사람이 얼마나 될지 궁금하다. 이문열이 절대 '밑지는 장사'를 하는 분은 아니라는 말이다.

하여튼 이문열이 집요하다는 건 알아줘야 한다. 그는 다른 나라의 '전쟁사'나 '영웅전'만 읽으면 도무지 북한이 불안해서 못 견디는 것 같다. 그는 『중앙일보』 2000년 8월 14일자에 쓴 〈이문열의 고전 투시경〉에서 '플루타르크 영웅전' 이야기를 하고 있다. 여기서도 전체 지면의 반 가까이를 다음과 같은 한국 정치 평론으로 때워야 직성이 풀리나 보다.

"요즘 이 땅의 여야 정치를 보면 자기연출이 너무 심하다는 느낌을 떨쳐버릴 수 없다. IMF 사태의 실질은 어느 정권 어떤 개인의 실책이라기보다는 무리한 산업화로 누적된 우리 경제의 구조적 파탄으로 보아야 한다. 우리는 거의 선택없이 멕시코의 길로 내몰렸고, 불안한 선례(先例)처럼 수습은 아직 진행 중이라고 보는 것이 겸손하고 침착한 태도일 것이다. 하지만 앞서가는 정책·정권홍보는 우리 경기를 회복 이상으로 과장해 놓아 때 이른 과소비의 분위기까지 일고 있다. 수식이 실질을 넘어서

포지이야기

"안티조선, 권력놀음처럼 비친다"

'황석영 파문'으로 다시 담배 피워문 이문열의 '조선 옹호론'

이상수 기자 lees9@hani.co.kr

(「한겨레 21」, 2000년 8월 3일)

안티조선운동을 두고 현재의 집권세력과 결탁했다는 주장도 서슴지 않는 이문열은 광주학살 때 뭘 했던가?

는 듯한 느낌을 떨쳐 버릴 수가 없다. 대북정책에도 같은 우려를 떨쳐버릴 수가 없다. 그 실질은 경제보다 더욱 불확실성의 안개에 쌓여 있으면서도 위험 부담은 큰 분야건만 모든 게 그저 축제 분위기다. 아무래도 실질보다 수식이 앞서가는 듯하고 실적보다 홍보에 급급한 인상이다. 문화와 여타 분야에서도 자주 느끼는 것은 정치의 지나친 자기연출이고 실질 없는 수식이다. 그것들은 틀림없이 효율적인 정치기술이고, 때로는 유익

한 실질을 이끌어 낼 수도 있을 것이다. 그러나 한편으론 끊임없는 확대 재생산의 요구라는 위험스런 내적 기제를 수반한다는 점을 잊어서는 안 된다."

이문열의 안티조선 발언, 해도 너무 했다

대단히 지당하신 말씀이라는 생각이 들면서도, 나는 이문열의 논리는 도무지 믿을 수 없다는 강한 불신감에 휩싸이게 된다. 그는 '논리'를 '정략'의 부속물로 이용하는 상습범이기 때문이다. 이 말에 책임을 지기 위해 여기서 하나의 드라마틱한 증거를 제시해 드리는 게 좋을 것 같다. 안티조선운동과 관련된, 『한겨레 21』 2000년 8월 3일자 인터뷰 기사다.

이문열은 그 인터뷰에서 안티조선 쪽이 "현재의 집권세력과 결탁"했다고 주장했다. "적어도 대부분이 현 정권과 우군의 위치에 있는 사람들"이랜다. 그는 안티조선운동을 『조선일보』의 존폐'를 논하는 운동으로 왜곡했다. '테러리즘의 변형'이라는 말까지 했다.

그렇게까지 말하는 이문열은 광주학살 때 뭘 했던가? 나는 처음엔 웃음이 나오다가 서글퍼졌다. 겨우 이 정도의 지적(知的) 수준과 성실성을 가진 인물이 대(大)소설가로 군림할 수 있는 나라의 문화적 수준이라는 게 과연 뭘까?

그러나 자학(自虐)은 금물이다. 문언유착이란 게 도대체 뭔가? 유착이란 '바터제'를 전제로 한 것임을 잊어선 안 된다. 『조선일보』가 그간 단지 이문열의 상품성이 뛰어나다는 이유만으로 이문열을 자주, 크게 다루고 이문열에게 지면을 그렇게 자주, 많이 주었겠는가? 누이 좋고 매부 좋으려면, 서로 주고받는 게 있어야 하는 법! 이문열의 계속 이어지는 망언(妄言)은 고차원적인 정략으로 보아야 할 것이다.

"『조선일보』가 DJ와 사이가 좋지 않으며 싸우기까지 했다는 것은 누구나 다 알고 있지 않느냐. 그 때문에 안티조선운동은 일종의 정치적 보복으로까지 보인다. 이제 『조선일보』는 힘을 잃고 DJ는 힘을 다 가졌으니 보복을 벌이되 현행법으로는 어쩔 수 없으니까 안티조선운동이라는 일종의 '문화적 위장'을 통해 보복을 가하고 있는 것으로 보인다."

그것 참 희한한 일이다. 자신이 '문화적 위장'을 상습적으로 저지르니까 남들도 그러는 줄 아는가 본데, 그런 '자기 중심주의'는 버려야 할 것이다. 사실 이문열의 발언은 굳이 논평할 가치조차 없는 '떼쓰기'다. 오죽하면 평소 점잖은 문학평론가 임우기마저 이문열의 이런 행태에 대해 다음과 같이 말했겠는가.

"이번 소동은 씨가 권력 특히 언론 권력과의 관계에 얼마나 병적이리만치 집요한가를 다시 한 번 확인해줄 뿐 아니라, 나로서는 씨의 작품 속 어딘가에 그토록 깊은 권력에의 콤플렉스나 어떤 병적인 콤플렉스들(씨의 '그늘')이 숨어 있는가를 캐고 싶게 된 계기가 되었다. 그것들을 캠으로써 늘 지배 권력의 편에 서서 크고 작은 이념적 갈등들을 제공한 씨의 작품을 이데올로기 차원에서가 아니라 이문열이라는 한 작가의 인간적인 체온과 어두운 심연이 느껴지는 문인을 새로이 만나고 싶은 것이다." [15]

이문열은 어떤 경우에 소심해지나?

이문열은 이어 "군사정부가 『조선일보』를 키웠다고 하는데, 군사정부가 언제 국민들에게 『조선일보』 구독하라고 강요한 적이 있는가?"라고 묻는다. 재미있는 말씀이다. 이문열은 자기 필요에 따라 탁월한 사회학자와 천박한 무식쟁이의 역할을 마음대로 바꿔서 연출해댄다.

이문열은 앞서 인용한 바와 같이, "IMF 사태의 실질은 어느 정권 어

15) 임우기, 〈문인과 문학을 생각한다〉, 『문예중앙』, 제91호(2000년 가을), 305쪽.

떤 개인의 실책이라기보다는 무리한 산업화로 누적된 우리 경제의 구조적 파탄으로 보아야 한다"고 말한 바 있다. 나는 이문열의 어법을 빌려 "무리한 산업화를 해온 역대 정권들이 언제 IMF 사태를 당하라고 강요한 적이 있는가?"라고 묻고 싶다. 이문열은 뭐라고 답할까?

잘 아시다시피, 이문열은 자신의 '상업주의 콤플렉스' 때문인지는 몰라도 문화 상업주의에 적잖은 독설을 퍼부어 온 사람이다. 그런데 나는 이문열이 왜 그렇게 상업주의를 욕하는지 모르겠다. 대중은 판단할 능력이 없는 존재라고 생각하는 게 아니라면 어떻게 그런 발상을 할 수 있는지 이해할 수 없다. 오해하지 마시기 바란다. 이건 내 말이 아니라, 이문열의 말을 빌려쓴 것뿐이다. 자, 보시라. 이문열이 다른 경우엔 어떻게 말씀하시는지를!

"어떤 신문의 '제 몫'을 찾아준다는 것도 참으로 엉뚱한 발상이다. 『조선일보』가 누리는 '몫이 과다하다'는 얘긴데, '몫'이란 다른 말로 '독자' 아닌가. '몫'을 찾아주는 일은 그야말로 독자의 몫 아니겠는가. 독자들은 판단할 능력이 없는 존재라고 생각하는 게 아니라면 어떻게 그런 발상을 할 수 있는지 이해할 수 없다."

내 배짱에 맞으면 대중은 현명하고 슬기로운 존재지만, 내 배짱에 맞지 않으면 대중은 어리석고 천박한 존재다. 이건 뭐 이문열만 갖고 있는 이중 기준은 아닌지라 그에게만 추궁을 하는 건 온당치 않을 수도 있지만, 그는 민주주의 자체를 영 마땅치 않게 보는 사람이 아닌가. 혹자는 "그래도 이문열은 우리 시대의 뛰어난 지식인인데 책임을 물어야 할 것 아니냐"고 따질 수도 있겠다. 나는 그런 분들께 이문열이 문학적으론 위대할지 몰라도 사회과학적으론 웬만한 대학생 수준을 넘지 못할 수도 있다는 걸 감안해 주실 것을 요청드리고 싶다. 그는 그 인터뷰에서 다음과 같이 말한다.

"나보고 '극우파'라는 사람들이 있어서 생각해본 적이 있는데, 극우나 파쇼의 특징은 인종이든 계급이든 차별주의적 사고가 기반이 돼 있는 것 같고, 무차별한 전제주의 같은 것, 이성의 논리보다는 감성적인 설득이나 선동이 특징인 것 같다. 이런 게 독일 나치즘 등 20세기 초반의 극우의 특징일 것이다. 지금은 정의가 달라져야 할지도 모른다."

이건 의외의 발언이다. 평소 이문열이 보여온 행태에 따르자면, "그래, 나 극우다. 파쇼다. 어쩔래?"라고 치고 나갔어야 어울린다. 그러나 이문열은 여기서 소심해진다. 왜 그럴까? 이것만큼은 자신의 '성공 이데올로기'에 반(反)하기 때문일 것이다. 그런데 과연 이문열은 '극우'와 거리가 먼가? 우리는 전혀 멀지 않다는 걸 이미 충분히 살펴보았지만, 증거가 무궁무진하니 앞으로 계속 더 살펴보기로 하자. ▨

'시대와의 간통'을 저지른 '문화 권력'

우리들의 일그러진 이문열[1]

저널리스트로서의 이문열

"이문열은 한 번도 제대로 이해된 적이 없으며, 이문열 자신이 전적으로 납득할 만한 비판이 이루어진 적도 없다. 이제까지의 이문열 비판은 주로 이문열의 반동성, 보수성, 반역사성을 증명하는 데 힘썼을 뿐, 이문열의 작가 의식과 그 근거가 되는 역사적 요인이 탐구되지 못했기 때문이다."[2]

문학평론가 류준필의 말이다. 아마 1993년 아니면 그 전에 한 말 같다. 그런데 과연 그런가? 이문열이 그렇게 오해되었단 말인가? 아무래도

---

1) 이 글은 『인물과 사상 3』(개마고원, 1997년 8월), 19-60쪽에 발표했던 걸 개작한 것입니다.
2) 류준필, 〈개인적 진실과 역사적 진실〉, 류철균 편, 『이문열』(살림, 1993), 59쪽.

그런 오해가 만만치 않은 모양이다.

　서강대 영문학과 교수 김욱동은 이문열 씨에 대한 오해가 견딜 수 없었던지 1994년에 아예 『이문열』이라는 제목의 책을 내놓았다. 434쪽에 이르는 두꺼운 책이다. 김욱동은 그간의 이문열 비평이 인상 비평, 역사 비평, 심리 비평, 사회학적 비평 등이었는데, 이 비평들이 한결같이 문제가 있다면서 자신이 미국에서 배워온 미국 신비평을 비롯한 형식주의 접근 방법으로 이문열의 세계관을 규명하겠다고 나섰다. 물론 그의 책은 '이문열을 위한 변명'이며 그것도 아주 훌륭한 변명이다.

　이문열을 비평한다는 게 어렵긴 되게 어려운 모양이다. 문학 비평을 전문으로 하는 사람들도 이문열에 대한 오해를 밥먹듯이 저지른다니 말이다. 나처럼 문학과는 거리가 먼 사람이 이문열 비평을 하겠다고 나섰으니 겁먹지 않을 수 없게 생겼다.

　그러나 안심하셔도 될 것 같다. 나도 이문열의 소설은 웬만큼 읽었고 그의 소설을 다 사 모으는 데 투자할 만큼 한 사람이지만, 나는 그의 문학 세계는 아예 건드리지 않기로 했으니까 말이다. 게다가 아주 재미있고 그 속이 빤히 뵈는 이문열의 소설에 대해 어려운 말 잔뜩 늘어놓아 그 가치를 훼손하는 경향이 없지 않은 문학 비평이란 것에 대해서도 난 흥미가 전혀 없는 사람이니까 말이다.

　어디 물어보자. 이문열이 소설가인가? 단지 소설가일 뿐인가? 내가 보기엔 그렇지 않다. 그는 정치 칼럼니스트이기도 하다. 그만큼 칼럼을 쓰기 위해 언론매체에 얼굴을 자주 내미는 소설가도 없을 게다. 이건 내 전공이다. 문학평론가들도 내 전공을 인정해주는 것일까? 나는 매우 특별한 경우를 제외하곤 이문열이 언론매체를 이용해 한국 정치에 대해 이러쿵저러쿵하는 것에 대해 나온 비평을 한번도 본 적이 없다.

　어찌 신문 칼럼뿐이랴. 한동안 뜨거운 논란을 빚었던 이문열의 소설 『선택』은 내가 보기엔 우선적으로 저널리즘적 현상이며 문학은 그 다음이다. 이게 무슨 말인지 나중에 아시게 될 거다. 저널리즘적 현상은 내 몫이다. 그러니 앞으로 내가 하는 이야기에 대해 행여 나의 독보적인 전문성을 의심하는 독자가 없기를 바란다.

이문열은 '당대 최고의 문화 권력'

이문열은 대단한 '문화 권력'이다. 그는 함부로 만만하게 볼 수 있는 인물이 아니다. 행여 잘못 건드렸다간 큰 일 난다. 이와 관련, 이문열은 반드시 보복을 하는 사람이라는 것도 지적해둘 필요가 있겠다. 그것도 아주 혹독하게 말이다. 지난 1991년 문학평론가인 서울대 교수 김윤식에 대한 독설도 그렇다. 내가 봐도 김윤식이 이문열의 문학에 대한 평가를 내리면서 좀 심한 면이 있었던 것 같다. 그래도 그렇지, 이문열의 보복은 너무 혹독했다.

이문열은 그가 언제든지 마음만 먹으면 이용할 수 있는 신문 지면을 이용하여 김윤식의 '파탄'을 선언했다. 물론 그와 유착돼 있는 『조선일보』 지면을 통해서 말이다.[3] 김윤식은 "이문열이란 이름 그 자체가 하나의 제국"이며 "워낙 큰 나무"인지라 소설 논의 마당에 어떤 준거가 되어 엉뚱한 피해를 입는다고 사과했다![4]

그러나 이 경우는 이문열 자신이 가장 아파하는 자신의 '학력 콤플렉스'가 건드려진 것에 대한 보복이었음을 감안해줄 필요가 있겠다. 문학평론가 우찬제의 해설에 따르자면, 다음과 같은 대목이 문제였다.

"김윤식 씨는 요즘 소설의 경향을 검토하면서 기왕의 헤겔주의에 입각한 소설 개념에 들어맞지 않는 이야기성 소설들이 빈번하게 출현하고

---

3) 이문열, 〈권위주의 저널비평을 거부한다〉, 『조선일보』, 1991년 12월 6일, 13면.
4) 〈"서정인·이문열 씨 관련 평론 '진의'와 다르게 전달돼 유감"〉, 『국민일보』, 1992년 1월 7일, 11면.

있는 현상을 주목하고, 이야기나 소설이냐 하는 문제가 관심이라고 했다. 그러면서 허황한 이야기의 하나로 정감록 계열의 작품을 들었는데, 일본의 경우 독학자들이 주로 이런 이야기를 많이 써서 인기를 얻고 있다고 했다. 나아가 김윤식 교수는 이문열 소설에 그런 요소가 있음을 논급하고, 다른 두 가지 요소를 더 들면서, 이 세 가지가 이문열 씨만의 것일 수 없기 때문에 이문열 씨의 문학이 자칫하면 공중분해될 수도 있다는 발언을 한 것이었다."[5]

내가 생각해도 이문열의 '독학'을 문제삼는 건 매우 조심했어야 할 일이었다. 물론 나는 이 책에선 그걸 문제삼고 있지만, 내 경우엔 매우 정당하다. 왜냐하면 이문열은 '지식폭력'의 피해자에서 가해자로 변신했기 때문이다.

어찌됐건, 이문열의 보복심이 강하고 그래서 사람들이 이문열을 두려워하기 때문에 그를 높이 평가한다는 말은 아니다. 권력은 그렇게 단순하거나 촌스럽지 않다. 대단히 정교하고 세련된 게 권력 메커니즘이다. 이문열이 누리는 '문화 권력'에 대해 『국민일보』 기자 임순만은 다음과 같이 말한 바 있다.

"그는 자신의 작품뿐 아니라 그가 '보증'하는 다른 작가의 작품까지 베스트셀러로 만드는 '문화 권력'으로 자리잡음으로써 어쩔 수 없이 당대의 문학 저널은 저속한 비교 가치의 판단으로 그에게 '최고'라는 찬사를 부여하게 되었다."[6]

'시대와의 불화'를 겪었다고?

임순만의 평가는 결코 부정적인 건 아니다. 실제로 흔히 이문열에게

---

5) 우찬제, 〈이문열의 '비평비판' 비판〉, 『옵서버』, 1992년 1월, 537쪽.
6) 임순만, 〈미학주의 작가들: 이문열〉, 『국민일보』, 1994년 8월 2일, 13면.

따라붙는 '문화 권력'이란 말은 그저 문단에서 차지하는 이문열의 위상을 가리키는 정도에 지나지 않는다. 그러나 나는 이문열이 누리는 '문화 권력'을 좀 달리 해석한다.

이문열의 성공 비결은 단지 그의 문학적 재능에만 의존하는 건 아니다. 우리는 오늘날 한국 사회에서 문학과 언론이 뜨겁게 유착돼 있다는 사실에 주목해야 한다. 그 어떤 문인도 언론의 도움 없이는 결코 성공할 수 없다. 이걸 알아야 한다.

이문열은 그의 이념과 정치적 성향 덕택에 기존의 지배체제와 기득권 세력의 적극적인 지원을 받고 있다. 어떻게? 그 매개가 바로 언론이다. 우리 언론은 지배체제와 기득권 세력을 수호한다. 물론 기자들 개개인에 겐 그런 의식이 없을 수도 있다. 그러나 기자들은 보수적인 언론사 내부 환경에 적응해가면서 무엇이 '안전'한 기사인지 저절로 깨닫게 된다.

게다가 이문열은 구매력이 강한 중산층과 교양에 굶주린 대학생과 여성들로부터 절대적인 지지를 얻고 있는 소설가다. 이는 언론이 상업적 관점에서도 이문열을 무시하기 어렵다는 것을 의미한다. 어디 그뿐인가. 타고난 영민함에다 신문 기자 경력을 갖고 있는 이문열은 언론플레이에 탁월한 인물이다. 요컨대, 언론과 이문열은 피차 누이 좋고 매부 좋은 상부상조의 관계를 형성하고 있는 것이다.

어찌 언론뿐이랴. 간행물윤리위원회는 그 말썽많은 이문열의 소설 『선택』을 청소년 권장도서로 선정했다! 간행물윤리위원회는 지식인들에 겐 인기가 없을지 몰라도 우리 사회의 막강한 제도다.

이문열은 우리 사회의 권력 메커니즘을 정확하게 꿰뚫어보고 있다. 그는 자신이 '시대와의 불화'를 겪었다고 말하지만 그건 천만의 말씀이다. 그는 단 한 번도 '시대와의 불화'를 겪은 적이 없다. 문단이라고 하는 좁은 골목길에서 다소의 불화가 있었을 뿐이다. 지배 체제와 기득권 세력, 그리고 대세에 추종하거나 재미에 눈이 팔려 소설을 사주는 상업적 기반은 늘 그의 편이었다.

　나는 오히려 이문열이 '시대와의 간통'을 저질렀다고 생각한다. 지식인들에 의해 떠들어지는 이야기와 대중의 정서는 반드시 일치하는 건 아니다. 지식인들은 속마음이야 어떻건 당위를 부르짖는 경향이 있지만 실속을 챙기기에 바쁜 익명의 대중은 탐욕스럽고 때로 불의에 굴종하기도 한다. 이문열은 대중의 그런 정서가 사회적 '실세'로 군림하는 시대와 간통을 저지른 것이다.

　그 간통의 열매는 달다. 이문열은 우리 나라에서 가장 많은 돈을 번 소설가인 동시에 가장 큰 영예와 권력을 누리고 있다. 그저 할 말이 궁하면 '상업주의'라는 말을 남용해대는 사람들은 진정한 상업주의가 무엇인지 이문열을 연구해야 할 것이다. 이문열은 우리 시대의 가장 상업주의적인 작가이기 때문이다. 의도적 이슈 만들기로 자신의 상품 가치를 높이며 자신이 탄압받고 있다고 엄살을 떨면서 순교자의 이미지까지 제조해내는 정교함은 타의 추종을 불허한다. 그가 우리 문단의 상업주의의 수준을 선진국 수준으로 끌어올린 점에 대해선 박수를 보내야 마땅할 것이다.

　이문열은 80년대의 좌파가 자기 몫 이상을 가졌다고 주장했다. 과연 그럴까? 그 말을 믿을 사람은 조갑제와 김대중을 비롯한 『조선일보』의 극우 논객들과 그 아류 논객들밖엔 없을 것이다. 80년대의 좌파가 겉으로 좀 떠들썩했던 건 사실이지만 서울역 앞에서 떠든다고 해서 대우 빌딩이 떠드는 사람의 것이 되는 건 아니지 않은가?

　우리는 여기서 이문열의 탐욕에 주목해야 한다. 이문열은 90년대의 여성이 자기 몫 이상을 가졌다고 주장하면서 그것에 분개하여 『선택』이라는 소설을 쓴 인물이다. 그런 인물이니 그가 80년대의 좌파를 그렇게 과대평가하는 것도 무리는 아닐 것이다. 이문열은 뭐든지 독식을 해야만 직성이 풀리는 그런 인물은 아닐까? 그래서 자신이 독식을 하지 못하자

'시대와의 불화'를 겪었다고 동네방네 떠들고 다닌 건 아닐까? 그는 모든 사람들이 자기에게 찬사만을 보내주기를 바라고 있는 건 아닐까? 그렇게 이해하지 않고선 답이 나오질 않는다. 다시금 말하지만, 그는 '시대와의 간통'을 저지른 인물이기 때문이다.

이문열의 무지와 오만

사실 『선택』을 보면 이문열이 보인다. 그 소설의 내용을 여기에 다시 옮길 필요는 없으리라. 나의 수준 높은 독자들께서는 그 소설을 읽지 않았더라도 신문 기사를 통해 무슨 싸움이 벌어졌는지 대충 이해하시리라 믿는다. 다만 그 소설에서 가장 돼먹지 않은 한 대목은 인용해놓고 이야기를 해보자.

"진실로 걱정스러운 일은 요즘들어 부쩍 높아진 목소리로 너희를 충동하고 유혹하는 수상스런 외침들이다. 그들은 이혼의 경력을 무슨 훈장처럼 가슴에 걸고 남성들의 위선과 이기와 폭력성과 권위주의를 폭로하고 그들과 싸운 자신의 무용담을 늘어놓는다. 이혼은 '절반의 성공' 쯤으로 정의되고 간음은 '황홀한 반란'으로 미화된다. 그리고 자못 비장하게 '무소의 뿔처럼 혼자서 가라'고 외친다."[7]

정말이지 이건 온당치 못하다. 소설가 이경자나 공지영이 마땅치 않으면 실명을 대면서 정면 반박할 일이지 그런 식으로 공격을 하다니! 아니 그럴 수는 있겠다. 큰 아량을 갖고 이해하고 넘어가자. 그러나 이문열이 그 소설의 〈작가의 말〉에서 한 말은 정말 인내하기 어려워진다.

"특히 지금은 페미니즘 문학의 선봉처럼 오해되고 있으나 실은 한 일

---

7) 이문열, 『선택: 이문열 장편소설』(민음사, 1997), 9쪽.

(『조선일보』, 1997년 4월 24일)

80년대의 좌파가 자기 몫 이상을 가졌다고 주장하던 이문열은 90년대는 여성이 자기 몫 이상을 가지는 것에 분개해 『선택』이라는 소설을 썼다고 말한다.

탈이나 왜곡에 지나지 않는 이들과 내가 나란히 논의되는 것은 거의 욕스러울 지경이었다."8)

왜? 이경자나 공지영이 쓴 소설의 총 판매부수가 자신의 총 판매부수의 10분의 1, 100분의 1도 되질 않아서 거의 욕스러울 지경이었다는 말인가? 아니면 고추도 없는 여자들과 나란히 논의되는 게 욕스럽다는 말인가? 그렇다면 여자들은 건드리지 말 일이지 아주 교묘하게 인신공격을 퍼부어놓고 그렇게 미친 척 나자빠지면 도대체 어쩌잔 말인가?

내가 좀 흥분을 한 것 같다. 냉수 한 잔 마시고 와서 다시 컴퓨터 앞에 앉았다는 것을 독자들께선 알아주시기 바란다. 이문열은 결코 미련한 사람은 아니다. 그는 한국 사회의 어둡고 낙후된 면을 귀신같이 꿰뚫어 보고 있다. 그 음습한 곳에 당당한 이론을 부여해주는 게 그가 누리는 인기 비

8) 이문열, 〈작가의 말〉, 『선택: 이문열 장편소설』(민음사, 1997), 223쪽.

결 가운데 하나라고 보면 틀림없다.

생각해보자. 우리 사회엔 뼈빠지게 남편과 자식 뒷바라지에만 평생을 바친 여성이 많다. 그 여성들 역시 '현모양처'야말로 여자의 길이라는 식의 주장을 한 이문열의 소설을 보고 한가닥 위안을 찾았을 것이다. 그런 여자들은 이문열에게 지지를 보낸다. 남존여비(男尊女卑)를 적당한 수준에서 믿고 실천하는 우직한 남성들 역시 이문열에게 지지를 보낸다. 그래서 이문열은 기고만장한다. 심지어 이문열은 그런 지지에 힘입어 "나야말로 진짜 페미니스트라는 자부심까지 느꼈다"고 말한다.[9]

상황이 이 지경이니 이문열의 소설은 잘 팔리게 돼 있다. 이문열은 이념 문제건 정치 문제건 남녀 문제건 많은 사람들의 가려운 곳을 긁어주면서 기존 지배체제를 공고히 하고 기득권 세력을 즐겁게 해주는 데엔 거의 천부적인 재능을 갖고 있다. 그래서 이문열의 소설은 발간 세 달만에 21만 부가 팔렸다.

그러나 그건 비극이다. 그래선 안 된다. 물론 이문열의 변명은 화려하다. 이문열을 비판하는 여성들마저 그의 화려한 변명에 놀아나고 있다. 그들은 이문열을 과대평가하고 있다. 박학다식한 이문열이 페미니즘이 무엇인지 그걸 모를 리 없다는 전제에 근거해 이문열을 비판하고 있다.

그러나 그건 엄청난 착각이다. 이문열은 대학 1학년 교양과목에 개설돼 있는 여성학개론의 기본에 대해서도 아는 게 없다. 그는 페미니즘 이론에서 '매춘부'라는 용어가 어떻게 사용되는지에 대해서도 전혀 들어본 바 없다. 그래서 그는 『선택』의 주인공인 자신의 직계 조상 장씨 할머니를 '매춘부'와 다를 바 없다고 말한 어느 여성의 비판에 대해 그 말을 곧이곧대로 해석하여 자기 문중의 총궐기를 선동하는 신문 칼럼을 써댈

---

9) 이문열 · 강인선, 〈인터뷰: 이문열, 장편소설 『선택』을 위한 변명〉, 『월간조선』, 1997년 7월, 418-428쪽.

만큼 철저하게 무지하다. 물론 이건 어디까지나 선의의 해석이다. 이문열이 페미니즘에 무지하지 않다면, 그는 모든 걸 다 알고서도 그렇게 능청을 떤 것이니 더 호된 비판을 받아 마땅할 것이다.

어찌됐건 이문열이 남성 우월주의적 족보의 망령에 사로잡힌 인물이라는 건 분명한 사실이다. 우리는 공개적으론 족보를 경멸하는 척하지만 속으론 족보를 매우 중요하게 생각한다. 이문열이 누리는 인기의 비결도 바로 거기에 있다. 우리는 바람직하지 못한 현실을 바꾸기 위해 당위를 부르짖지만, 그렇게 부르짖는 그 순간에도 현실을 떠날 생각은 하지 않는다. 이문열은 그 현실에 편승해 인기를 누린다. 그는 인기에 취해 자신의 무지를 깨닫지 못하고 오만해진다.

이문열의 무지

『선택』은 이문열의 선의가 무엇이건 간에 대단히 무지막지한 소설이다. 한국 여성의 정관계 진출은 말할 것도 없고 전반적인 사회 진출은 전 세계에서 최하위권에 속해 있다. 여성 의원의 비율은 3%로 세계 107개 국 중 94위를 기록하고 있다. 어디 그뿐인가. 태아 성감별을 해 딸이면 죽이고 아들이면 살리는 천인공노할 작태가 한국처럼 극성스럽게 저질러지는 나라도 이 지구상에선 찾아보기 어렵다. 우리 나라에서 매년 태아 성감별에 쓰는 돈이 2백46억 원에 이르며 이대로 가다간 2010년에 남녀 출산비는 123 대 100에 이를 것으로 추산된다는 보도가 나온 적도 있다. [10]

이건 우리 모두 치욕스럽게 생각해야 할 사실이다. 그런데 이문열은

---

10) 박태균, 〈2010년 남녀 출산비 123 대 100, 성감별에 연 246억 쓴다〉, 『중앙일보』, 1997년 7월 22일, 23면.

그걸 자랑스럽게 생각해야 한다고 선동하고 있질 않은가. 선동을 하더라도 지켜야할 최소한의 예의가 있다. 여성의 권리 수준에 있어 한국이 세계 국가들 가운데 중간 정도만 속해도 난 이문열에 대해 아무 말 않겠다. 도대체 한국처럼 남녀평등에 관한 한 후진국 중의 후진국에 속하는 나라에서 페미니즘의 폐해를 과장되게 떠벌려 여성에게 공격을 가한다는 게 말이 되는가? 서울시립대 국문학과 교수 이동하는 보다 점잖게 이문열의 말이 안 되는 발상을 나무란다.

"남성이, 그 중에서도 특히 작가라는 직업을 가진 사람이 오늘의 여성해방운동에 대해서 무슨 말을 하고자 할 경우에는 '유교적 가부장제가 절대적인 힘으로 세상을 지배했던 기나긴 세월 동안 가부장제 때문에 여성들이 겪어야 했던 부당한 고통은 얼마만한 것이고 그 가부장제 덕분에 남성들이 누린 부당한 혜택은 또 얼마만한 것인가. 그리고 지금 이 시점에서도 그 가부장제의 문제점이 제대로 극복되지 않고 있기 때문에 여성들이 겪고 있는 부당한 고통과 남성들이 누리고 있는 부당한 혜택은 또 얼마만한 것인가'를 깊은 고뇌와 부끄러움 속에서 성찰해보는 단계가 반드시 전제되어야 한다는 것이 나의 생각이다."[11]

옳은 말씀이다. 그러나 이문열에겐 그런 성찰을 할 뜻이 전혀 없다. 그는 남성우월주의적 족보의 망령에 사로잡힌 인물이기 때문이다.

이동하는 이른바 '혁명지향적 민중운동'에 대해 여러 측면에서 비판을 가해온 평론가이다. 그런 이동하가 보기에도 이문열의 '혁명지향적 민중운동'에 대한 비판엔 심각한 문제가 있고 『선택』의 경우엔 그 문제가 더욱 심각하다는 것이 그의 판단이다. 이동하는 다음과 같이 말한다.

"자신의 입장을 밀어붙이는 이문열의 태도가 얼마나 고압적이고 확신

---

11) 이동하, 『한 문학평론가의 역사 읽기』(문이당,1997); 〈기득권을 가진 남성이 선택한 길: 이문열의 『선택』〉, 『현대』, 1997년 여름, 20면.

에 찬 것인가 하는 점은 『달아난 악령』의 화자가 자신의 딸에게 결정적인 영향을 미쳤던 교사를 시종일관 '악령'이라는 칭호로 부르고 있는 데에서 단적으로 드러난다. 논쟁의 상대방을 처음부터 악령으로 규정해 버리는 것 이상으로 고압적이고 확신에 찬 태도를 달리 찾을 수 있을까? 이러한 태도로 나오는 사람 앞에서는 어떠한 토론도, 대화도 불가능해지고 만다. ……『선택』의 경우에는 그 정도가 오히려 더하다. 전혀 상식에도 닿지 않는 논리를 가지고 일방적으로 '훈계'를 퍼붓고 있는 사람 앞에서 토론이니 대화니 하는 따위는 도대체 엄두도 낼 수 없는 일이 아니겠는가?"[12]

김신명숙의 이문열 비판

나는 말이 안 통할 사람에 대해선 아예 처음부터 토론과 대화의 가능성을 배제하는 유형의 글쓰기도 정당하다는 주장을 해왔던 사람인지라 이동하의 주장에 100% 동의할 뜻은 없지만, 99%는 동의한다. 이문열의 경우 문제는 그가 전혀 솔직하지 않다는 데에 있다. 그는 페미니즘의 기본에 대해 무지하면서도 그 무지를 얼렁뚱땅 감추려드니 그게 문제다. 『나쁜 여자가 성공한다』의 저자 김신명숙은 『선택』의 이문열식 어법으로 다음과 같이 이문열을 질타한다.

"네가 쓴 책자를 보고 우리가 또 지적하지 않을 수 없는 것은 바로 너의 교활함이다. 개명된 세상에서 차마 페미니즘을 전면 부정할 수는 없었음인지 너는 네 책자가 '반페미니즘적'인 것으로 낙인 찍힌 데 대해 심한 불쾌감을 표시하며 '진지하고 성실하게 추구되고 있는 페미니즘에

---

12) 이동하, 〈지식인의 자리에서 쓴 시론소설들: 이문열이 1990년대 중반 이후에 쓴 작품들〉, 『문예연구』, 제21권(1999년 여름), 39-41쪽.

저항할 논리는 이 세상에 없다'고 말했다. 다만 너는 '저속하게 이해되고 천박하게 추구되는 페미니즘을 비판할 뿐'이라는 것이다. 그러나 우리는 너의 이런 교활한 접근 방식 – 정면 반박은 불가능하니까 주변적이고 사소한 문제점들을 침소봉대해 드러내 보임으로써 그 본질에 오물을 끼얹어 무력화시키려는 치사한 접근 방식이 다만 가소로울 뿐이다. ……너의 교활함은 제법 중립적인 체 각 주제를 풀어가는 입담에서도 흔하게 발견된다. 너는 여성의 문제를 인간의 문제로 희석시켜 '세상에 여성 문제는 따로 없다'는 궤변을 늘어놓는가 하면 '어차피 세상이란 고통의 도가니'라면서 '단지 여자라는 이유로' 당하는 고통을 부인하려고 한다. 게다가 고통에 저항하기보단 묵묵히 받아들여 견디는 것이 세상살이고 삶의 미덕이라고 설득하고 있다. 그러나 이런 류의 주장이 세상의 변화를 바라지 않는 기득권자들이 항용 즐겨 쓰는 뻔뻔스런, 자기보호 논리임은 머리가 달린 사람이라면 이미 다 알고 있다." [13)

이순원의 이문열 옹호

그런 비판만 나온다면, 이문열이 아무리 대담한 성격을 가졌다 할지라도 더 이상 여성차별적인 발언은 할 수 없을 것이다. 그러나 내가 보기엔 이문열을 옹호하는 사람들의 줄이 더 길게 늘어선 것 같다. 내가 꽤 상식적인 소설가로 생각해온 이순원의 '이문열을 위한 변명'을 들으니 그런 생각이 든다. 이순원의 '변명'을 들어보자.

"작가가 '진지하고 성실하게 추구되고 있는 페미니즘에 저항할 논리는 이 세상에 없으며', '페미니즘을 비판할 수 있는 것은 다만 그것이 지

---

13) 김신명숙, 〈『선택』의 작가 이문열 서생에게-한 조선조 여인의 일갈〉, 『if』, 1997년 여름, 68-73쪽.

나쳤을 때 뿐'이라고 작품 의도를 분명하게 밝혔음에도 떠도는 화제는 진지하고 성실하게 추구되는 바른 페미니즘에 대한 턱없고도 그릇된 반격으로만 이 작품이 이야기되고 있다."[14]

아하, 작품 의도만 분명히 밝히면 무슨 소리를 떠들어도 된다? 그게 바로 이순원의 논리인 것 같은데, 과연 그런가? 그렇다면 나도 이 글의 의도를 분명히 밝혀두자. 나는 이문열을 사랑하기 때문에 이 글을 쓴다. 그러니 이문열은 행여 나의 의도를 곡해하지 말고 나에 대해 턱없고도 그릇된 생각을 갖지 말기 바란다. 이렇게 말하면 나는 면죄부를 얻을 수 있단 말인가?

"이 작품은 저속하게 이해되고 천박하게 추구되는 페미니즘의 파시스트적 속도와 전염에 대한 비판이다." 이순원의 이 진단은 이문열 소설의 책 광고 카피로 인용되고 있다. 파시스트적 속도와 전염? 별 말 같지 않은 소리를 다 들어본다. 때리는 시어머니보다 말리는 시누이가 더 밉다더니 이순원이 고런 맹랑한 시누이 역할을 자임하고 있지 않은가.

이순원은 도대체 왜 그러는 걸까? 나는 그 이유를 『조선일보』 96년 10월 9일자 〈일사일언〉란에 쓴 그의 칼럼에서 발견했다. 그는 추석을 쇠기 바로 전 어느 시사잡지에서 〈여성은 명절의 노예인가〉라는 특집 기사를 읽었다고 한다. 그런데 그는 자기 집안 이야기를 하면서 반론을 전개하고 있다.[15] 그게 말이 되나? 며느리들이 '명절의 노예'이기는커녕 오히려 모두 남다른 긍지를 느끼는 것 같더라는 자기 집안 자랑까지는 좋은데 그걸 그렇게 일반화시켜도 되나? 긴 말 않겠다. 눈치빠른 독자들은 이순원의 여성관이 어떠한지 이미 짐작했을 것이다.

---

14) 이순원, 〈저속한 페미니즘에 옳은 목소리 냈을 뿐〉, 『조선일보』, 1997년 4월 24일, 34면.
15) 이순원, 〈여자와 명절〉, 『조선일보』, 1996년 10월 9일, 27면.

'출판에 대한 비판의 종속'

문학평론가이자 서울대 교수인 권영민의 비평도 한심하기는 마찬가지다. 『선택』은 민음사에서 나왔다. 그런데 권영민은 민음사에서 내는 계간 『세계의 문학』 1997년 여름호에서 다음과 같은 평가를 내린다.

"작가 이문열의 소설적 주제는 전통적인 가치의 수용을 거부한 상태에서 이루어진 문화적 정체성의 위기 그 자체이다. 이문열이 양반 계층의 가문 의식과 법도를 중시하고 있는 것은 그러한 문화의 실천을 오늘의 현실에서 다시 강조하고자 하는 것이 아니다. 오히려 중요한 것은 혼돈 상태에 빠져버린 우리 문화에 대한 자기 비판적인 성찰을 제기하고 있는 점이다." [16]

자기비판적인 성찰 좋아하시네! 여성을 차별하는 우리의 기막힌 현실에 대해선 티끌만큼의 성찰도 하지 않는 이문열이 무슨 성찰을 제시하고 있단 말인가? 우리 문화가 혼돈 상태에 빠져 있는 것과 페미니즘과 무슨 관계가 있단 말인가? 전통? 전통 좋아하시네. 왜 양반 상놈 따지는 전통은 안 찾나? 만민평등 사상도 문화적 정체성의 위기인가? 도무지 말 같아야 말을 하지.

그런데 여기서 한 가지 짚고 넘어갈 게 있다. '출판에 대한 비평의 종속' 문제이다. 권영민도 민음사에서 책을 내긴 했지만, 이는 권영민과는 무관하게 하는 이야기이니 오해 없기 바란다.

단도직입적으로 물어보자. 민음사는 자신들이 발행하고 있는 『세계의 문학』에 민음사에서 내는 책에 대한 비판적 서평을 실을 수 있겠느냐는 것이다. 물론 부분적으로 비판하면서 전체적으로는 칭찬하는 서평이야

---

16) 권영민, 〈개인적 운명 또는 삶의 선택: 이문열의 『선택』의 경우〉, 『세계의 문학』, 제84호(1997년 여름), 271쪽.

얼마든지 실을 수 있겠지만, 내가 묻는 건 부분적으론 칭찬하면서 전체적으론 비판하는 서평을 실을 수 있겠느냐는 것이다. 또 다른 문예지에 민음사에서 낸 책에 대해 비판적인 서평을 쓴 사람의 글을 『세계의 문학』에서 실어주느냐는 것이다.

답은 다 부정적이다. 이건 비단 민음사만의 문제는 아니다. 지금 한국의 문단이라는 데가 그렇게 돼 있다. 이러한 현실이 이문열의 건재와 관련하여 시사하는 바가 크다. 이문열은 민음사의 '간판 스타'이기 때문에 민음사와 관련된 문인들은 이문열을 비판할 수 없게끔 돼 있다. 이 점이 중요하다.

민음사가 어디 덩치나 작나? 2000년 단행본 출판사들의 매출액은 ①민음사 1백71억 원, ②중앙M&B 1백12억 원, ③문학수첩 1백억 원, ④김영사 97억 원, ⑤밝은세상 75억 원, ⑥자음과모음 70억 원, ⑦창작과비평사 65억 원, ⑧사회평론 60억 원, ⑨문학동네 50억 원, ⑩한길사 40억 원 등이었다. [17]

민음사는 한국 최대의 단행본 출판사로서 문학 전문이다. 수많은 문인들이 민음사와 관계를 맺고 있다. 『세계의 문학』이 민음사에서 내는 책의 '홍보 창구'로 활용되는 건 어제 오늘의 일이 아니지만, 이게 본격적으로 문제가 된 사건이 지난 1998년에 터진 적이 있다.

문단의 '스타 시스템'

문학평론가 이광호는 『세계의 문학』 1998년 봄호에 쓴 〈고백을 넘어서 – 우리가 유미리를 읽는 몇 가지 이유〉라는 글에서 민음사에서 낸 유미리의 『타일』에 대해 "놀랍도록 자극적인 작품"이라는 등 극찬을 아끼

---

17) 조우석, 〈룸살롱 접대비와 10대 출판사 매출액〉, 『중앙일보』, 2001년 1월 6일, 33면.

지 않았다. 이에 대해 문학평론가 한기는『문예중앙』1998년 여름호에 쓴 〈유미리를 어떻게 읽을 것인가 – 이광호 씨의 유미리 읽기에 대한 비판적 검토〉에서 이광호의 평론을 '무책임한 평론'으로 꾸짖으면서 "출판에 대한 비평의 종속" 문제를 제기한 바 있다.

"출판에 대한 비평의 종속"은 어느덧 한국 문단의 상식으로 자리잡았다. 이 '상식'은 일종의 피라미드 구조를 갖고 있다. 문학 출판사는 정점에 잘 나가는 '스타 작가'를 모시고 큰 돈을 벌어 그 은전을 잘 나가지 못하는 다른 문인들에게 베푼다. 팔리지도 않을 책을 내준다거나『세계의 문학』등과 같은 잡지에 발표 기회를 준다거나 하는 식으로 말이다. 따라서 어느 출판사와 관련된 문인들은 자기들에게 그런 은전을 베푸는 데에 결정적인 기여를 하는 '스타 작가'에게 감사는 드리지 못한다 하더라도 감히 비판할 수는 없다.

이는 영화판의 '스타 시스템'과 매우 흡사하다. '스타 독식 시스템'이라고나 할까? 힘이 없는 조연, 단역 배우들은 그 시스템에 굴복하지 않을 수 없다. 그러나 엄밀히 따지고 보면 이는 '착취 시스템'이다. 광고와 홍보를 비롯한 출판사의 모든 역량이 '스타 작가'에게만 집중되기 때문이다. 조연, 단역 배우들이 자기들끼리 모여선 '스타'를 욕할 수도 있겠지만, 행여 제작자나 감독의 귀에 들어가게끔 그런 이야기를 했다간 다음부턴 써 주질 않을 터이니 울며 겨자먹기식으로 그 시스템에 굴종하지 않을 수 없는 것이다.

지금 내가 소설을 쓰는 것 같은가? 아니다. 이건 문단에서 통용되는 상식이다. 이 상식이 좀처럼 밖으로 드러나진 않지만 극소수나마 정의감에 투철한 비평가가 있어 밖으로 삐져나오기도 한다. 그 좋은 예로 문학평론가 이성욱이『문예중앙』1997년 겨울호에 쓴 〈대중사회의 전개와 자본의 문화사업, 예술의 테러리스트가 되고 있다〉는 글을 들 수 있겠다.

이성욱은 월간 『현대문학』에다가 민음사에서 낸 책에 대한 비판적인 서평을 썼다가 『세계의 문학』에 연재하기로 안내까지 나간 글들을 실을 수 없다는 일방적인 통보를 받았다. '공동 서평'에 대해 악착같이 필자를 찾아낸 민음사의 노력이 눈물겹다. 이게 말이 되나? 이에 대해 이성욱은 다음과 같이 말한다. 이문열이 누리는 문화권력의 작동 방식을 밝혀주는 대단히 중요한 이야기라 길게 인용할란다.

적어도 내 생각에는 민음사의 그런 태도에 분명 큰 잘못이 있다고 본다. 자사 출판물에 대해 비판을 했다는 것이 자사 발행의 문예지에 실린 글을, 그것도 매체와 필자 그리고 독자 사이에 약속된 글을 취소해버리는 이유가 될 수 있다고 생각하는 것이 도대체 이해되지 않기 때문이다. 그것은 마치 특정한 비평적 견해가 마음에 들지 않으면 폭력을 통해서라도 그 입을 막을 수 있다는 논리와 진배없다. 자신을 비판하는 방법이 비평적 견해의 방식을 띠었다면 그에 대한 논박이나 비판도 최소한 그에 준하는 방법으로 수행되는 것이 온당한 처사이지 그것을 '문학 외적인' 방법, 즉 강압으로 대체하거나 억압한다는 것은 한 개인에 대한 도리도 아니거니와 문학 전체에 대해서도 경우가 아닌 것이다. 심하게 해석한다면 그것은 문학에 대한 일종의 협박이자 테러일 수도 있다. 한데 그런 일이 다른 데도 아닌 한국 문학의 큰 기둥 노릇을 하고 있다고 평가되는 민음사에 의해서 일어났다는 점에서 문제의 심각성은 더하다. 사실 민음사는 정당하지 못한 이중적 방법을 취했다. 나의 비평적 견해에 대해 한편으로는 '문학적'인 방법으로 응대하면서 다른 한편으로는 '비문학적'인 방법, 즉 강압을 사용했다는 점에서 그렇다. 전자는 심사위원 중의 한 분인 하일지 씨의 반론과 『세계의 문학』 편집진이 쓴 반론이다. 이는 얼마든지 좋은 일이다. 『낯선 천국』에 대한 나의 비판이나 『현대문학』의 공동 서평에 결점이 없다고 말할 수 없기에 그에 대한 지적과 비판은 공적 담론의 장인 비평적 지평의 탄성과 확장에 당연히 기여하는 바 있기 때문이다. 하지만 민음사는 그런 '점잖은' 방법은 '공식성'이 보장되는 일간지나 계간지 등에만 적용하고 나와의 개인적 관계에서는 매체의 소유권을 무기로 마치 아무런 사전 설명 없이 사주가 피용자 해고하는 듯한 정당치 못한 방법을 취한 것이다. 결국 이런 방법은 그것이 아무리 정당치 못하다 하더라도 공론의 장에서 공개되지 않으면 민음사와 나의 개별적 관계로만 묻혀버릴 것이고 그렇게 되면 문제될 게 없다는 생각의 소산이다. [18]

이문열 비판이 금기가 된 이유

정작 문제는 이런 문단 풍토에 대해 거의 대부분의 문인들이 굴종하거나 침묵하고 있다는 사실이다. 그런 판국에 '이문열 비판'을 어찌 감히 기대할 수 있겠는가? 이문열은 그 점을 꿰뚫어 본 것인지는 몰라도 민음사를 본거지로 삼되 문학과지성사를 비롯해 여러 문학 출판사들에 자신의 작품을 골고루 나눠주고 있으니 한국 문인들 대다수가 이문열 비판을 금기시할 수밖에 없는 기가 막힌 현실이 벌어지게 된 것이다. 이성욱이 위의 글을 쓰겠다고 문단의 선후배나 동료들에게 말했을 때에 그들이 한결같이 말렸다는 게 바로 그런 현실을 웅변해주는 게 아닐까? 이성욱은 다음과 같이 말한다.

"네가 무슨 독립군"이냐고, "이런 문제가 어제 오늘의 일이냐"고, "찍히기만 할 뿐이다"라고 또 그렇게 '튀어서' 문제 해결될 것 없다고, 무슨 뾰족한 해결책(이) 있느냐고……나 역시 독립군이 될 생각은 없거니와 그

---

18) 이성욱, 〈대중사회의 전개와 자본의 문화사업, 예술의 테러리스트가 되고 있다〉, 『문예중앙』, 1997년 겨울, 346-347쪽.

럴 능력도 물론 없다. 나 또한 '뛰고' 싶은 생각은 없으며, 마찬가지로 해결의 비방을 가지고 있는 것도 아니다. 하지만 그런 가운데에서도 한 가지 머리 속에 항상 궁글러 다니는 것은 문제가 분명함에도 불구하고 그것이 언급되면 왜 대개의 경우 애매하고 불편한 침묵으로 응대하거나 자조로 마무리되어야 하는지, 그것이었다. 이는 '기품' 있는 문학 담론과 제도에 그런 '비공식적' 문제가 끼여들 수는 없다는, 다시 말해 그런 문제는 문학담론의 대상이 아니라는 완강한 편견 탓일 것 같다. 그 '비공식적 문제'가 현실에서는 아무리 강력한 문학질서의 재조정 요인이 되고 있다 해도 그것을 문제의 영역으로 인정하지 않는, 이를테면 문제의 성격이 어떻든 '공식'과 '비공식'이라는 모호한 구분법으로 일관하는 우리 문단의 아름답지 못한 이중적 구조의 반영이라 볼 수 있다는 것이다. 하지만 지금까지의 관습적 사고에 의해 '비문학적', '비공식적' 영역으로 간주되던 예컨대 자본과의 노골적인 공모, 정실, '이벤트 마인드' 등을 문제의 영역으로 생각하지 않고 계속 사사로운 자리의 지청구 정도로만 치부할 때 '비공식적 문제'가 '공식적' 문학담론과 제도적 관습을 잡아먹는 속도는 양이 사람을 잡아먹었던 속도보다 훨씬 빠를 것이다. 그때는 아마 비공식 · 공식 구분할 필요 없이 모두 자본의 충직한 신료로만 살아가면 되는 세계일 것이다. [19)]

이성욱은 예의상 같은 문인들의 '관습적 사고'를 문제삼고 있지만, 그 이전에 문인들이 처해 있는 경제적 현실이 '충직한 신료'로 살아갈 것을 요구하고 있다는 사실은 부인하긴 어려울 것이다. 이는 참으로 가슴 아픈 이야기가 아닐 수 없다. 이문열이 누리고 있는 권력과 부와 영광

---

19) 이성욱, 〈대중사회의 전개와 자본의 문화사업, 예술의 테러리스트가 되고 있다〉, 『문예중앙』, 1997년 겨울, 346-347쪽.

이문열은 우리 나라에서 가장 많은 돈을 번 소설가인 동시에 가장 큰 영예와 권력을 누리고 있다. 문학 출판사들은 잘 나가는 '스타 작가'를 모시고 큰 돈을 벌어 그 은전을 잘 나가지 못하는 다른 문인들에게 베푼다. 덕분에 그 출판사와 관련된 문인들은 자기들에게 은전을 베푼 '스타 작가'에게 감사는 드리지 못한다 하더라도 감히 비판할 수는 없게 된다.

의 이면엔 이런 슬픈 사연이 있다는 걸 잊어선 안 될 것이다.

이태동의 이문열 옹호

다시 『선택』에 관한 이야기로 돌아가자. 더 말이 안 되는 최악의 '박수 부대'를 자청한 한 인물이 있다. 이미 앞서 소개한 바 있는, 서강대 영문학과 교수이며 문학평론가인 이태동이다. 그는 언젠간 마광수에 대해선 말도 되지 않는 비난을 늘어놓더니 이번엔 이문열에 대해 말도 되지 않는 찬사를 늘어놓았다. 행여 내가 독선을 범하고 있다고 꾸짖지 마시고 그의 주장이 말이 되는지 안 되는지 독자들이 한번 판단해보시라.

그는 이문열의 『선택』에 대해 격렬하게 저항하는 사람들은 그 작품을

"있는 그대로 투명하게 보지 않고 선입견이 짙은 '색안경'의 눈으로 보았기 때문"이라고 주장한다. 그는 8쪽에 이르는 긴 서평에서 이문열도 미처 생각하지 못했을 '집필 의도'를 대변해주느라 바쁘다. 그것도 똑같은 이야기를 말만 이리저리 바꾸어 몇 번씩 반복하면서 말이다. 그가 주장하는 이문열의 작품 의도를 들어보자.

"역사 속에서 묻혀 살면서 공동체를 위해 헌신적인 노력을 아끼지 않았던 여인들의 숭고한 삶의 가치에 새로운 빛을 조명하는 것에 그 근본적인 목적을 두고 있는 듯하다. 이러한 그의 목적이 무게 있는 가치관 없이 흔들리는 현대 여성들의 여성관을 비판하는 것은 작품의 도덕성과 깊은 관계가 있기 때문에 피할 수 없는 결과가 아니었을까 하는 느낌을 지울 수 없다." [20]

이태동의 주장에 대해선 일일이 반박하기조차 싫어진다. 『선택』과 관련하여 '진귀하고 값진 것'이라느니 '호소력이 있고 깊이 스며드는 아름다움이 있다' 느니 따위의 극찬을 늘어놓는 사람에게 무슨 반박이 필요하겠는가? 그래도 그가 "수준높은 작품의 진실을 이해하기 위해서는 시간이 필요하다"는 말로 결론을 대신하는 걸 보니 이성을 완전히 상실한 것 같지는 않다. 그런데 내겐 그게 더 곤혹스러운 것이다.

자꾸 오해라고 우기는 이문열

이문열은 때로 대담한 솔직성을 드러내 보이기도 하지만 늘 그런 건 아니다. 자신에게 타격을 줄 수 있는 사안에 대해선 그는 전혀 솔직하지 않다. 이문열이 아무리 대담해도 그렇지 요즘 같은 세상에 어떻게 '여성차별'을 당당하게 직설적으로 주장할 수 있겠는가? 이 문제에 관한 한

---

20) 이태동, 〈『선택』의 진실〉, 『서평문화』, 1997년 여름, 16-23쪽.

소심해져야 한다는 게 이문열의 전략인 것으로 보인다.

이문열의 소심함은 『중앙일보』(1997년 4월 29일자)에서 문학평론가 권택영과 나눈 대담에서도 여실히 드러난다. 이문열은 200자 원고 15매나 될까 하는 분량의 지면에서 『선택』에 대한 비판을 가리켜 4번에 걸쳐 '오해'라고 주장한다.

"그러나 이 작품은 반페미니즘 성향은 분명 아닙니다. 이렇게 '큰 여자'도 있다는 것을 보여주고 싶었습니다", "진지하고 성실하게 추구되는 여성운동에 이의를 단 것은 결단코 아닙니다", "여성 작가의 소설 제목을 그대로 딴 것은 그 말들이 그릇된 여성운동의 상징성·비유성을 더할나위 없이 잘 드러내고 있기 때문이었습니다. …… 혹 작가에게 해를 끼쳤다면 죄송합니다", "다시 한번 저는 반여성주의자가 아닙니다. 이 오해만큼은 풀렸으면 합니다." [21]

오해가 없는데도 자꾸 오해라고 주장하니 그거 참 답답한 노릇이다. 페미니즘이 무엇인지도 모르는 이문열이 "이 작품은 반페미니즘 성향은 분명 아닙니다"고 그러니 이 어찌 답답한 노릇이 아닌가. 남성우월주의적 족보을 숭배하는 사람은 다 그런 건가? 아니나 다를까, 이문열은 곧 자기 집안 자랑으로 들어간다.

"당대 여류 문장가가 되기를 포기하고 스스로 어머니가 되기를 선택했던 그 정부인의 후손은 지금 1천6백여 명에 이르고 있습니다. 우리 집안의 할머니인 그 분은 할아버지보다 먼저 제도 올리고 후손들에게서 종교처럼 떠받들어지고 있습니다. 그 분의 이야기를 통해 여성의 위대성·진정한 페미니즘을 알리기 위해 이 작품을 썼습니다."

그러니까, 이문열이 말하는 페미니즘이란 건 장씨 할머니처럼 사는

---

21) 이문열·권택영, 〈문학평론가 권택영-작가 이문열 씨 특별 대담〉, 『중앙일보』, 1997년 4월 29일, 38면.

걸 말하는 것이다. 그것도 보통 페미니즘이 아니고 진정한 페미니즘이란 다. 그리고 20세기에 사는 여자들의 페미니즘은 저속하게 이해되고 천박하게 추구되는 페미니즘이라는 것이다.

전여옥의 이문열 비판

남자인 내가 들어도 도무지 말이 안 되는데 여권운동을 하는 여자가 들으면 열 안 받겠는가? 그래서 베스트셀러 『일본은 없다』와 『여성이여 테러리스트가 되라』의 저자인 전여옥이 열받아 한 마디했다. 그게 『조선일보』 1997년 4월 24일자에 이문열을 옹호하는 이순원의 글과 함께 나란히 실렸다. 나는 전여옥의 글의 내용엔 동의하지만 표현 방법은 좀 지나칠 정도로 거칠다는 생각이 들었다. 그러나 나는 그 책임은 전여옥을 열받게 만든 이문열에게 있다고 생각한다. 이문열이 웬만큼 말이 되는 이야기를 했더라면 전여옥이 그랬겠는가?

전여옥은 장씨 할머니를 매춘부에 비유했다. 그러나 그건 어디까지나 남녀관계의 구조적인 문제 제기를 위해 페미니즘 이론의 상식에 근거한 것이었을 뿐이다. 즉, 전여옥은 이문열이 그 정도는 알고 있을 것이라 믿었을 게 틀림없다. 그러나 어이하랴! 이문열은 그걸 곧이곧대로 해석하겠다는 것을! 이문열의 공격은 『동아일보』(1997년 5월 1일자)의 칼럼을 통해 개시되었다.

"지난해에 한 여성은 어떤 문학잡지에서 현숙한 전업 가정주부들을 모조리 창녀로 규정하는 '창녀론'을 폈다. 잘못 이해했는지는 모르지만 주부들이 자신의 생계를 스스로 해결하지 못하고 남편의 벌이에 더부살이하는 점에 착안한 논의로 보인다. 그런데 며칠 전 한 여성은 거기서 한 술 더 떠 국내 굴지의 일간지에다 정부인 안동 장씨를 매춘부라고 공공연하게 매도했다. 정부인 장씨는 퇴계학의 한 종사요 숙종조 영남 남인의 영수였던 갈암 이현일의 어머니가 된다. 남편 아들 손자 3대에서 이른바 칠산림을 배출한 현모양처로서 영남지방에서는 신사임당과 나란히 우러름을 받는 분이다. 안동에서는 해마다 휘호대회를 열어 그 분을 추모할 정도다." [22]

잘못 이해했다. 그러니 이문열의 나머지 말은 들으나마나다. 이문열은 도무지 차원이 맞지 않는 이야기를 계속해서 늘어놓고 있다. 그 의도가 무엇일까? 자기 문중의 총궐기를 선동하는 건 아닐까? 이문열의 계속되는 열변을 들어보자.

"그런 분을 매춘부로 몰아가는 논의대로라면 신사임당도 갈 데 없는 매춘부가 되고 자신의 일과 벌이를 가질 수 없었던 조선시대의 모든 여인들도 매춘부가 된다. 뿐인가. 지금도 자신의 일과 벌이를 갖지 못한 여성은 모두 매춘부가 되며 남성의 태반은 매춘부와 살고 있는 꼴이 된다. 거기에다 더 참혹한 것은 그 같은 논의를 펴고 있는 그 여성들의 어머니도 열의 아홉은 매춘부일 가능성이 높다는 점이다. 적어도 그들보다 한 세대는 앞선 여성들이라 자신의 일과 벌이를 가지기가 쉽지 않았을 것이기 때문이다. 아무리 세상이 변하고 표현의 자유와 언론의 자유가 존중되는 시대라 하지만 말이 이렇게 망할 수는 없다. 제 어미 제 할미를 매춘부로 몰고 같은 시대를 살아가는, 동성의 태반을 모욕하는 말도 온전한 말일 수 있는가."

이문열의 전여옥에 대한 인신 공격

아무리 그래도 착각이나 오해는 용서받을 수 있다. 그러나 이문열은 분이 풀리지 않은 것인지 전여옥에 대한 점잖지 못한 인신 공격까지 감

---

22) 이문열, 〈망해가는 말〉, 『동아일보』, 1997년 5월 1일, 5면.

행한다. 사대부 유학자가 이래도 되는 것인가? 이문열은 다음과 같이 말한다.

"말할 것도 없이 우리는 그들이 여성계를 대표하는 것이 아니며 요즘 들어 활기있게 논의되는 페미니즘 운동과도 실상은 무관함을 알고 있다. 기껏해야 어물전의 꼴뚜기거나 어디가 잘못되어 갈팡질팡 널을 뛰고 있는 여자들로 짐작한다. 특히 정부인을 매춘부로 매도한 쪽은 자신의 마뜩치 못한 행실이나 결혼 이력을 변호하려다 망발의 늪으로 빠져든 게 아닌가 하는 의심조차 든다."

너무 심하다. 그러나 재미있다. 바로 이틀 전 『중앙일보』에서 가진, 자신에게 너그러운 여성 대담자 앞에선 『선택』에 대한 페미니즘적 비판을 가리켜 네 번에 걸쳐 '오해' 라고 주장했던 사람이 겨우 페미니즘 운동과의 관계를 거론하면서 '어물전의 꼴뚜기' 라느니 '갈팡질팡 널을 뛰고 있는 여자들' 이라는 표현을 쓰는 게 과연 온당한가?

참으로 죄송한 말씀이지만, 나는 어느 드라마의 한 장면이 떠오른다. 어느 고등학교 교실에서 교사가 '인권' 에 대해 가르치면서 수업 태도가 좋지 않은 학생에게 욕설을 내뱉고 폭력까지 행사하는 장면이었다.

그 교사와 이문열이 과연 무엇이 다른가? 게다가 자신을 비판했다는 이유만으로 전여옥에 대해 '마뜩치 못한 행실이나 결혼 이력' 을 문제삼는 것이 과연 최소한의 상식을 가진 사람으로서 할 수 있는 일인가?

나는 이문열의 이런 어이없는 모습을 보면서 내가 하고 있는 '독설 비평' 의 가치를 새삼 음미하게 된다. 지식인은 직업적으로 워낙 위선이 강한 사람들이기 때문에 좀 화나게 만들 필요가 있다. 그래야 본심이 나오고 진짜 자기 실력이 나온다. 이건 '독설 비평' 이 아니면 절대 밝혀낼 수 없는 것들이다.

그렇다고 해서 독자들께선 괜히 어떤 사람의 진면목을 알아보겠다고 그 사람을 일부러 화나게 만드는 일 같은 건 삼가야 할 것이다. 내가 말하는 '독설 비평'은 정도의 문제일 뿐 비판을 할 만한 사안에 대해 정당하게 비판하는 것임을 잊어선 안 될 것이다.

"전문 평론가한테서 전문 평론가가 지녀야 할 기초적인 자질이 턱없이 결여되어 있는 것을 보면 참기 어려울 때도 있습니다. 이를테면 그 평론 자체가 문학 외적인 감정에 바탕하고 있다거나 인용이 터무니없거나 텍스트를 부정확하게 읽었을 때 심하지요." [23]

언젠가 이문열이 했던 말이다. 이 말은 부메랑이 되어 이문열의 가슴을 향해 날아간다. 이문열은 전여옥의 텍스트를 부정확하게 읽었을 뿐만 아니라 분노에 치를 떨며 이성을 상실했다. 그런데 이문열이 그걸 깨닫지 못하고 있으니, 이 어찌 비극이 아니랴.

"이 작품의 모델이 되는 실존 인물 정부인 장씨가 내게 직계 조상이 된다는 것도 적지 않은 부담이었다. 자칫하면 타성들에게는 집안 자랑, 양반 자랑으로 오해받고 문중 사람들에게는 불경의 죄를 입을 것이기 때문이다." [24]

이문열이 『선택』에서 밝힌 말이다. 이문열은 이 경우에도 전혀 솔직하지 않다. 이문열은 정녕 집안 자랑, 양반 자랑을 할 뜻이 없었단 말인가? 이문열은 그 말에 이어 "다만 종아리를 걷고 꾸짖음과 가르침의 매를 기다릴 뿐이다"라는 말도 했다. [25] 그 말도 전혀 진심이 아니라는 게 그 문제의 칼럼에서 그대로 드러나고 말았다.

이문열의 무서운 복수욕

이문열은 자기 꾀에 자기가 넘어간 건 아닐까? 자기 편리한 대로 어떤

---

23) 이문열, 『시대와의 불화: 이문열 산문집』(자유문학사, 1992), 267쪽.
24) 이문열, 〈작가의 말〉, 『선택: 이문열 장편소설』(민음사, 1997), 225쪽.
25) 이문열, 위의 책, 225쪽.

동아 시론

李 文 烈
(작가)

망해가는 말

세상이 망하려면 먼저 말이 망한다고 한다. 그러기에 예로부터 말과 글을 함부로 다루는 것을 네가지 대죄(大罪)에 넣어 엄히 벌하였다. 또 부처같이 자비로운 분도 악한 혀를 벌하기 위해 발설지옥(拔舌地獄)을 만들었고 우리 향습(鄕習)의 습속은 땅벌(땅罰)을 떠올릴 줄 알았다.

「전업주부 창녀論」

지금 세상이 장차 망하려는지는 알 수 없으나 이번 청문회를 겪으면서 말이 얼마나 망했는지는 가늠이 간다. 사기실 횡령은 기업윤신으로 위장되고 외압에의 굴종, 혹은 부패는 소신에 찬 결정으로 강변된다. 짓밟은 동료와 동의어가 되고 사원(私怨)에 찬 폭로는 목숨을 건 고발정신으로 둔갑한다.

그런데 걱정스러운 일은 말이 망해가는 곳이 정치판만은 아니라는 점이다. 일(일)이 다 예를 들 수 없을 만큼 경제에서도, 사회에서도, 문화에서도 말이 망하고 있는 것은 이제 한 조짐이 아니라 공공연한 현상이 되었다. 그중에서도 터무니없이 상스럽게 쥐부려서 심상찮게 뵈어나오는 땅벌은 격론스러움을 넘어 흔들까지 자아낸다.

지난해의 한 문학잡지에서 현업한 전업가정주부들을 모르긴 창녀로 규정하는 「창녀론」을 폈다. 남편 아들 손자 3대에 이른바 칠산림(七山林)을 배출한 현모양처로서 영남방에서는 신사임당과 나란히 우러름을 받는 분이다. 안동에

서는 해마다 휘호대회를 열어 그분을 추모할 겸도다.

그런 분을 매춘부로 몰아가는 논의 대로라면 신사임당도 갈데 없는 매춘부가 되고 자신의 일과 발이를 가릴 수 없었던 조선시대의 모든 여인들도 매춘부가 된다. 뿐인가, 지금도 자신의 일과 발이를 갖지 못한 여성은 모두 매춘부가 되면 남성의 태반은 매춘부와 살고 있는 끝이 된다.

거기에도 더 참혹한 것은 그같은 논의를 펴고 있는 그 여성들의 어머니도 열의 아홉은 매춘부일 가능성이 높다는 점이다. 적어도 그들보다 한 세대는 앞선 여성들이라 자신의 일과 발이를 가지기가 쉽지 않았을 것이기 때문이다.

아무리 세상이 변하고 표현의 자유와 언론의 자유가 존중되는 시대라 하지만 말이 이렇게 망할 수는 없다. 제 어머니 할머니를 매춘부로 몰고 같은 시대를 살아가는, 동성의 태반을 모욕하는 말도 온전한 말일 수 있는가.

同性을 모욕하는 망발

말할 것도 없이 우리는 그들이 여성계를 대표하는 것이 아니며 요즘이나 활기있게 논의되는 페미니즘 운동과도 실상은 무관함을 알고 있다. 기껏해야 어물전의 꼴뚜기거나 어디가 잘못되어 갈팡질팡 넘을 하고 있는 여자들로 짐작한다. 특히 정부인을 매춘부로 매도한 혹은 자신의 미특치 못한 통실이나 결혼에 변호된다면 땅발의 늪으로 빠져든 게 아닌가 하는 의심조차 든다.

하지만 만의 하나 그러한 땅발이 여성계를 대표하는 목소리이며 한국 현대 여성운동의 의식수준이나 태도를 가늠하는 근거로 활용될 수 있다면 문제는 달라진다. 단언하거니와 그렇게 망해버린 말로 지켜질 수 있는 세계는 없다. 이미 망해버린 말을 따라 망할 것은 여성계나 여성운동만이 아니라 우리 사회 전반이다.

(『동아일보』, 1997년 5월 1일)

이문열은 『선택』에 대한 논란을 놓고, 어떤 경우엔 픽션이라고 변명하고, 또 어떤 경우엔 역사적 인물인데 그렇게 말할 수 있느냐고 항변한다. 한 마디로 너무 기회주의적인 것 아닌가?

경우엔 픽션이라고 변명하고 또 어떤 경우엔 역사적 인물인데 그렇게 말할 수 있느냐고 항변하고, 한 마디로 너무 기회주의적인 것 아닌가?

한 시인을 원색적으로 매도하는 내용의 『사로잡힌 악령』이라는 소설만 해도 그렇다. 그는 그 소설에 대해서도 책머리에 "이 소설을 읽다보면 어떤 특정한 시인이 떠오를지 모르나 소설을 어디까지나 소설로 읽어주기 바란다"고 당부했다. 26) 무엇 때문에 그런 말을 했을까? 차라리 그런 말을 하지 말거나 아니면 끝까지 소설이라고 버티거나 그랬어야 했던 것 아닌가? 그러나 그는 그 소설이 말썽이 되자 나중에 『아우와의 만남』이라는 소설집에서 삭제했다. 그래놓고 선 몇 개월 후 『달아난 악령』이라는 소설을 쓰고선 "이같은 소설을 두 편 정도 더 써서 연작소설로 만들겠다"고 했다.

그가 말하는 '악령'은 이른바 민중운동 세력이다. 그는 당시 픽션을

---

26) 이문열, 〈책 머리에〉, 『아우와의 만남: 이문열 중단편전집』(둥지, 1994, 제2쇄 1995), 5쪽.

끌어들여 그들에게 보복을 한다 하여 '비열하다'는 비판을 받았지만 그의 변명은 화려했다. "반성과 검증 없이는 진정한 발전이 있을 수 없기 때문"이라나. 그의 변명을 더 들어보자.

"80년대에 극우보수라고 낙인 찍혔던 나에게 일부 운동세력의 비리와 부도덕을 털어놓는 사람들이 있었다. 대개는 '운동'에서 상처를 받았던 이들이었다. 90년대 들어 한때 '진보 진영'에 섰던 사람들로부터 '후일담 문학'이 쏟아져 나왔을 때 자신들의 잘못에 대한 겸허한 반성이 있을 줄 알았다. 하지만 영웅담만 있을 뿐이었다. 비리와 부도덕이 예외적이라는 점은 알지만, 예외성조차도 반성하고 책임져야 하는 것 아닌가. 당시의 집권자들이 유배로, 구속으로, 혹은 여론을 통해 단죄된 것처럼, 운동세력의 잘못도 비판받아야 한다. 그들이 반성을 안 하므로 내가 비판에 나서게 된 것이다."[27]

전혀 일리가 없는 건 아니다. 나 역시 일부 운동 세력의 위선과 기만에 대해선 강한 문제의식을 갖고 있기 때문에 이문열의 심정을 어느 정도는 이해할 수 있다. 또 이문열은 자신이 운동 세력을 싫어하는 이유가 그들의 '독선과 우둔' 때문이라고 하는데, 이 또한 타당한 면이 전혀 없다고 말하기는 어려울 것이다. 또 얼치기 이상주의자들의 특징은 이념을 실현하려고 서두르는 데 있다거나 그들이 입만 열면 정의와 민주주의를 말하지만 사실은 한 몫 끼워주지 않는 것에 대한 불평과 불만으로 가득 차 있다는 이문열의 진단에 대해서도 나는 일리가 있다고 생각한다.

그러나 이문열에게 그런 이해심을 베풀어줘도 여전히 남는 의문은 있다. 이문열의 지독한 자기 중심주의이다. 나는 운동 세력의 잘못도 비판받아야 한다는 이문열의 말에 동의한다. 그런데 감히 이문열이 그 비판을 자임하고 나서도 되는 것인가? 이문열의 말마따나 운동 세력의 '독선

---

27) 신형준, 〈이문열 씨 80년대 운동세력 자성 촉구〉, 『조선일보』, 1995년 11월 28일, 22면.

과 우둔'이 그렇게 문제가 된다면 이문열 자신은 문제가 되지 않는다는 것인지 도무지 알 길이 없다.

전여옥은 '마초 페미니스트'?

이문열의 공격에 대한 전여옥의 반격도 만만치 않았다. 전여옥은 『한겨레신문』(1997년 6월 7일)에 기고한 〈이문열 씨에게 문학은 '권력'의 매개체인가〉라는 제하의 글에서 다음과 같이 응전하였다.

> 『선택』을 읽으면서 그가 왜 문학을 업으로 삼았는가를 생각해 보았다. 그는 문학을 고시공부 삼아 한 듯하다. 그에게 문학은 '권력'을 가져다주는 매개체였고, 그래서 그는 이를 악물고 글을 썼다. 나는 이번에 이문열 씨의 문화적 권력이 얼마나 대단한지를 실감했다. 이문열 씨는 관심을 보여준 내게 감사의 뜻을 표하기는커녕 대중매체에 대한 그의 '문화적 권력'을 사용해 나에 대한 비난과 매도의 글을 양껏 실었다. 도덕군자연하며 이문열 씨는 내 사생활까지 언급했다. 나는 처음에는 이문열 씨가 참급했구나, 했으나 나중에는 '역시 이문열답다'는 결론을 내렸다.……
>
> 나는 『선택』에 나오는 정부인 장씨는 매춘부나 다름없다고 썼다. 이에 대해 장씨 부인 종친회에서는 무지한 망발이라며 고소를 하겠다고 했다. 만일 고소를 한다면 종친회는 내가 아니라 이문열 씨를 상대로 해야 했다. 즉 실존인물 장씨를 왜곡하고 매춘부로 묘사한 그를 상대로 말이다. 소설 속 장씨 부인은 '나 이문열'의 철저한 대역이다. 이문열 씨가 제멋대로 꾸며낸 인물이다. 이문열 씨는 실존 인물 장씨 부인에게 사죄해야만 한다. 만일 장씨 부인이 실제로 소설에서처럼 살았다면 어땠을까? 장씨 부인은 피를 토하고 말할 것이다. 나는 이렇게 억울하게 처절하게 당하면서 살았다고. 그래서 내 한 평생은 눈물과 분노와 회한으로 점철된 삶이

었다고. 그러니 제발 오늘을 사는 여성들이여, 절대로 나같이 살지 말라고 울부짖었을 것이 분명하다. 장씨 종친회 사람들은 『선택』이 소설이 아니라 장씨 부인의 전기나 마찬가지라고 했다. 그렇다면, 지금이라도 그들은 이문열 씨에게 장씨 부인을 모독한 『선택』이라는 책을 스스로 거둬들이라고 해야 한다. 왜 시대를 초월해서 존경받고 칭송받는 인물로 그리지 못하고 비난받고 경원되는 여성으로 그렸는지 따지고 넘어가야 한다.……

　　나 역시 이문열 씨의 격려에 힘입어 소설을 써 보기로 결심했다. 나는 『선택』이 지닌 문제점과 한계를 성큼 뛰어넘을 소설을 쓸 자신이 있다. 주제는 허상을 붙들고 아슬아슬하게 살다 몰락한 사람에 대한 이야기다. 눈치 빠른 이라면 그게 누구의 이야기인지 짐작할 것이다.[28]

　가슴에 와 닿는다. 그러나 전여옥은 이문열에 대한 소설을 쓰겠다고 큰소리 쳐놓고 4년이 지난 지금까지 그 약속을 이행하지 않고 있다. 전여옥은 그렇게 '부도수표'를 내놓곤 엉뚱하게도 그 소설에 바쳐야 할 에너지와 정열을 최근엔 『조선일보』지면에서 '언론개혁 죽이기'에 바치는 어이없는 행태를 보이고 있다.[29] 특히 그가 『조선일보 사외보』 8월 4일자에 쓴 『조선일보』 예찬론에 대해선 안타까움을 금할 길이 없다.

　전여옥은 페미니스트인가? 전여옥을 굳이 페미니스트라고 부른다면 그는 '마초 페미니스트'가 아닐까 하는 생각이 든다. 그의 『조선일보』 예찬론의 핵심은 1등에 대한 무조건적인 숭배로 바로 '마초 근성'과 닿아 있기 때문이다. 물론 전여옥의 비극은 전여옥의 것만은 아니다. 이는 '마

---

28) 전여옥, 〈이문열 씨에게 문학은 '권력'의 매개체인가〉, 『한겨레신문』, 1997년 6월 7일, 15면.
29) 이에 대해선 내가 『인물과 사상 18』에 쓴 〈정치권력과 언론권력: 전여옥은 '여자 돌쇠'인가?〉라는 글을 참고하여 주시기 바란다.

초 사회'에서 한 전문직 여성이 생존하고 성공하기 위해 자신이 남자를 능가하는 '마초'가 되어버린 사회적 차원의 비극으로 보아야 할 것이다.

'마초 페미니스트'는 세상을 바꾸지 못한다. '마초 페미니스트'는 기존의 '마초 사회'를 고수하는 걸 전제로 하여 여성이 '마초'가 될 것을 부추김으로써 오히려 '마초 사회'를 강화한다. 물론 그것도 전혀 의미가 없지는 않다. 남자들만 다 해 처먹는 세상에서 여성이 '테러리스트'가 되어 '밥그릇 싸움'을 벌이는 것도 의미 있는 일임에 틀림없다. 나는 그런 싸움도 의미가 있다고 생각하며, 그래서 전여옥에 대해선 여전히 일정 부분 지지를 보낸다.

그러나 그런 싸움은 전여옥과 같은 탁월한 능력을 가진 사람들만 재미를 볼 수 있는 싸움이지 모든 여성이 참여하고 수행할 수 있는 싸움이 아니다. 페미니즘과 『조선일보』가 어떤 관계인지 그것도 모르거나 그걸 전혀 생각하지 않는 '마초 페미니즘'은 그 주창자만 재미를 볼 수 있는 '상업주의적 페미니즘'은 아닐까? 전여옥의 슬픈 이야기는 이문열과 같은 '마초'가 한국의 대표적인 소설가로 군림할 수 있는 이유와 동전의 양면 관계를 이루고 있는 것으로 보아야 할 것이다.

어찌됐건 이문열이 족보의 망령에 사로잡힌 인물이라는 건 분명한 사실이다. 족보를 자신의 목숨만큼이나 소중하게 생각하는 이문열은 결코 그걸 부인하지 않는다. 이문열의 고백을 들어보자.

"내게 있어 고향의 개념은 바로 문중이다. 그 고향은 일찍이 내 보잘 것 없는 재주에 과분한 갈채와 기대를 보내 주었다. 그런데 나는 근년 들어 계속 한심하고 실망스런 꼴을 보이다가 끝내는 시정의 잡문을 담는 그릇으로 결정되고 말았다. …… 내 고향은 경상북도 영양군 석보면이란 곳으로 입향조격인 14대조 석계 할아버님 이래로 삼백여 년 동안 우리 문중이 터를 잡고 살아온 동족부락이다. 그리고 그런 부락의 전통에 맞게 매우 권력지향적인 가치관을 가지고 있었는데 그것은 또한 전통적인 유학의 영향이기도 하다. 시구에 찬란한 것은 장부의 일이 아니요, 모름지기 장부는 천하경륜의 학문을 그 바탕으로 삼아야 한다는 식이다. 아버지는 그 모습조차 기억에 없을 만큼 일찍 나의 삶에서 사라지셨고, 고향도 내가 머문 시기는 내 삶의 아주 작은 부분에 지나지 않지만 혈통과 고향이 거의 선험적으로 결정한 가치관은 오랫동안 내 삶에 부담을 주었다."[30]

김정란의 이문열 비판

이문열은 '부담'이라곤 하지만 내가 보기엔 그는 이미 부담을 전혀 느끼지 않을 정도로 그걸 훌륭하게 소화해냈다. 양반 혈통에 대한 이문열의 집착은 이문열의 세계관이요 우주관이다. 나중에 이야기 하겠지만, 바로 그것이 그의 이념과 정치적 성향마저 결정짓는다. 요컨대, 이문열의 반(反)페미니즘적인 성향은 그런 성향의 자연스러운 부산물이라는 것이다. 시인인 상지대 교수 김정란은 이문열의 그런 점을 아주 날카롭게 꿰뚫어보고 있다. 워낙 탁월한 안목이라 김정란의 글을 길게 인용하겠다.

> 작가의 궁극적인 관심은 실은 그가 표방하는 것처럼 '천박한 페미니즘'을 비판하는 것이 아니다. 그는 그가 궁극적으로 영광을 돌리고 싶어하는 양반주의를 옹호하기 위해서 가장 약한 적수를 선택한 것 뿐이다. 이런저런 논리의 곡예와 교양주의로 무장하고 있지만, 정작 작가가 3백 년 전의 한 현숙한 부인을 통해서 펼쳐보이고 싶어하는 것은 대단히 사적

---

30) 이문열, 〈나의 삶 나의 생각: 교원 · 기자 · 강사…숙명 같은 작가수업 12년〉, 『경향신문』, 1992년 10월 24일, 9면.

인 욕망이다. 요컨대 그는 가문자랑을 하고 싶었던 것이다. 작품 후반부로 갈수록 작가는 작품의 줄거리에서 벗어나 지리하게 족보학을 늘어놓는다.

작가는 몇 차례에 걸쳐 빠져나갈 구멍을 노회하게 뚫어놓고 있기는 하지만, 실은 페미니즘에 대한 아무런 진지한 관심도 없다. 그에게는 제도에 대한 모든 항의가 다 불순한 것으로 여겨진다. 페미니즘은 다만, 그가 떠받들고 있는 구시대적 가치들을 공격하는 여러 태도들 중에서 하나의 태도에, 그것도 가장 공격하기 쉬운 약한 태도에 불과할 뿐이다. 그가 페미니즘에 대해 보이는 반응은 최소한의 논리도 결한 감정적인 수준에 머물러 있다. 자신의 태생적 우월함에 대해서 확신하고 있는 이 영남학파 작가는 '근본도 없는 여자들'에게 자신의 세계관을 설득할 생각이 없다. 왜냐하면 그들은 대화 상대자가 될 자격이 없기 때문이다. 그와 토론을 벌이기 위해서는 족보라도 챙겨들고 나와야 할 판이다.

그는 토론할 생각이 없다. 그는 야단치고 훈계하고 싶어한다. 이러한 반민주적 태도는 이 작품이 택하고 있는 형식에서 너무나 잘 드러난다. 작가는 자신이 '전통적인 이야기 방식'을 택했다고 주장한다. 그러나 그것은 일체의 '토론'을 차단하기 위한 장치에 불과하다. 야단치기 위해서는 상대에 대한 절대적 우위를 점해야 한다. 즉 자신의 입장을 강요하기 위해서 상대의 혀를 묶어 놓지 않으면 안 되는 것이다.

더욱더 문제가 되는 것은, 작가가 페미니스트들을 야단치기 위해서 다른 여성의 입을 빌리고 있다는 것이다. 그것도, 현대의 페미니스트들이 다른 방식으로 접근해볼 수 있는 인물이 아니라, 작가 자신이 정보를 거의 독점하고 있는 여성, 작가 자신 가문의 한 어르신네를 동원하고 있다. 요컨대, 작가는 유령과 살아있는 여자들끼리 싸움을 붙여놓고 있는 셈인데, 이것이야말로 남성들이 여성에 대한 지배를 공고히 하기 위해서 전통적으로 사용해왔던 방법이 아니던가.

중요한 것은 이러한 문학적 보수성 그 자체는 아니다. 무서운 것은 이러한 태도가 우리 문화 특유의 관념성을 강화한다는 사실이다. 작가는 생생한 개인적 주체의 갈망과 유리돼 있는 '가문'이라는 관념 속에다 자아를 구겨넣는다. 체면과 명분, 소위 '지역감정'이라고 불리는, 일체의 합리적 비판정신을 고사시키는 전근대적 패거리의식은 그 '가문의식'이 무차별로 확장된 경우가 아닌가. [31]

분노와 미움에 치를 떠는 호랑이

나는 앞서 이문열의 자기 중심주의를 이야기한 바 있는데, 사실 이문열을 이해하기는 어렵지 않다. 어려운 말 동원할 것도 없다. 그는 세상을 자기에게 유리한 대로만 살아가며 또 그렇게 생각한다. 모든 인간이 다 그렇겠지만 이문열은 우리 시대의 수구 이데올로그로서 자기의 처지와 생각을 자꾸 일반화하려고 드니 그게 문제인 것이다.

월북한 공산주의자를 아버지로 둔 이문열의 '아버지 콤플렉스'는 여러 사람이 지적한 적이 있다. 그의 연보는 "지금까지의 잦은 이사에서 보듯 유년 시절 어렴풋하게나마 부친이 드리웠던, 그 원죄와도 같은 그늘의 무게를 확인한다. 이후 서른 살이 넘도록 부친으로 인해 인생의 많은 가치 박탈을 경험하게 된다"고 적고 있다. [32] 그 '그늘의 무게'는 과연 어떤 것이었을까? 문학평론가 김명인은 다음과 같이 말한다.

"그에게 있어서 아버지란 존재는 말 그대로 '알 수 없는 원죄'에 다름 아니었다. 가난과 핍박에 시달렸던 유소년기는 차치하고라도 고등학교 중퇴, 방황, 대학 입학과 중퇴, 고시 준비와 실패, 군입대, 학원 강사 생

31) 김정란, 〈이문열, 이인화…박정희〉, 『한겨레 21』, 1997년 5월 29일, 112면.
32) 김명인, 〈한 허무주의자의 길 찾기〉, 류철균 편, 『이문열』(살림, 1993), 214쪽에서 재인용.

활 등 작가로서 데뷔하기 전까지의 청년기(이 기간은 또한 유신 시대를 포함하는 냉전적 반공 이데올로기의 극성기였다) 동안 그가 아버지의 존재로 인해 겪었을 정신적 물질적 고통은 이루 말할 수 없었을 것이다." [33]

나는 이문열의 '고통'을 그리 실감하지 못하다가 명사들의 고향을 찾는 어느 텔레비전 프로그램에서 이문열이 먼 산을 바라보며 어린 세월을 공포로 회상하는 걸 보면서 그때서야 그가 갖고 있는 '아버지 콤플렉스'의 무게를 실감할 수 있었다. 이문열이 그 콤플렉스에서 벗어나기 위해 발버둥치는 건 너무도 당연하지 않은가?

사실 나는 그 점에 관한 한 이문열에게 꽤히 미안한 생각까지 갖고 있다. 나는 실향민의 자식으로서 어렸을 때부터 학교 이전에 가정에서 치열한 반공 교육을 받고 자랐다. 나에겐 이문열의 처절한 아픔이 죄스럽게까지 느껴진다. 그럼에도 불구하고 나는 이문열이 사적인 복수를 사회를 향해 하는 것엔 결코 동의할 수 없다.

그렇지만 이문열은 『선택』의 경우처럼 세상에 드러내놓고 뻐기고 싶은 자랑스러운 가문을 갖고 있다. 아무나 그런 '자산'을 가질 수 있는 건 아니다. 그러니 이문열이 그 '자산'을 최대한 활용하는 쪽으로 세상을 보는 눈을 키워가는 것 역시 너무도 당연하지 않은가?

이문열의 지독한 자기 중심주의는 '비판'에 대한 태도에서도 잘 드러난다. 그는 반성과 검증 없이는 진정한 발전이 있을 수 없다고 말한다. 백 번 옳은 말이다. 그러나 그 말은 자기가 누구를 비판할 때에만 적용되는 말이다. 남이 자신을 비판하면 그건 '파괴적인 시기'에 지나지 않는다.

이문열이 『동아일보』(1997년 2월 2일)에 기고한 칼럼 〈마음속에 키우는 호랑이들〉이라는 제하의 칼럼을 보자. 일본 작가 나카지마 아스시의

---

33) 김명인, 〈한 허무주의자의 길 찾기〉, 류철균 편, 『이문열』(살림, 1993), 214쪽.

『산월기』란 작품엔 호랑이가 된 시인이 나온다고 한다. 왜 그 시인은 호랑이가 되었던가? 이문열의 해설을 들어보자.

"한마디로 그를 호랑이로 만든 것은 분노하고 미워하는 마음이었다. 자신을 알아주지 않는 세상에 분노하고 하찮은 학식과 재능으로 출세해 누리는 자들을 미워하다보니 마음뿐만 아니라 몸까지 호랑이로 변해갔다고 한다. 하지만 정작 섬뜩한 것은 스스로 분석하는 그 분노와 미움의 본질이다. 그는 망대한 자존심으로 좋은 스승을 찾아가 더 배우려 하지도 않고 친구들과 어울려 재능을 갈고 닦으려 하지도 않았다. 얼핏보면 당당한 자기 확신 같지만 기실 그 자존심 뒤에는 두려움과 게으름이 있었다. 자신의 대단찮은 천품이 들킬까봐 겁내고 갈고 닦는데 들어가는 노력과 고통을 싫어했다. 그래놓고도 이름을 얻는데는 조급하니 세상에 대한 분노가 아니 쌓일 수 없었다. 또 타고난 재능은 적어도 열심히 갈고 닦아 성취한 이를 시기하다보니 미움만 자라갈 뿐이었다. 무엇이든 물어뜯고 찢어죽여야만 시원할 듯한 마음속의 호랑이는 그렇게 커가다가 마침내 몸까지 바꿔놓고 말았다는 것이었다."[34)]

이문열이 누구를 비판하기 위해 이 글을 쓰게 되었는지는 모르겠다. 그런데 재미있는 건 이문열이 비판하고자 했던 호랑이를 자세히 뜯어보면 그게 바로 이문열과 너무도 흡사하다고 하는 점이다. 이문열은 이 세상에 대한 '분노와 미움'에 북받쳐 자신의 소양과는 거리가 먼 사법고시 공부[35)]를 했고 나중에 비로소 제 길을 찾아 소설쓰기에 몰두하지 않았던가? 이문열의 말을 더 들어보자.

"그런데 요즘 세상을 돌아보면 우리는 너무 많은 호랑이들을 마음속에 길러가는 듯하다. 저마다 성취를 갈구하면서도 비겁함과 게으름으로

---

34) 이문열, 〈마음속에 키우는 호랑이들〉, 『동아일보』, 1997년 2월 2일, 5면.
35) 1969년에서 1973년까지 한 것으로 알려져 있다. 김훈, 박래부, 『김훈·박래부 기자의 문학기행 1』(한국문원, 1997), 256쪽.

"우리 문학사는 바보와 악당들의 역사"

이문열씨 서울大서 초청강연회

> 집권층은 폄하…
> 임꺽정등 반역자나
> 김시습·다산등
> 주변인물은
> 영웅으로 묘사

이문열씨

(『경향신문』, 1997년 6월 7일)

이문열은 우리 시대의 수구 이데올로그로서의 자신의 처지와 생각을 자꾸 일반화하려고 드니 그게 문제이다.

분노와 미움만 키워간다. 문화든 경제든 정책이든 생산자는 다만 혹독한 비평의 대상일 뿐 이해하고 인정하는 데 지극히 인색하고 대신 다투어 평자를 자임해 그 권리만 즐긴다. 비록 타고난 바 재능은 많지 않아도 널리 배우고 열심히 갈고 닦아 생산하는 이들이야말로 우리 사회의 귀중한 자산이다. 그러나 호랑이의 심성을 가진 평자만 우글거리면 그 자산은 그대로 살아남지 못한다. 분노와 미움에 갈기갈기 찢겨 마침내는 쓰레기통에 처박혀버릴 것이다."

아마도 이문열은 자신을 '생산자'의 범주에 넣는 듯하다. 그러나 그는 결코 이 칼럼에서 말하는 의미의 '생산자'는 아니다. 그는 늘 평자를 자임해왔다. 그는 운동 세력에 대한 평자였고 정치에 대한 평자였으며 페미니즘에 대한 평자였다. 게다가 그의 평은 늘 분노와 미움으로 가득 차 있었다. 그는 우리 사회의 귀중한 자산을 갈기갈기 찢어 쓰레기통에 처박고자 무진 애를 써온 사람인 것이다.

보수와 진보를 넘나드는 '자기 중심주의'

많은 사람들이 이문열이 극우적이라고 믿지만 이문열이 늘 극우적인 건 아니다. 그는 대단히 자기 중심적인 사람이기 때문에 자기 자신을 정당화하기 위해선 때로 진보적인 면까지 보인다. 그는 세상의 거짓과 참, 옳고 그름을 판단하는 데는 절대주의적 입장과 상대주의적 입장이 있는데 80년대 후반은 상대주의적 판단이 유행이 되었다고 진단하면서 다음과 같이 말한다.

"한 살인 강도가 교활한 사기꾼을 두들겨 패고 있는 경우 구경꾼의 입장은 두 가지가 된다. 곧 절대주의적 입장에 서면 두 악당의 싸움일 뿐이고 상대주의적 입장에 서면 악당과 선인의 싸움이 된다. 그런데 그럴 때 우리가 감정적으로 흔히 빠지기 쉬운 것은 상대주의적 입장이고, 사기꾼 쪽을 편들게 되기 십상이다. 왜냐하면 살인 강도가 사기꾼보다는 죄가 클 뿐 아니라 당장에 피해를 입고 있는 쪽은 사기꾼이기 때문이다. 그렇지만 한번 절대주의적 입장에서 보게 되면 모든 것은 사뭇 달라진다. 바꾸어 말해 살인 강도에게 맞았다고 해서 사기꾼이 본질적으로 착해지는 것은 아니다. 사기꾼은 다만 사기꾼일 뿐이다. 경우에 따라서는 아무리 사소하더라도 그 차이에 착안해야 될 필요가 있고 판단도 그 차이에서 끌어내야 한다. 그렇지만 지나치게 상대주의에 의존하게 되면 본질을 놓쳐 버리는 수도 생긴다. 특히 정치적인 판단에서 국가의 틀이나 지도자의 상에 대해 상대주의적 판단에만 치우친다면 우리가 기대할 수 있는 변화는 항상 공화국의 명칭과 지도자의 이름밖에 달라지지 않는 변화다."[36]

재미있는 이야기가 아닐 수 없다. 이문열이 언제부터 그렇게 진보적

---

36) 이문열, 『시대와의 불화: 이문열 산문집』(자유문학사, 1992), 21-22쪽.

이었길래 그토록 엄청난 변화를 갈구했단 말인가? 그러나 안심하시라. 이문열이 진보적이어서 그런 게 아니다. 이문열은 기성 체제를 옹호해 온 사람으로서 그 체제의 주체가 단죄되는 게 너무도 괴로워서 그러는 것 뿐이다. 그는 그런 괴로움의 일단은 『월간조선』(96년 7월호)과의 인터뷰에서 다 털어놓고 있다. [37] 우리는 이 인터뷰 기사에서 이문열의 실체를 만날 수 있다.

이 기사를 읽으면 정치와 역사를 보는 이문열의 시각이 어떠한지, 그가 얼마나 자기중심적인 인물인지, 또 그러한 자기중심성을 일반화하고 정당화하기 위해 얼마나 몸부림치는지, 그게 잘 드러난다.

자기를 키워준 5공에 대한 뜨거운 애정

나는 그 인터뷰 기사에서 '우리들의 일그러진 이문열' 을 발견했다. 그 기사는 〈이문열의 세상 읽기 – '위정자여, 대중의 천박한 복수욕에 야합하지 마라'〉는 제목을 달고 있는데, 이 인터뷰에서 토로된 이문열의 역사관은 '지식폭력' 의 정수(精髓)를 보여주고 있다.

이문열의 발언을 인용해가면서 이야기를 해보자. 그는 "훗날 사람들은 전두환의 5공 정권에 대해 어떤 식의 평가를 내리게 될까요"라고 기자가 묻자 이렇게 답한다. "세조 정도가 되지 않을까요. 세조를 어린 단종이나 신하들을 살육한 측면에서 볼 수도 있지만, 다른 한 편으로 조선왕조의 절대 왕권의 확립이나 사회적 안정의 확보란 측면에서 볼 수도 있겠지요."

조선시대와 대한민국 시대를 그렇게 단순 비교해도 되는 걸까? 좋다.

---

37) 이문열 · 최보식, 〈인터뷰: 이문열의 세상 읽기〉, 『월간조선』, 1996년 7월, 320-333면.

넘어가자. 그렇게 말해야 그 시절에 출세한 자신도 정당화될 수 있을 것 아닌가. 이문열은 87년 대선에서 자신이 노태우를 지지했다는 걸 당당하게 밝히고 있는데, 그 이유에 대해 들어보자.

"그때 노태우 씨를 찍은 이유는, 20년의 철권 정치, 또 유혈까지 보면서 성립한 군사정권 8년에서 갑자기 그림 같은 문민으로 건너간다는 게 비현실적으로 느껴졌던 것입니다. 한번은 걸러보내야 한다는 게 제 생각이었습니다. 과연 노태우 씨가 대통령이 되었고, 현실에서 그렇게 진행됐어요. 역시 내가 맞구나. 내가 역사의 흐름을 바로 보았구나 라고 상당히 흐뭇했지요."

이문열은 또 92년 대선에선 자신의 '있는 힘을 다해' 지지한 YS가 대통령에 당선되자 자신의 '세상 읽기가 맞았다는 기분에 약간은 우쭐하기도' 했다고 밝히고 있다. 그런데 YS가 '역사 바로 세우기'인가 뭔가를 한다니까 충격을 받았다고 한다. 왜? "당시 제 역사 인식이 몽매했거나 제가 비겁해서 타협적으로 저들의 기득권을 인정했던 것이 아닌가 해서 말입니다."

말은 바로 하자. '역사 바로 세우기'는 좀 혼란스럽고 황당한 면이 없지 않아 있었다. 그건 역사적이고 사회적인 관점에서 건설적으로 비판할 만한 주제임엔 틀림없다. 그런데 문제는 이문열이 내내 '그럼 난 어떡해?'라는 개인적인 관점에서 '역사 바로 세우기'에 대한 평가를 내리고 있다는 점이다. 그는 그 작업을 가리켜 '집단 히스테리'라고 하질 않나, '대중의 천박한 복수욕에 너무 야합한' 것이라고까지 말한다.

어디 그뿐인가. 그는 앞으로도 쿠데타는 얼마든지 일어날 수 있다면서 "향후 쿠데타가 발생한다면 그 집권자는 총 맞아 죽을 때까지 권좌에서 물러나지 않을 겁니다"라고 협박한다. 그는 국민의 정신 건강까지 걱정한다. "만약 현 정권의 의도대로 역사가 바로 선다면, 많은 사람들의 잠재 의식 속에는 영원히 씻지 못할 어떤 부끄러움이 앙금처럼 가라앉게 될 겁니다."

참으로 편리한 이중 기준이 아닐 수 없다. 5공이 출범할 때에 그런 식의 우려를 할 수는 없었던 것일까? 그러나 이문열은 5공이 출범할 때엔 체념했다. 그는 이렇게 말한다. "당시 상황을 이미 이뤄져버린 역사로 받아들였던 것 같습니다. 쌀이 익어 밥이 되어버렸다는 그런 기분 같은 거였지요."

그것 참 이상하다. 신군부의 만행에 대해선 너무도 쉽게 체념의 지혜를 발휘했던 이문열이 왜 '역사 바로 세우기'에 대해선 그토록 강한 거부감을 드러냈던 것일까? 이문열의 논법대로라면, 그것 역시 이미 이뤄져버린 역사가 아닌가. 물론 우리는 그 이유를 모르진 않는다. 5공 출범시 말 한번 잘못했다간 삼청교육대에 끌려가지만 당시엔 대통령을 아무리 욕해도 괜찮은 세상이 아니었던가. 그래도 이문열이 의리 하나는 있는 사람이다. 그는 자기를 키워준 5공에 대한 뜨거운 애정을 토로하고 있지 않은가.

이문열은 노태우에게 표를 던질 때에도 정의와 명분은 내던지고 오직 누구에게 힘이 있는가 라는 기준만을 따랐다. 그리고 자신이 그 힘의 향방을 잘 알아맞힌 것에 대해 흐뭇하게 생각했고 92년 대선에서 그걸 또 알아맞혔을 때엔 우쭐하기까지 했다고도 했다.

이문열의 상업주의에 대한 위선

일체의 가치 판단을 거부하고 오직 힘을 숭배하는 것이 이문열의 역사관인가? 아무래도 그런 것 같다. 물론 우리 사회에 그런 사람들이 많으니 굳이 이문열만을 탓할 이유는 없겠지만, 문제는 그가 자신의 그런 몰가치적인 비굴한 처신을 요설로 정당화하고 있다는 데에 있다.

아무리 이문열의 재능이 뛰어나다 해도, 이 세상이 이문열만을 위해서 존재하는 건 아니질 않은가. 그가 행사하는 문화권력의 오용과 남용을 누가 견제할 수 있을 것인가? 이문열은 국어국문학과보다는 신문방송학과 대학원 학생들에게 매우 훌륭한 논문 아이템이 될 것이다. 나는 이문열에 관한 논문이 여러 편 나오기를 바란다. 아마도 '문언유착'(문학과 언론의 유착)에 관한 유익한 탐구가 될 것이다.

그런 논문을 쓰는 언론학도는 아마도 언론의 문학·출판 관련 보도의 내용 분석부터 해야 할 것이다. 나는 이문열을 다룬 신문의 문학 관련 기사가 전체 문학 관련 기사의 몇 퍼센트나 되는지 그게 굉장히 궁금하다. 아마 굉장히 높은 비율이 나올 것이다. 그리고 신문의 책 광고 가운데 이문열 책 광고가 차지하는 비중이 얼마나 되는지 그것도 밝힐 필요가 있을 것이다. 그것 역시 아마 굉장히 높은 비율이 나올 것이다.

사실 이건 대단히 중요한 문제다. 아마 광고 문구 그대로 "끊임없이 서점가를 강타하는 거장 이문열의 문학" 또는 이른바 '이문열 신드롬'의 정체가 여기에서 밝혀질지도 모르겠다. 문단만 놓고 보자면 이문열은 물량 공세를 펴는 '대기업'이기 때문에, 중소기업이 대기업과 경쟁해서 이길 수 없는 것처럼 이문열은 '대기업'으로서 계속 승승장구할 수 있는 건지도 모른다.

물론 이문열의 상업주의에 대한 위선도 탐구할 가치가 있을 것이다. 많은 사람들이 이문열을 매우 솔직한 사람이라고 생각한다. 물론 나 역시 그의 솔직성을 어느 정도 인정한다. 그러나 이문열이 모든 경우에 다 솔직한 게 아니다. 그는 '문화특권'을 누리는 일에선 전혀 솔직하지 않거니와 대단히 위선적이다. 예컨대, 이문열은 '소설의 위기'를 거론하면서 그 위기에 독자들도 일단의 책임이 있다고 말하면서 다음과 같이 충고하는데, 나는 이 말을 들으면서 온몸이 간지러워 혼났다.

"어차피 소설도 상품이고 상품의 구매는 광고에 영향받을 수밖에 없지만, 그리고 광고 중에는 텔레비전 광고가 가장 위력적이긴 하지만, 적어도 책만은 텔레비전 광고를 보고 사는 일이 없도록 하자. 약은 그걸 보고 사서 먹더라도, 화장품은 그걸 보고 사서 바르더라도."[38]

그것 참 이상한 논리다. 신문 광고는 괜찮아도 텔레비전 광고는 안 된다? 이문열은 우리 나라 소설가들 중에서도 신문 광고에 가장 많이, 그것도 압도적으로 많이 등장하고 있다. 게다가 그 광고들은 영상매체 효과를 내기 위해서인지 그의 얼굴을 크게 그것도 칼라로 싣고 있다. 어떤 사람이 적어도 책만은 컬러판으로 만든 신문 광고를 보고 사는 일이 없도록 하자고 말하면 이문열의 표정이 어떻게 일그러질지 궁금하다.

분명히 말해두지만, 한국 문학사에서 이문열을 어떻게 평가하건 상업주의에 관한 한 이문열에 대해 한 페이지 이상을 할애해야 한다는 게 내 생각이다. 특히 '스타 시스템'에 대해서 말이다. 예컨대, 앞서도 소개한 바 있지만, 문학평론가 이성욱은 한국 문학계가 할리우드와 비슷한 상업주의적인 스타 시스템을 갖고 있다며, 이문열을 다룬 한 신문 기사에 근거해 다음과 같이 말한다.

"한번 '인기 작가'로 등극하게 되면 그 이름 자체가 '브랜드'가 되게 마련이다. …… 채 완성되지 않았음에도 불구하고 출판사의 재촉에 못 이겨 1주일만에 급조한 이문열의 『추락하는 것은 날개가 있다』가 베스트셀러가 되었다는 이야기는 그 '브랜드'의 현실적 위세를 보여준다."[39]

이문열에 대해 '애정'을 갖고 있는 문학평론가 권성우조차도 『이문열 중단편전집』에 실은 〈이문열 중단편소설의 문학사적 의미〉라는 글에서 "출판 자본의 집요한 상업주의적 책략은 이문열의 중단편소설들을 '선집'이나 '문학선'이라는 애매모호한 이름 아래 수없이 '중복수록', '중복출판' 되는 것을 끊임없이 부추겨 왔"다고 지적하고 있으며, "이문열

---

38) 이문열, 『시대와의 불화: 이문열 산문집』(자유문학사, 1992), 74쪽.
39) 이성욱, 〈베스트셀러의 현황과 문제점: 동시성과 욕망의 지수〉, 『작가세계』, 제42호 (1999년 가을), 99쪽. "1주일만에 급조"라는 건 무슨 오해가 개입된 오보가 아닌가 생각되지만, 이 소설을 부실하게 냈다는 건 이문열 자신도 시인하고 있다.

역시 그의 고유한 문학성을 볼모로 내주면서, 황색 저널리즘의 '스타 시스템'의 논리(신문 연재)와 출판 자본의 큰 물건(장편 소설) 증후군에 편입되기 시작하는 증후가 발견되었던 것"이라고 말하고 있다. [40]

이문열의 '문사(文士) 콤플렉스'?

그럼에도 불구하고, 아니 바로 그렇기 때문에, 이문열은 더더욱 상업주의를 공격하는 시늉을 내야 했던 건 아닐까? 아니면 이문열에겐 이른바 '문사(文士) 콤플렉스'라는 게 있는 걸까? 나는 문학평론가 홍정선의 다음과 같은 말이 누구를 겨냥한 것이건 이문열에게도 해당될 것이라고 믿는다.

"우리는 '문사'적 전통과 상업주의가 뒤섞이거나 드잡이질을 하고 있는 문학 상황 속에 있다. 이 사실은 90년대 문학인들 중 가장 상업적인 작품을 쓰는 사람들조차 왜 자신의 작품을 물건, 혹은 상품이라고 당당하게 아니 정직하게 선언하며 작품을 쓰지 않을까를 생각해보면 어느 정도 이해할 수 있다. …… 90년대의 어떤 작가가 내가 어찌 시정 잡배들과 같을 수가 있겠느냐는 고고한 태도를 보이거나 나는 돈벌이와 전혀 무관하게 글을 쓴다는 태도를 보여준다면 그것은 위선적인 코미디일 따름이다. 우리들은 지금 세속화된 시장경제 체제를 벗어나서 삶을 영위하는 것이 불가능한 사회 구조 속에 살고 있기 때문에 그렇게 말하는 것은 정직하지도 올바르지도 않다. …… 필자가 여기서 90년대의 상업주의 작가들을 이중적이라고 말하는 것은 그들이 현재의 우리 문학이 직면하고 있는 상업화의 문제들에 단순하게 반응하면서도 정직하게 대응하는 것처

---

40) 권성우, 〈이문열 중단편소설의 문학사적 의미〉, 이문열, 『아우와의 만남: 이문열 중단편전집』(둥지, 1994, 제2쇄 1995), 246, 267쪽.

럼 가장하기 때문이며, 그럼에도 불구하고 자신들의 작품이야말로 상업
화와는 가장 무관한 거리에 있는, 상품이 아니라 그 자체로 가치가 있는
문학인 것처럼 선전하거나 착각하기 때문이다."[41]

자본주의의 이치와 문법을 누구보다 더 잘 꿰뚫어보고 있으며 그걸
성공적으로 이용하는 이문열이 평소 자본주의에 대해서도 필요 이상의
독설을 늘어놓는 것도 매우 수상쩍은 일이다. 그는 『선택』에서도 다음과
같이 주장하고 있다.

"나는 요즈음 유행하는 여성의 자기성취에 관한 논의에 영악하고 탐
욕스런 자본주의의 간계가 끼어들지 않았는지 솔직히 의심이 간다. 문화
마저 상품화에 성공한 자본주의가 방대한 시장 개척을 위해 여성에게 걸
고 있는 집단 최면이 바로 그 요란한 자기 성취의 논의는 아닐는지."[42]

논쟁이 이문열 소설을 팔아준다

정말 재미있다. 이문열의 책을 열심히 사줘 베스트셀러로 만들어준
그 수많은 여성들은 행여 그 영악하고 탐욕스런 자본주의의 간계에 놀아
난 건 아닐까? 현학적인 이문열의 책을 읽으면 무언가 뿌듯하게 배운 것
같고 교양성을 과시하는 것 같이 느끼게 되는 그런 '최면' 효과가 이 땅
의 수많은 직장 여성들에게 집단적으로 일어난 건 아닐까?

연구자들은 설문조사를 통해 그것도 한 번 연구해 볼 일이다. 그리고
나서 이문열의 언론플레이 솜씨와 인맥 관리술도 연구할 필요가 있을 것
이다. 시류와 유행에 영합하는 기술도 연구할 만하다. 민음사는 『선택』
에 대해 "폭발적 화제를 몰고 온 문제의 신작"이라고 주장하고 있는데,

---

41) 홍정선, 〈문사(文士)적 전통의 소멸과 90년대 문학의 위기〉, 『문학과 사회』, 제29호
(1995년 봄), 45-46쪽.
42) 이문열, 『선택: 이문열 장편소설』(민음사, 1997), 17-18쪽.

사실 『선택』을 둘러싼 논쟁도 이문열이 미리 의도한 게 아닌가 하는 생각이 든다.

문학평론가 김경수는 "이런 소설에 대해 문화·여성계에서 톤을 높이는 건 오히려 말려들어가는 게 아닌가 하는 생각이다"고 말했는데, [43] 정말 그랬을지도 모르겠다. 종로서적의 한 관계자의 증언도 귀담아 들을 만하다.

"처음 『선택』을 읽고는 이씨의 소설 중 가장 재미없는 책이라고 판단해 판매 관계자들이 대부분 실패를 예측했다. 그러나 최근 몇 주간 신문 TV 등으로 책 내용에 대한 사회적 논란이 증폭되면서 판매 부수가 급격히 늘었다." [44]

『선택』을 펴낸 민음사측에서도 "서울에서 먼저 '뜬' 다음 3~4개월 지나면 지방에서 반응이 오는 것이 통례인데, 『선택』의 경우 전국 서점에서 동시다발로 고르게 주문이 들어왔다"며 언론매체의 위력이 작용했다는 걸 인정하였다.

그 점을 간파한 연세대 교수 조한혜정은 『선택』을 둘러싼 논쟁이 '이씨와 여성운동가들을 싸움붙이려 안달하는 언론체제' 곧 언론의 상업적 속성에 기인했다고 지적하였다. [45] 그러나 연구자들은 이 경우 언론만 탓할 게 아니라 이씨의 탁월한 언론플레이 감각에도 초점을 맞춰야 할 것이다.

문학평론가 류준필은 이문열이 한 번도 제대로 이해된 적이 없다고 말했는데, 나는 이 말 자체에 대해서만큼은 그와 전혀 다른 의미에서 절대적으로 동의한다. 이문열은 언론을 성역시하는 문인들에 의해 평가돼왔기 때문에 그렇다는 게 내 생각이다. 사실 언론은 문인들을 선출하고

---

43) 김경수 외, 〈여성다움에 관한 위선의 논리(좌담)〉, 『한겨레 21』, 1997년 6월 5일, 102-103면.
44) 조은영, 〈주부들이 선택한 이문열 『선택』〉, 『동아일보』, 1997년 5월 8일, 33면.
45) 김은남, 〈'선택 논쟁' 불꽃은 사위었지만…〉, 『시사저널』, 1997년 5월 29일, 46-48면.

키워주는 등 그들의 생명줄을 쥐고 있지 않은가. 그런데 문인들이 어찌 '문언유착'을 건드릴 수 있을 것이며, 그런 상황에서 어찌 이문열의 전모가 드러날 수 있겠는가?

나는 언론학도들이 나의 이런 문제 제기를 근거로 삼아 본격적인 이문열 탐구에 들어갈 것을 촉구한다. "반성과 검증 없이는 진정한 발전이 있을 수 없다"는 이문열의 고언을 무시하지 말기 바란다.

'문화 다원주의'에 적대적인 문화권력

이문열의 마광수 모독과 탄압[1]

이문열의 구역질

1992년 10월 29일, 연세대 교수 마광수는 자신의 소설 『즐거운 사라』가 음란 시비에 휘말리면서 검찰에 의해 음란물 제작 및 배포 혐의로 전격 구속되었다. 나는 마광수가 구속되었을 때 문단의 거센 반발을 예상했다. 음란을 이유로 작가를 구속한다는 건 문화적 만행이라고 생각했기 때문이다.

그러나 놀랍게도 마광수의 구속에 대한 문단의 반발은 너무도 옹색했다. 문인 2백여 명이 '문학작품 표현자유 침해와 출판탄압에 대한 문

---

1) 이는 『인물과 사상 1』에 실린 〈소설을 뭘로 아는가?: 마광수와 장정일과 이문열〉의 일부를 개작한 것입니다.

학·출판인 공동성명서'를 발표하고 조그마한 시위를 벌리긴 했지만, 그들 대부분이 '마광수 소설의 문학성은 인정할 수 없지만'이라는 단서를 달고 있었다.

문학성을 인정할 수 없다면 그건 마광수 구속이 사법 당국의 고유 영역임을 인정하는 것이 아닌가. '문학성'이란 '문학이냐 아니냐 하는 논란의 여지'까지도 포함하는 개념이어야 마땅할 터인데, 우리네 문인들은 너무도 획일적인 '문학성' 개념에 집착하고 있었으며, 바로 이것이 마광수가 개탄해 마지않았던 우리 문단의 현실이구나 하는 것을 절감할 수 있었던 것이다.

마광수의 탄압한 주역은 누구였을까? 많은 사람들이 검찰이나 정치 권력을 생각할지 모르겠다. 그러나 그건 천만의 말씀이다. 나는 주역들 가운데 가장 큰 영향력을 발휘한 사람을 이문열이라고 생각한다. 물론 이문열은 자신은 구속엔 반대했다고 항변할지도 모르겠다. 그러나 그거야말로 눈 가리고 아웅하는 일에 지나지 않는다. 이문열이 『중앙일보』 1992년 11월 2일자에 기고한 칼럼 〈문학을 뭘로 아는가〉는 '마광수 탄압'에 큰 영향을 미쳤기 때문이다. 『즐거운 사라』를 출간해 마광수와 같이 구속되었던 청하출판사 대표이자 시인인 장석주는 자신이 받은 재판에 대해 〈민주사회를 위한 변론〉에 기고한 글에서 이씨의 영향력에 대해 다음과 같이 말하고 있다.

"그가 신문에 기고했던 그 글의 논지는 구속을 정당화하려는 검찰이나 재판부를 크게 고무시켰고, 재판에서 '유죄의 정당성'을 보강해주는 근거로 자주 거론되었다는 사실을 그는 알고 있었을까." [2]

그 칼럼에서 이문열은 도대체 무슨 말을 했던가? 이문열은 그 칼럼을

---

2) 장석주, 〈『즐거운 사라』 재판, 그 탈억압의 끝없는 싸움〉, 『민주사회를 위한 변론』, 1994년 제4호, 277-293면.

"나는 근래 모두가 한끝에 이어진 일로 세 번이나 심한 구역질을 동반한 욕지기를 내뱉어야 했다"라는 말로 시작하고 있다. 무엇이 그렇게 이문열로 하여금 구역질을 나게 했을까? 행여 이문열의 뜻을 왜곡할까 염려되어 그의 말을 길게 인용하면서 이야기를 풀어 나가겠다.

"그 첫 번째는 간행물윤리위원회에서 보낸 『즐거운 사라』라는 책을 읽었을 때였고, 두 번째는 검찰이 그 책을 쓴 사람과 발행인을 구속했다는 뉴스를 들었을 때였으며, 세 번째는 내가 발기인이 되어 무슨 위원회를 구성하고 그 책을 쓴 사람의 석방을 촉구하는 서명운동을 벌였다는 TV뉴스를 들었을 때였다."

이문열은 왜 '공인된 절차'를 좋아하나?

이문열은 비위가 매우 약한 분일까? 무어 그만한 일로 그렇게 구역질을 동반한 욕지기를 내뱉어야 했던 것일까? 매우 궁금해진다. 우선 『즐거운 사라』에 대한 이문열의 생각부터 들어보자.

"내가 이 나라에서 글쓰는 사람들 중에 가장 못마땅해하는 사람들 중에 하나는 바로 그 『즐거운 사라』를 쓴 마아무개 교수다. 여기서 굳이 마 교수를 소설가로 부르지 않는 것은 아무리 애써도 그가 어떤 공인된 절차를 거쳐 우리 소설 문단에 데뷔했는지 기억나지 않기 때문이다."

공인된 절차? 나는 정말이지 '피해자'가 '가해자'로 변신하는 게 너무 싫다. 학력과 학벌이라는 '공인된 절차'로 인해 서러움을 겪은 사람이라면 절대 '공인된 절차'를 앞장서서 역설하는 일은 하지 말아야 하며 알맹이와 내실을 따져야 한다는 주장을 해야 한다는 게 내 생각이다. 그러나 이문열은 비단 이 경우만이 아니라 기회만 있으면 '공인된 절차'를 강조함으로써 자신의 한(恨)을 역으로 해소하려는 경향을 강하게 드러내 보이고 있다.

이문열의 과거와 무관하게 '공인된 절차'가 타당한지 그것도 따져볼 일이다. 이문열은 아마도 신문사들이 주최하는 그 '신춘문예'인가 뭔가 하는 것을 이야기하는 모양인데, 세상에 어떤 나라가 그런 우스꽝스러운 제도를 갖고 있단 말인가? 그 원조가 일본이라고는 하나 일본도 우리처럼 그렇게 모든 신문사들이 문인들을 양산해내지는 않는다.

이 책을 읽는 독자들께서도 이 기회에 잘 알아두시기 바란다. 신문사가 신춘문예라는 '공인된 절차'를 거쳐 문인들을 양산해내기 때문에 빚어지는 문제는 의외로 심각하다. 문인이란 지식인이다. 독립적이어야 한다. 언론이 잘못하면 언론을 비판할 줄도 알아야 한다. 그러나 우리 나라 문인들은 신문사들에 의해 탄생되기 때문에 평생 그 은혜를 못 잊어 언론을 절대 비판하지 않는다. 나 같은 사람이 아무리 언론을 비판해봐야 그걸 읽는 사람은 극히 한정돼 있다. 영향력이 약하다는 뜻이다. 만약 유명 소설가들이 소설에서 언론을 비판한다고 생각해보라. 내 장담하지만, 언론은 스스로 개혁하지 않고선 배겨내지 못할 것이다. 그러나 다시 말하지만 그들은 언론을 절대 비판하지 않는다. 어떻게 해서든 신문들과 들러붙으려고 안달을 한다.

'신춘문예'가 공정하냐 하면 그것도 아니니 문제가 매우 심각하다. '신춘문예' 심사위원이라는 자리는 문인의 선발권을 쥔 막강한 문화 권력이다. 나는 '신춘문예' 심사위원을 자주 맡는 이문열이 그 권력을 만끽하는 차원에서 '공인된 절차'를 강조했다고 생각한다. '신춘문예'의 공정성과 관련해 『민족예술』 2001년 4월호에 아주 좋은 좌담회가 열렸다. 문학평론가 방민호, 소설가 정도상, 문학평론가 이명원이 참여한 이 좌담의 일부 내용을 아주 중요한 이야기라 길게 인용하겠다.

'신춘문예'는 다양성을 죽인다

정: 몇 명의 심사위원들이 여러 군데 다 한단 말이죠. 그런 문제는 우선 다양성을 죽일 수 있습니다. 심사위원들의 주관적 판단이 가장 크게 작용할 수 있는데, 지난번에 모 작가는 자랑처럼 세 군데 봤다고 얘기하는데, 그 얘기를 듣고 씁쓸했어요. 수많은 예비작가들이 자기 세계를 펼치지 못하고 심사위원 성향에 맞춰 글을 쓸 수밖에 없는 조건들이 형성되니까.

이: 신춘문예의 중복 심사는 굉장히 많은데, 특정 심사위원이 독점하는 경향입니다. 투고자들의 중복 투고는 금지하는데, 공정성을 가지려면 중복심사 금지 같은 제도를 마련해야 한다고 봐요. 제가 예전에 신춘문예 심사위원 명단의 일반적인 경향을 뽑은 적이 있는데, 최근 10년간 특정의 일부 소수 문인이 신춘문예뿐만 아니라 다른 신인문학상 심사를 독점함으로써, 문학의 출발에서부터 제한된 자기 세계를 가져야 하는 문제점이 있습니다.

정: 대안은 없나요?

이: 제가 볼 때는, 본심 심사위원이든지 예심 심사위원이든지 일정한 기간을 두고 심사위원을 위촉해야 한다고 봅니다. 특히 장르별로 심사위원이 고정되어 있는 것이 대부분인데, 인위적으로라도 제도적으로 금지하는 법을 세워야하지 않는가. 특히 중복심사의 경우 중앙의 신춘문예뿐만 아니라 지방의 신춘문예까지 독점하는 실정이기 때문에 제도화하지 않으면 해결은 요원할 것 같습니다.

......

방: 다양한 작가가 있는 만큼 작가들의 명망성에 구애되지 말고 독특한 전망이 있는 작가에게 새로운 작가를 발굴할 수 있는 기회를 주는 것이 중요하다고 생각하는데, 예를 들어 이문열 선생 같은 경우 끊임없이

새로운 작가를 발굴한단 말이에요. 이렇게 되면 앞서 지적하셨지만, 이런 식으로 대부분의 신문을 독점하다시피 해서 몇 년을 하다보면 일단 뽑는 행위 자체도 만성화되고 변화를 추구할 수 없는 단점도 있을 뿐더러, 그 게 하나의 문단 제도로 굳어버리면 문단의 스승과 제자가 생기고 서열화 되고, 그래서 술자리에 가면 모두 아는 사람들이죠, 그야말로 '문학동네' 가 되는 거죠. 한 다리 건너면 선후배가 되고, 심사위원과 상을 탄 사람으 로 얽히게 됩니다. 그래서 문단에 문제가 발생해도 예리하게 본질적으로 문제를 짚어가는 힘이 부족하다는 생각이 들고, 한국 사회의 모든 문제처 럼 문학계에도 담합, 파벌, 섹트가 좌우합니다. 거기에 끼지 않으면 안 될 것 같은, 또 어떤 중심주의가 존재합니다. 서울중심주의, 무슨 대학교 중 심주의 같은. 문제는 중심을 하나만 설정한다는 거죠. 다원적으로 설정하 고 가치를 상대적으로 설정하는 것이 아니라. 그래서 이론적인 중심에 들 어가야 될 것 같은 느낌. 그 다음에 또 획일성, 베스트셀러 하나를 보면서 도 느끼는데, 10위 안에 들지 못하면 흐름이 없다가 10위 안에 들면 사람 들이 막 사는 거죠. 이것 역시 한국문화의 체제적인 획일성의 표현이 아 닌가 생각이 들고, 80년대 문학도 반성할 것이 있지만, 90년대 중반의 문 학 역시 반성할 게 있죠. 굉장한 획일주의에 빠져 있다고 생각해요.……
이게 어디서 오냐 하면 아까 말씀하신 것처럼, 신춘문예처럼 누적된 제도 와 몇 사람에 의한 몇몇 경향에 의해서 독점되기 때문이죠. 아까 말씀하 신 개성 속에 비개성이나, 몰개성이라 할 수 있죠. 신춘문예를 보면 거기 에 맞춰서 쓰게 됩니다.……

정: 문제는 심사위원들의 품위 문제인데, 대립적이거나 또는 다양한 측면을 가진 사람이 모여서 심사를 해야 하는데, 그렇지 않고 엇비슷한 경향을 가진 사람들이 끼리끼리 심사위원이 됨으로써 자기들의 세계관과 어긋나는 작품들은 배척하고, 그 안에서 논쟁이 벌어지는, 작품을 두고 논쟁을 벌이지 않고, 그래서 논쟁이 되지 않고 행복한 합의만 존재한다는

측면이 있는 거죠. 세계관이 다르기 때문에 논쟁의 측면이 존재하는데 자꾸 행복한 합의만 양산됩니다. 그것이 문단에 권력의 독점화 현상을 낳고, 첫 출발기의 작가들에게 문단권력의 달콤한 권력을 맛보게 해줍니다. 이번 『조선일보』 신춘문예의 경우 문장이 안 된다는 작품이 당선됐다는 말이 나오죠. 창비 게시판을 몇 번 봤는데 심사에 떨어진 사람들의 몸부림과 절망을 읽을 수 있었어요.……

이: 심사위원들의 이념적 스펙트럼이 획일화되어 있는 것도 문제지만, 일정의 조급함도 문제 같아요.……

정: 예심 보는 데 하루 걸리거든요. 여관 잡아서.

이: 하루요?

정: 세 사람이서 다 해치우는데. 심사하다보면, 문장 같은 것 보면, 대충 알잖아요. 그래도 하루밖에 안 걸려요. [3]

이문열의 마광수에 대한 '지식폭력'

특히 이문열과 같은 유명 소설가들은 비단 신춘문예 심사뿐만 아니라 다양한 방식으로 신문들과 유착되어 있다. 소설가는 신문이 원할 때에 칼럼을 써주어 신문 팔아주는 일에 도움을 주고 그 대신 신문은 소설가가 소설을 냈을 때 그걸 '대작'이라고 크게 보도해준다. 그런 언론플레이를 가장 잘하는 소설가가 바로 이문열이다. 나는 그걸 크게 비난할 생각은 없다. 언론과 그런 관계를 유지하지 않으면 아예 유명 소설가가 될 수도 없으니 그걸 어찌 탓하랴. 또 정도의 차이일 뿐 모든 세상 사람들이 다 언론과 그런 관계를 유지해가면서 살아가고 있지 않은가.

---

3) 방민호 · 정도상 · 이명원, 〈예술난타: 창조적 불복종을 꿈꾸며, 한국의 문학상 성토〉, 『민족예술』, 2001년 4월, 62-63쪽.

「즐거운 사라」波紋속에서

寄稿

李文烈
＜작가＞

文學을 뭘로 아는가

「知性의 탈」쓰고 궤변으로 誇大포장
檢察대응·석방서명 조작에도 구역질

(『중앙일보』, 1992년 11월 2일)

이문열은 마광수가 단지 현학(衒學)을 저지르지 않았다는 이유만으로 마광수에게 '보잘것 없는 상품', '낯 두꺼운 지성과 문화의 탈', '함량 미달', '억지와 궤변'이라는 극단적인 언어폭력을 자행하고 있다.

그러나 이문열이 그런 현실에 대해 조금이나마 부끄러워하거나 답답해하기는커녕 오히려 '공인된 절차'를 거치지 않은 사람이 왜 소설을 쓰냐고 큰소리를 치는 데엔 정말이지 기가 질린다. 제도권 권력에의 맹목적 굴종을 보는 것 같아 영 씁쓸하다. 이문열의 다음 말을 또 들어보자.

"내가 마 교수를 못마땅하게 생각하는 이유로는 크게 두 가지를 들 수 있다. 그 첫째는 그의 보잘것 없는 상품이 쓰고 있는 낯 두꺼운 지성과 문화의 탈이다. 근년 그가 쓴 일련의 글들은 이미 알만한 사람에게는 그 바닥이 드러났을 만큼 함량 미달에 정성까지 부족한 불량상품이었으나 그는 어거지와 궤변으로 과대포장해왔다. 둘째, 그가 못마땅한 이유는 이미 자신의 생산에서 교육적인 효과는 포기한 듯함에도 불구하고 대학교수라는 신분을 애써 유지하는 점이다. 나는 그가 지닌 교수라는 직함이 과대포장된 불량상품을 보증하는 상표로 쓰이고 있는 것 같아 실로 걱정스러웠다."

이 놀라운 몰이해와 독선! 이문열은 왜 마광수가 그 누구 못지 않게 충분히 현학적일 수 있는 능력의 소유자임에도 불구하고 우리 시대 최고의 소설가로 하여금 '구역질'과 '욕지기'를 유발시키는 글을 쓰고자 했던 것인지 그 숨은 의도에 대해 단 한번도 생각해보지 않은 듯하다. 이문열은 마광수의 다른 책들은 읽어본 것일까?

여기서 바로 이문열의 '지식폭력' 현상이 유감없이 폭로되고 있음에 주목할 필요가 있다. 이문열은 마광수가 단지 현학(衒學)을 저지르지 않았다는 이유만으로 마광수에게 '보잘것 없는 상품', '낯 두꺼운 지성과 문화의 탈', '함량 미달', '억지와 궤변'이라는 극단적인 언어폭력을 자행하고 있다. 나는 여기서 '제2의 반경환'을 보는 듯하다. 아니 반경환이 '제2의 이문열'인지도 모르겠다.[4] 나는 이문열의 그 지독한 언어폭력을 그대로 이문열 자신에게 돌려주는 것이 온당하리라 믿는다.

지적 태만인가, 보복인가?

사실 '마광수 사건'의 가장 큰 문제는 외설이니 뭐니 그런 게 아니다. '표현의 자유'니 뭐니 그런 것도 아니다. 가장 큰 문제는 우리 나라의 지식인들이 너무 게으르고 무성의하다는 것이다. 당시 마광수를 매도한 사람들 가운데엔 마광수의 책 구경도 해보지 않은 사람들이 너무 많았다. 아니 거의 대부분이었다. 그저 신문이나 잡지에 조금 소개된 것만을 보고서 욕해댄 것이었다.

---

4) 이에 대해선 강준만, 〈'학문 신비주의'라는 폭력: 반경환은 '지식폭력'의 희생자인가〉, 『인물과 사상 19: 시장은 누구의 것인가?』(개마고원, 2001), 243-282쪽을 참고하십시오.

이런 코미디도 있었다. 여성운동을 한다는 어떤 교수는 방송에 출연해서 『즐거운 사라』에 대해 비난을 퍼부었다. 당연하다. 그 책은 분명 여성운동의 관점에서 비난받을 점이 많기 때문이다. 그런데 그 책을 읽었느냐는 사회자의 질문에 대해 그 교수는 이렇게 답했다. "내가 그 책을 왜 봅니까?"[5]

이문열은 그 책을 읽었나? 자기 돈 내고 사서 읽은 건 아닌 것 같다. 그는 간행물윤리위원회에서 보내준 걸 공짜로 읽었다. 심판관의 자격으로 그 소설을 읽은 것이다. 이문열은 마광수가 구속된 지 5일째 되는 그 시점에선 마광수를 죽일 수도 살릴 수도 있는 무게를 가진 인물이었다. 게다가 '공인된 절차'야 어떻건 간에 같은 동업자 아닌가. 동업자니까 봐주었어야 한다는 소리가 아니다. 이문열이 마광수의 다른 난해한 책들도 읽고서 비판에 임했어야 옳았다는 말이다. 그렇지 않은가?

만약 어떤 문학평론가가 이문열 스스로 가장 부끄럽게 생각한다는 『추락하는 것은 날개가 있다』인가 뭔가 하는 소설만 하나 달랑 읽고서 이문열의 문학 세계에 대해 칼질을 한다면 이문열의 기분이 어떻겠는가? 요컨대, 이문열이 자신은 마광수와 생각이 크게 다르면 다르다고 이야기하면 되는 것이지 '함량 미달'이니 '불량 상품'이니 하는 폭언을 해서는 안 되는 일이었다. 설령 문학에 대해 조예가 없거나 문학을 오해하고 있는 검찰이 그렇게 말하더라도 이문열은 욕지기를 내뱉으면서 그렇게 말하면 안 된다고 말렸어야 했다. 그렇지 않은가?

어디 물어보자. 마광수는 왜 그렇게 썼을까? 악명을 얻기 위해서 그랬을까? 아니면 돈벌이를 위해서 그랬을까? 아니면 마광수는 미치광이인가? 이문열의 폭언이 내포하고 있는 결론은 이 3가지 중 하나여야 한다. 만약 이 3가지 중에 그 어느 것도 선택할 수 없다면, 이문열의 폭언

5) 연세대학교 국어국문학과 학생회, 〈마광수 교수 구속을 전후한 논쟁 분석〉, 『마광수는 옳다: 이 시대의 가장 음란한 싸움에 대한 보고』(사회평론, 1995), 86쪽.

은 혹 과거 이문열의 소설을 비판했던 마광수에 대한 보복성 발언은 아닌가?

마광수의 문학관

『즐거운 사라』에 대해 이러쿵저러쿵 했던 사람들은 우선 마광수의 독특한 문학관에 관심을 기울였어야 옳았다. 동의하든 하지 않든 그건 자유다. 나 역시 마광수의 문학관에 전적으로 동의하진 않는다. 내가 말하고자 하는 건 『즐거운 사라』는 '함량 미달'이니 '불량 상품'이니 하는 말로 매도되기 이전에 그의 문학관의 산물이라는 점이 인정되어야 한다는 것이다.

마광수의 문학관은 어떠한가? 그는 문학을 '상상력의 모험'이며 '금지된 것에 대한 도전'이라고 정의한다. 문학은 언제나 기성 도덕에 대한 도전이어야 하고 기존의 가치 체계에 대한 '창조적 불복종'이요 '창조적 반항'이어야 한다는 것이다. 그의 말을 몇 대목 직접 들어보자. 하나씩 차근차근 음미하면서 읽어보시기 바란다. 이문열이 수구 이데올로기에 봉사하는 문학관을 가졌다면, 마광수는 적어도 문화적으론 기성 체제에 저항하고자 하는 문학관을 가졌다고 보아도 무방할 것이다.

"하고 싶은 행동을 다 할 수는 없는 게 세상입니다. 하지만 하고 싶다는 생각 자체를 막아서는 안 됩니다. 여기에 문학이 있지요. 제 작품을 커다란 상징이라고 이해하면 됩니다."

"현 사회의 지배적이고 유용한 가치가 정말 옳은 것인지를 질문하는 것이 바로 작가의 책임이다. 우리가 믿는 것, 알고 있는 것에 관해, 그리고 우리가 알고 있다고 믿고 있는 것이 정말 알고 있으면서 믿는 것인지, 왜 믿는지를 집요하게 질문하는 것이 바로 작가의 사회적 책임이다. 기성도덕과 가치관을 추종하며 스스로 '점잖은 교사'를 가장하는 것은 작가로서 가장 자질이 나쁜 자들이나 하는 짓이다. 문학은 무식한 백성들을 훈도하여 순치시키는 도덕 교과서가 돼서는 절대로 안 된다. 문학이 근엄하고 결백한 교사의 역할, 또는 사상가의 역할까지 짊어져야 한다면 문학적 상상력과 표현의 자율성은 질식되고 만다. 문학의 참된 목적은 지배이데올로기로부터의 탈출이요, 창조적 일탈인 것이다."

"혐오스러운 것을 보여주는 것은 문학의 중요한 목표 중 하나입니다. 특히 현대소설은 사회의 추악한 모습을 그대로 드러내는 경향이 있습니다. 사회를 해부하다보니 그로테스크한 모습이 많이 나오는 것입니다. 아름다운 것만 그리면 실체를 파악할 수 없습니다. 혐오스러운 것을 보여주는 것이 죄가 될 수는 없습니다. 오히려 아름답지 않은 것을 아름답게만 포장하는 것은 위선입니다. 소설의 목적은 금지된 것을 파헤치는 것이고, 과거에 대한 끊임없는 회의요, 미래에 대한 끊임없는 꿈꾸기입니다."

"우리 나라 지식인들은 '가벼움'을 '경박함'으로 그릇 인식하는 경우가 많고, 설사 경박하다고 해도 그것이 '의도된 경박성'이라는 것을 아는 이가 드물다. 소설 문장에 사용되는 단어가 일상어 또는 비속어일 경우 흔히들 그런 인상을 받는 것 같다. 우리 나라는 예전부터 한문을 숭상하고 우리말을 폄하해서 보는 습관이 지식층에 형성돼 있기 때문에 이를테면 '핥았다', '빨았다' 등 순 우리말을 구사한 표현은 쉽사리 조악하고 경박한 표현으로 간주되는 경향이 있다. 그래서 특히 성희 묘사의 경우 대체로 빙둘러 변죽을 울리고 한자어를 많이 쓰는 문장이 더 품위있는 문장으로 간주되고, 직설적인 구어체의 문장은 상스럽고 천박한 문장으로 간주되는 것이 보통이었다."

"내 경우에는 의도적으로 천박하게 표현했어요. 이유없이 그렇게 썼겠어요. 문학의 품위주의, 양반주의, 훈민주의 이런 것에 대한 반발이지. 우리 나라에선 아무리 야한 소설을 쓴다고 해도 어법이나 전체적 틀은

(『시사저널』, 1992년 11월 12일)

"하고 싶은 행동을 다 할 수는 없는 게 세상입니다. 하지만 하고 싶다는 생각 자체를 막아서는 안됩니다. 여기에 문학이 있지요."

경건주의를 유지하려 애를 쓰고 꼭 결론에 가서 권선징악적으로 맺는다거나 반성을 한다거나 그런 식으로 글을 맺잖아요. 저는 그런 것에 대한 반발로 사라를 부각시키려고 했어요. 우리 나라 소설에 사라 같은 여자가 있나요. 다 자살하거나 반성하거나 그러지."

쓸데없이 적을 만드는 마광수

마광수는 조선조식 양반문학, 그리고 '이념과 교훈으로 포장된 위선의 문학'에 도전하고자 하는 의욕을 불태워 왔다. 당연히 그는 '민중문학'에 대해서도 마땅치 않게 생각했다.

"지금 한국의 문학인들은 '민중'을 부르짖고 '민중문학'을 부르짖으면서도, 실제로는 문장을 구사하는 데 있어서는 양반문학이 갖는 '품위주의'를 벗어나지 못하고 있다."

수긍할 수 있는 면이 전혀 없진 않다. 그러나 그런 문학도 있나 보다 하고 그냥 같이 공존하면 안 되는 걸까? 그 무엇으로 보건 열세에 놓여 있던 마광수가 그냥 나도 끼워달라고 공존을 부르짖어도 공존이 어려울 판에 이데올로기의 좌우를 막론하고 기존 문학에 그런 '건방진' 도전장을 던지니 그걸 누가 곱게 봐주었겠는가? 특히 다음과 같은 말은 정말 무모하다.

"도대체가 요즘의 우리 나라 소설들은 그 길이가 너무 길다. 걸핏하면 대여섯 권짜리 대하소설이요, 단편도 100매가 넘는 게 보통이다. …… 이러한 현상 역시 교양주의 소설의 유행과 짝을 이루는, 작가들의 '물량주의' 선호 현상에서 비롯된 것이라고 나는 본다."[6]

이것 역시 수긍할 수 있는 면이 없진 않다. 그러나 그런 대하소설 가운데엔 만인이 칭찬해 마지않는 유명 문인들의 대하소설도 포함돼 있지 않은가. 그렇다면 '꼭 필요한 대하소설도 있지만'이라는 단서 하나 달아줘도 좋을 터인데 그는 그런 수고를 할 뜻이 없다. 그냥 다 싸잡아 '물량주의'로 비판해버린다. 그러니 그런 문인들이 '마광수 구명 운동'에 나설 마음이 들었겠는가?

마광수의 이문열에 대한 비판은 어떠했던가? 앞서도 인용한 바 있지만, 그는 1990년 1월에 발표한 어느 글에서 이문열의 상업적 성공에 대해 이렇게 말했다.

---

6) 마광수, 『왜 나는 순수한 민주주의에 몰두하지 못할까』(민족과 문학사, 1991), 344쪽.

"나는 그 근본적 원인을 우리 나라 독자들의 '교양주의 선호' 현상에서 찾아볼 수 있다고 본다. 특히 1980년대 초부터 문교부에서 대학의 정원을 대폭 늘임에 따라 대학생 숫자가 엄청나게 불어났다. 그래서 그들은 고등학교 때 미처 못 배웠던 여러 가지 교양적 지식들에 대하여 게걸스럽게 탐식하는 쪽으로 나아갔는데, 아무래도 딱딱한 이론서적보다는 소설을 통해 교양을 습득하는 것이 더 재미있기 때문에 교양주의 소설이 많이 읽히지 않았나 싶다. 이문열뿐이 아니라 우리 나라의 많은 작가들이 본능적 표출 욕구에서보다는 교사적 지식인의 사명감으로 교양주의 소설을 많이 생산해내고 있다."[7]

물론 마광수의 결론은 교양주의를 극복해야 한다는 것이다. 그런데 그건 곧 이문열 인기의 발판을 없애자는 이야기 아닌가. 그러니 만약 이문열이 그 글을 읽었다면 마광수에 대해 칼을 갈았을지도 모른다는 건 얼마든지 추론할 수 있는 일 아닌가. 이문열이 보복심이 강한 사람이라는 건 천하가 다 아는 일 아닌가 말이다.

교수를 뭘로 아는가?

다시 이문열의 이야기로 돌아가자. 마광수의 비판에 부적절하거나 지나친 면이 있다고 해서 이문열의 비판이 정당화될 수는 없는 일이다. 앞서 인용했던 이문열의 발언 가운데 정말 문제가 되는 것은 대학 교수라는 직업을 바라보는 그의 시각이다.

"교육적인 효과는 포기한 듯함에도 불구하고 대학교수라는 신분을 애써 유지하는 점"이 못마땅하다? 대학교수는 기존 질서에 비추어 이단적인 생각을 하면 안 되는 것인가? 예컨대, 국가보안법을 반대하는 사람은

---

7) 마광수, 『왜 나는 순수한 민주주의에 몰두하지 못할까』(민족과 문학사, 1991), 340-341쪽.

교수를 하면 안 되나? 이문열이 평소 정열적으로 매도해 마지않는 좌파
적인 성향을 가진 사람은 교수가 되면 안 되나? 대학이라는 데가 도대체
무엇하는 곳인가? 학문은 또 무엇인가? 도대체 교수를 뭘로 아는가?

앞서 했던 이야기를 다소 반복하는 걸 이해하여 주시기 바란다. 이문
열이 대학교수가 되고자 했을 때 그의 최종 학력이 문제가 된 적이 있었
다. 나는 그때 어느 매체에 이문열을 지지하는 글을 쓴 적이 있다. 이문
열이야 '공인된 절차'를 숭상하는지 몰라도 나는 실력을 숭상한다. 이문
열은 대학교수가 되고도 남을 실력이 있다고 믿었기 때문이다. 즉, 나는
이문열의 어떤 생각에 동의하지 않을 뿐 그가 탁월한 능력의 소유자임을
믿는다. 그까짓 박사 학위가 없으면 어떤가? 아니 대학을 나오지 않았으
면 어떤가? 독학으로도 얼마든지 박사 학위 이상의 실력을 쌓을 수 있는
것이다. 그리고 대학은 비뚤어진 생각을 가진 사람도 포용해야 한다. 비
뚤어졌냐 아니냐 하는 건 보는 관점에 따라 다른 것이다. 대학의 생명은
다양성이고 창의성이다. 수구 이데올로기로 똘똘 뭉친 생각을 갖고 있는
이문열과 같은 사람을 포용할 수 있는 대학이라면 왜 마광수는 포용할
수 없단 말인가? 그건 너무 불공정하지 않은가?

내가 이문열을 대학교수로 채용한 건 아주 잘된 일이라고 썼을 때 나
의 한 친구는 내게 따지듯이 물었다. 이문열의 수구 이데올로기를 싫어
하면서 왜 이문열을 변호하는 글을 썼느냐고. 나는 그건 아주 바보 같은
물음이라고 꾸짖었다. 그건 얼마든지 분리해서 생각할 수 있는 문제 아
닌가. 아니 분리해서 생각해야 마땅한 문제인 것이다. 이문열도 마광수
에 대해 나처럼 그렇게 분리해서 생각해야 했던 것 아닌가?

도대체 왜 그럴까? 나는 초등학교라는 최종 학력을 가진 것에 한이 맺
힌 반경환이 나의 서울대 비판을 두고 내가 서울대에 가지 못해 배가 아
파서 그러는 것이라고 욕하면서, 어떻게 해서든 자신이 독학으로 머릿속
에 담은 지식으로 나를 억압하려고 하는 걸 보고선 아주 우울해졌다. 그

런데 이문열이 마광수에 대해 하는 짓이 바로 그 꼴 아니냐 이 말이다. 춥고 배고픈 시절을 질리도록 경험했던 이문열이 왜 자꾸 '공인된 절차' 타령이나 해대고 독학으로 쌓은 자신의 지식을 과시하며 마광수를 짓밟으려 했던 것일까?

이문열이 마광수를 싫어하는 이유

물론 그게 바로 우리 사회의 비극적인 '지식폭력' 현상이라는 걸 잘 알지만 너무 어이가 없어 괜히 한번 물어보는 것이다. 이문열은 자신에 대해 비판적인 사람들에 대해 문화적 다원주의를 부르짖었던 사람이다. 그땐 자신이 공격을 받는 피해자 입장이었기 때문에 그랬을 것이다. 그러나 그는 마광수에 대해선 가해자가 되어 문화적 다원주의는 전혀 들어본 적이 없다는 듯 자신의 문화적 취향으로 천하통일을 하겠다는 정신나간 야심을 드러내고 있지 않은가. 기가 막힐 노릇이 아닐 수 없다.

하긴 이문열로선 마광수의 그 무엇 하나 마음에 안 들 게다. 권위주의로 말하자면 대한민국에서 이문열 따라갈 사람도 드물 터인데, 마광수는 '권위주의 죽이기'에 앞장선 인물이었으니 이문열 보기에 좋았겠는가.

마광수는 언젠가 〈교수님들, 학생은 '아랫사람'이 아닙니다〉라는 글을 쓴 적이 있는데,[8] 나는 그 글이 아주 마음에 들었다. 대학은 초등학교나 중·고등학교가 아니다. 나는 교수로서의 마광수에 대해 후한 점수를 주었다. 특히 마광수와 학생들과의 관계는 학생들 위에 군림하려드는 경향이 있는 우리 나라의 많은 교수들이 본받아 마땅한 것이었다. 지난 92년 마광수와 인터뷰를 했던 문화평론가 변정수는 마광수의 교수 생활의 일면에 대해 다음과 같이 말한 바 있다.

---

8) 마광수, 〈교수님들, 학생은 '아랫사람'이 아닙니다〉, 『옵서버』, 1991년 5월, 190-195면.

데스크칼럼

김 택 근
문화부장

이문열을 향한 물음

작가 이문열, 그가 분연히 일어났다. '언론사 세무조사'와 관련, 특정신문을 온몸으로 방어하고 나섰다. 그는 두 대의 기관차가 마주 달리고 있고, 그 기차엔 양쪽 모두 많은 국민들이 타고 있으니 기관사들은 브레이크를 밟으라고 외쳤다(조선일보 7월2일자 칼럼). 하지만 그 외침을 다급해보다는 게 산뭉 흐름이, 호소보다는 계산된 노기가 서려 있다. 싸움을 말리기보다는 스스로 팔을 걷어붙이며 흥분하고 있다. 뜯어볼수록 도발적이다.

그는 노태우, 김영삼 정권 10년 동안 '구체제의 잔여에너지나 대항세력의 농축에너지는 거의 소진되었거나 미래에의 이상으로 순화되었으리라 여겼다'고 했다.

그러나 그 10년은 피할 수 없는 비극을 유예한 기간에 불과하다는 자문(自問)을 하기에 이른다. 그의 논리대로라면, 이로 기면 열자는 충돌을 하고, 국민들은 비명을 지르고, 이 땅엔 유혈이 낭자해야 한다. 나라가 두동강 나야 한다. 그렇다면 '이문열 객차'엔 도대체 누가 타고 있는가.

그는 또 언론이 없고 정부만 있는 사회보다는 정부가 없고 언론만 있는 사회를 선택하겠다고 결론을 내렸다. 그렇다면 그도 젊은 한때 몸담았던 신문, 그 언론의 이상적인 모험은 무엇인가. 탈세가 있고, 비리가 있고, 야합이 있더라도 신문이 곧 권력이 돼야 한다는 말인지. 납세의 의무는 해탈을 것이고 신문의 활자는 거룩하다는 것인지.

언론이 죽어서 거듭난다는 생각은 왜 안하는지. 모든 비리를 벗어냈을 때 더욱 강한 신문이 될 것이라는 생각은 왜 하지 않는지. 그런 상상은 왜 못하는지. 혹시 애써 외면하는 건 아닌지.

그는 요즘 바쁘다. 자신이 지켜줘야 하는 특정언론을 위해, 그리고 자신의 태산같은 문화권력을 지키기 위해 동분서주하고 있다. 그의 논리에 심장한 독자가 책을 반품하겠다고 하자 법조회고 이자를 쳐서 즐거이 책을 보내라고 즉시 알같했다.

아이, 이는 얼마나 잔인한가. 자신의 작품을 읽고 그가 이곤 세계 속으로 빠져들었던 독자의 뺨을 따리다니... 이는 이미 쏟아질 비난을 예상하고 있었기에 가능한 일 아닌가.

그는 이제 그가 섬김의 충돌 직전의 한쪽 과차에 탄 세력의 대변인이 되려고 하는가.

언론개혁을 부르짖는 시민단체를 흥위병으로 몰아세우더니 급기야 특정정당과 특정언론의 주장을 자기것인 양 그대로 발표하고 있다. 나는 이쯤에서 그가 신문에서 자신을 비유한 듯한 '다 자란 지식인'이란 표현을 떠올려본다.

나 지식인이란 누구인가? 지식인은 자기성찰을 할 줄 알고 자기가 믿는 것에도 늘 의심하며 겸손해야 한다.

작가 이문열씨는 현대사에서 가장 아픈 '광주'에 눈길 한번 주지 않았던 이콘이나 분석 같은 시대의 명제에 대답을 준 적이 없다. 공룡선(共同善) 근처에 그는 없었다. 물론 '네가 공룡선을 보았느냐'고 반문할지 모른다. 그건 주관일 수 있다. 하지만 자신의 탓에 묻지 않더라도 보듬고 가야 할 정신과 가치는 분명 존재한다. 그래서 그건 객관이다.

나는 좌우를 살피지 않는 그의 독선이 무섭다. 시민단체의 활창 정도는 고함소리 하나로 물리칠 수 있다는 교만이 섬득하다. 비난이 거듭수록 볼륨을 높이는 문화권력자의 오만이 그의 사과에도 불구하고 무섭다. 그 오만의 뿌리는 무엇인가?

한 가지 정말 궁금한 게 있다. '기득권 언론을 통해 성장한 지식인'이라는 지적에 그는 '내가 글을 싫어달라고 부탁한 것보다 신문사가 나에게 청탁한 것이 대부분이다'라고 주장했다(동아일보 7월5일자). 그렇다면 요즘 특정신문 지면을 독점하고 있는 그의 글들은 신문사의 청탁인가, 스스로의 부고인가.

작가 이문열씨는 이제 자신이 대변하고 있는 무리가 누구인지 밝혀야 한다. 그리고 이제 자신의 손가락질을 세상에 대한 손가락질을 거두길 바란다. 투사가 되든지, 작가로 되돌아가든지 선택할 것을 간곡히 권하는 바다.

부연하건대 '어디 가서 내 작품 읽었다고 하지 말라'는 추상 같은 호령이 무서워 그의 작품에 대해서는 일절 언급하지 않는 바이다.

wtkim@kyunghyang.com

(『경향신문』, 2001년 7월 11일)

이문열은 자신에 대해 비판적인 사람들에게는 문화적 다원주의를 부르짖다가도 마광수 대해선 문화적 다원주의는 전혀 들어본 적이 없다는 듯 가해자가 되어 자신의 문화적 취향으로 천하통일을 하겠다는 야심을 드러내고 있다.

"흔히 교수라고 하면 떠올리는 단아한 학자풍은 아니지만, 열정을 가지고 자신의 일에 치열한 연구자의 모습을 대하는 것이다. 빈 수레가 요란하다는 옛말이 여지없이 빗나가는 풍경에 당황하는 것은 시작에 지나지 않는다. 길을 다니다가 인사하는 학생에게조차도 항상 깍듯하게 허리를 굽히곤 하는 그의 인사에 당황을 넘어선 황송스러움을 경험해야 하기 때문이다. …… 이 연구실에서는 그의 연구나 집필에 방해되는 시간만 아니면 학생들은 거의 무제한의 자유를 누릴 수 있으며, 그는 연구실을 방문하는 학생 모두에게 항상 친절하다. 손님이 있거나 바쁜 작업이 있어 문 앞에서 돌려보내야 할 때조차도 한결같이 미안함을 최대한 표현한다."[9]

9) 변정수, 『상식으로 상식에 도전하기』(토마토, 1996), 110-111쪽.

가장 상업적인 작가의 상업주의 비판

이제 이문열이 두 번째의 구역질과 욕지기를 하게 된 이유에 대해 들어보자. 굳이 다 인용할 필요는 없을 것 같으나, 이 부분은 검찰의 조처를 비판한 것이므로 그대로 다 인용해야 이문열에게 공정할 것 같다.

"나도 우리 문화의 자정 기능이 신통치 못함을 안다. 간행물윤리위원회가 내게 그 책을 보냈던 것도 경고와 시정 요구가 저자와 출판사 양쪽에 의해 묵살되자 조력을 얻기 위해 보낸 것이었다. 또 구속된 두 사람에게도 자정 기능의 일부로 나온 그 경고와 시정 요구를 오히려 상품 선전에 악용한 혐의가 있다. 지난 80년대 '민중상업주의' 시대에 금서목록이 곧 베스트셀러 목록이 되던 것과 비슷한 효과를 기대한다. 그런데도 검찰의 조처에 대해 구역질과 욕지기를 느꼈던 이유 또한 크게 나누면 두 가지였다. 그 하나는 다른 분야와 비교해 드러나게 형평이 깨어졌다는 데 있다. 그보다 더 해악이 크고 명확한 사안이 수없이 많은데도 개입을 망설이거나 미온적이면서 유독 이번만은 그렇게 신속하고도 삼엄한 법의 칼을 빼든 까닭이 도무지 석연치 않다. 문학 내부로 국한시켜도 다른 방향, 예컨대 체제방어 측면 같은데서 이토록 신속하고 삼엄하게 대응한 것은 80년대 초반이 고작이었다. 또 다른 하나는 문학계의 자정 기능에 대한 지나친 무시다. 80년대 후반의 이념적 관대함이 전반의 엄혹성에서 받은 쓰라린 교훈에서 비롯된 것이라면, 그 교훈의 유효함은 이번 사건의 처리에도 참고되었어야 했다. 더디고 불확실한 대로 우리 문학계에도 자정 기능은 있다. 그것을 무시하고 섣불리 칼을 빼들면 자칫 엉뚱한 문학적 순교자를 만들어 낼 뿐이다. 많은 문인들에게는 무시당한 울분만 품게 하고, 독자들에게는 앞뒤 없는 동정심부터 일으키게 해서는……."

이 두 번째 '구역질'과 '욕지기'의 이유는 제법 그럴 듯해 보이지만, 첫 번째와 이제 곧 이야기할 세 번째 '구역질'과 '욕지기'의 이유를 돌보이게 하기 위한 '속임수'의 성격이 짙다. 그게 아닐지라도 이문열의 주장은 그 자체로서 많은 문제를 안고 있다. 왜 그런가?

우선 '민중상업주의'라는 용어 자체가 불순하기 짝이 없다. 금서목록이 베스트셀러가 되면 얼마나 됐는가? 그렇게 해서 이씨처럼 팔자 고칠 정도로 큰돈을 번 사람이라도 있다던가? 표현의 자유를 누리고 싶어하는 사람들은 그걸 제약하는 제도와 법규에 저항했다. 지난 96년 6월 7일 음반 및 비디오물 사전 심의가 폐지된 것도 가수 정태춘의 그런 끈질긴 저항 때문에 가능했던 것 아니었나? 정태춘의 앨범 『아, 대한민국』과 『92년 장마』는 '불법'이었지만 노동단체와 대학가 등에서 20여만 개가 팔렸다. 그러면 그게 상업주의인가? 정태춘이 큰돈이라도 벌었단 말인가? 이문열도 감히 정태춘의 그 숭고한 투쟁에 대해선 그렇게 말하지 못할 것이다.

그렇다면 '민중상업주의'라는 말을 그렇게 함부로 해서는 안 될 일이고 그와 같은 논리로 마광수의 책을 비난해선 안 될 일이었다. 마광수의 책을 상업주의적 관점에서 보는 것이야말로 검찰의 논리에 날개를 달아주는 것이 아니고 무엇이랴. 그렇게 검찰의 기를 살려줘 놓고 검찰의 조처를 '구역질'이니 '욕지기'니 하는 말로 비판하는 건 너무 속뵈는 일 아닌가?

아니 그 이전에 이문열로 말하자면 우리 시대에 가장 상업적인 작가가 아닌가. 말이 나온 김에 마치 '문학성'의 반대 개념이나 되는 것처럼 사용되는 '상업성'에 대해 분명히 짚고 넘어가자. 지금 우리 시대에 상업적이 아닌 문학이 존재하는가? 무차별 광고 공세와 언론플레이의 힘을 빌어 베스트셀러를 양산해내 억대에 이르는 엄청난 수입을 올리는 작가라도 점잔을 빼면 그는 비상업적인 작가이며 문학에서 구원을 찾는 도인(道人)인가? 물질적 풍요의 과실을 한껏 만끽하면서 배를 곯던 시절의 문학 개념을 애써 강조하는 저의는 도대체 무엇인가? 마광수의 소설은 설사 그것이 '쓰레기'일지라도 우리 시대의 그 어떤 베스트셀러보다 덜 상업적이다. 책이 판매 금지 당하고 감옥에 갇히면서도 자기 주장을 굽히지 않는 사람의 책이 상업적이다? 그게 말이 되나?

'문학적 순교자'니 '무시당한 울분'이니 '앞뒤 없는 동정심'이니 하는 표현도 도무지 앞뒤가 맞지 않는 말이다. 이문열은 '표현의 자유'와 '창작의 자유'는 어디다 내팽개쳐놓고 겨우 그런 이유 따위로 검찰을 욕하는가? 그게 마광수와 같은 동업자인 소설가의 말이라는 게 도무지 믿기지 않는다. 그건 오히려 산전수전 다 겪은 신중한 선배 검사가 후배 검사에게 할 수 있는 조언의 성격이 강하다.

이문열의 자기 도취

이제 세 번째 '구역질'과 '욕지기'의 이유에 대해 들어보자. 내가 보기엔 이게 이문열의 발언 가운데 가장 문제되는 부분이다. 언론의 얄팍한 생리에 대해선 누구보다 더 잘 알고 있는 이문열이 전혀 모른다는 듯이 격렬한 항변을 해대는 게 우습기까지 하다.

"그런데 마지막으로 나에게 견딜 수 없는 구역질과 욕지기가 나게 한 TV 뉴스 보도가 터졌다. 그 보도가 나오기 딱 1시간쯤 전에 나는 반아무개라는 후배 평론가에게서 전화 한 통을 받았다. 지금 구속된 저자와 발행인의 석방을 촉구하는 문인들의 서명을 받고 있는데 이름을 넣어도 좋겠느냐는 문의였다. 나는 생각끝에 두 가지 단서로 서명을 승인했다. 첫째는 석방촉구문안에 마 교수를 문학적으로 옹호하는 구절이 있어서는 안 된다는 것이었고, 둘째로는 어떤 일이 있어도 내 이름을 앞세우지 말라는 것이었다. 물론 그 평론가는 그 단서를 지키기로 떡먹듯이 약속하고 전화를 끊었다. 그런데 내게 그렇게 답변하고 돌아서자마자 나온 듯한 9시 뉴스 중에 하나는 내가 앞장서서 무슨 위원회를 구성해 그들의 석방을 촉구하는 서명운동을 벌이고 있다는 내용이었다. 어떤 경위를 거쳐 그렇게 되었는지는 알 수 없지만 그때부터 나는 밤새 구역질과 욕지기가 났고, 아직도 그게 멎지 않아 이제 이 글을 쓴다."

이문열의 칼럼은 그렇게 끝을 맺고 있다. 검찰에게 행여 나를 오해하지 말라는 메시지를 던져주고 싶었던 것일까? 왜 그런 보도가 나가게 됐는지 알아볼 생각은 못했을까? 전화 한 통화면 됐을 텐데. 문학평론가 반경환[10] 은 『중앙일보』 11월 8일자에 반론을 기고했는데, 그 일부를 여기에 인용한다.

"나는 지난 10월 30일 마광수 교수와 장석주 시인의 구속 수감 소식을 듣고 여러 동료 문인들과 그들의 석방서명운동을 벌인 적이 있었다. 그건 마광수 교수의 『즐거운 사라』를 감명 깊게 읽었거나 옹호해서가 아니라, 창작의 자유와 출판문화의 탄압에 대한 심각한 우려감 때문이기도 했다.

2백여 명이나 되는 동료 문인들이 『즐거운 사라』를 비난했음에도 불구하고 어쨌든 사직당국의 인신구속이라는 물리적 탄압에 대한 항의 표시로서 그 서명운동에 동참했다. 이씨도 그 2백여 명 중의 한 사람에 불과하다. 그러나 나는 진정으로 말하건대 석방서명운동을 조작하지는 않았다. 나를 비롯한 여러 문인들 중에서도 결코 이씨를 대책위원으로 선임하거나 그러한 조작운동을 벌인 사람은 없었던 걸로 알고 있다. 이씨의 글이 사실이라면 이씨를 비롯해 여러 동료 문인들에게 백 번 사죄해도 마땅하다고 생각한다. 내가 마치 사건조작의 원흉처럼 되어 있는 이씨의 글을 읽고 그 사건의 경위를 알아본 결과 저명인사의 뉴스 가치만을 좇아다니는 모 통신사와 모 방송사의 오보였음이 밝혀졌다.

---

10) 반경환은 이때만 해도 아주 상식적인 사람이었다.

또 하나의 문제는 이씨의 경솔한 처사와 유명 소설가라는 자기 과신의 문제라고 할 수 있다. 동료 문인들이 부당하게 구속되어 수난을 당하고 있다는 사실을 염두에 두었더라면 사실이 그렇다고 하더라도 이씨는 좀 더 자제하고 사건의 경위를 제대로 알아보았어야 할 일이지, 마치 불난집에 부채질이라도 하는 듯한 언동은 삼가야 했을 것이라 생각된다." [11]

한편 생각하면 이문열이 부럽긴 하다. 밤새 구역질과 욕지기가 나면 그렇게 된 사연을 글로 써서 즉각 유력 일간지에 실을 수 있는 그 파워는 정말 대단한 것이다. 나도 신문에 꽤 많은 칼럼을 쓰긴 했지만, 나 같은 사람은 죽었다 깨어나도 영원히 그런 파워는 누리지 못할 것이다. 이문열은 자신이 왜 그런 파워를 누릴 수 있는지 알고 있을까? 그 이유를 안다면 왜 문제의 통신사와 방송사가 그런 오보를 하게 되었는지 그것도 짐작은 했을텐데 참 이상하다. 이문열이 정작 구역질과 욕지기의 대상으로 삼아야 할 것은 어떤 소설가가 대중에게 인기가 있다 싶으면 물불 안 가리고 떠받드는 언론이 아닐까?

반경환의 반론 가운데엔 이런 말도 있다. "이씨의 도덕적·문학적 과신의 문제를 좀더 따져보고 싶지만 소설가로서의 이씨에 대한 인신공격으로 비화될까 보아 그만두기로 한다."

반경환이 그런 말을 한 적도 있었다는 게 흥미롭지만, 그러나 내가 보기엔 '과신' 정도가 아닌 것 같다. 이문열은 자신의 성공에 취해 있는 것 같다. 엄청난 자기 도취에 빠져 있는 것 같다. 더욱 비극적인 것은 이문열이 계속 자기 도취에서 헤어나지 못하게끔 옆에서 거드는 지식인들이 많았다는 점이다.

---

11) 반경환, 〈석방 서명 조작 어불성설〉, 『중앙일보』, 1992년 11월 8일, 11면.

손봉호와 이태동의 '지식폭력'

특히 서울대 교수 손봉호가 마광수와 관련해 보여준 '대학 교수관'은 내가 이 책에서 말하고자 하는 '지식폭력' 현상을 그대로 보여주고 있어 주목할 만하다. 그는 "마광수 씨는 교수라는 칭호없이 마광수 씨로 불러야 된다"고 주장했다.[12] 손봉호의 사상을 아주 싫어하는 사람이 "손봉호는 교수라는 칭호없이 손봉호 씨로 불러야 된다"고 주장하는 비극적인 사태를 미연에 방지하는 차원에서라도 그렇게까지 함부로 말하는 것만큼은 자제했어야 하지 않을까? 이러한 '지식폭력'에 대해 한국외국어대 교수 조종혁은 다음과 같이 반문했다.

"마광수 교수의 커뮤니케이션 행위는 지금까지 우리 사회가 지녀온 '교육의 신화'를 전면 거부하는 것이었다. 신화의 거부–이것이 그에게 주어진 모든 사회적 지탄과 비난과 억압의 이유였다. 그러나 신화의 거부, 신화의 파괴는 언제나 새로운 의미의 장을 연다. 그것은 새로운 현실 구축의 가능성을, 새로운 출발점을 시사한다. 마 교수는 이 땅에 전인교육의 신화를 엮어온 기존의 상징체들, 즉 '대학', '권위', '지성', '윤리', '교수', '학자적 양심' 등의 의미 작용에 더 이상 귀기울이기를 거부한 것이다. 이러한 그의 커뮤니케이션 행위는 『즐거운 사라』를 매체로 구체화되었다. 그는 과연 대학으로부터 격리되어야 할 반사회적인 교수인가?"[13]

---

12) 『문화일보』, 1993년 12월 9일자; 연세대학교 국어국문학과 학생회, 〈마광수 교수 구속의 평계〉, 『마광수는 옳다: 이 시대의 가장 음란한 싸움에 대한 보고』(사회평론, 1995), 137쪽에서 재인용.
13) 연세대학교 국어국문학과 학생회, 위의 책, 138–139쪽에서 재인용.

이문열이 기존의 강력한 상징체들에 대해선 더할 나위 없이 존중하는 태도 또는 제스처를 보여온 반면, 마광수는 그걸 정면 도전하였다는 게 흥미롭다. 마광수는 실속 없는 도전을 한 반면, 이문열은 늘 자신의 안전과 번영에 도움이 될 만한 도전을 해왔다는 걸 상기할 필요가 있겠다.

손봉호의 재미있는 대학 교수관에 딱 부합되는 교수들일수록 '마광수 죽이기'에 앞장섰다는 건 결코 우연한 일이 아니다. 그런 지식인들 가운데 대표적 인물이 바로 항소심 재판부에 감정서를 제출한 서강대 영문학과 교수 이태동이다.

이태동의 감정서는 정말 읽기에 민망하다. 이태동의 생각에 동의하지 않기 때문에 민망하다는 게 아니다. 너무 수준 이하의 감정을 하고 있어서 그게 민망한 것이다. 이태동은 자신의 감정서에서 "작가 이문열이 소설가로서 마광수의 자질을 의심했던 사실을 기억해 둘 필요가 있습니다"라면서 앞서 거론한 바 있는 이문열의 칼럼 일부를 길게 인용하고 있다.[14] 이태동이 이문열의 권위를 인정하고 흠모하는 건 자유지만 재판부에 제출하는 감정서에서까지 그럴 필요가 있는 것이었을까?

마광수가 '상업적인 욕망의 늪'에서 끝까지 헤어나지 못했다는 이태동의 주장은 마광수를 이문열로 착각한 건 아닌지 의심스럽다. 나머지 주장도 다 이 수준이다. 이태동은 대학에서 20세기 영미문학(시와 소설)을 강의하고 "우리 문단의 전열에서 비평활동을 진지한 자세"[15]로 해왔다고 스스로 주장하는 교수치고는 믿기지 않을 정도로 편협한 문학관을 갖고 있어서 그가 마광수를 공정하게 평가하기는 애초부터 불가능한 일이었다. 아무리 마광수를 싫어하는 사람이라도 이태동의 다음과 같은 주

---

14) 연세대학교 국어국문학과 학생회, 『마광수는 옳다: 이 시대의 가장 음란한 싸움에 대한 보고』(사회평론, 1995), 382-383쪽.
15) 연세대학교 국어국문학과 학생회, 위의 책, 381쪽.

장에 동의할 사람이 과연 얼마나 될까?

"『즐거운 사라』에 나오는 여대생과 그를 가르치는 교수 사이에서 문란하고 변태적인 성 관계가 성실한 노력의 상징인 학점의 흥정대상이 된다는 것은 커다란 사회적인 문제가 되지 않을 수 없는 것입니다." [16]

그만 두자. 입만 아프다. 여기서 내가 하고자 하는 말은 마광수 사건은 굳이 권력의 음모를 들먹일 것도 없이 이미 우리의 문단과 학계에서 단죄되었다고 하는 점이다.

『인터내셔널 헤럴드 트리뷴』지의 기자는 93년 4월 2일자 〈한국의 외로운 에로티카 장인〉이라는 제하의 인터뷰 기사에서 "마광수 교수의 구속 사건은 한국이라는 나라를 1990년대 민주국가 중 유례없이 허구적 문학작품을 이유로 작가를 가두고 작가의 발을 묶는 유일한 국가가 되게 했다"고 썼다. [17]

그러나 이 기사는 핵심을 놓쳤다. 마광수 사건은 실질적으로 한국의 문인들과 대학 교수들이 만들어준 사건이며 그 점에서 한국은 세계의 '민주국가' 중 권력의 권위주의 이전에 지식인의 권위주의가 더 심각한 유일한 국가일 것이며, 그 권위주의의 화신이 바로 이문열인 것이다. ▨

---

16) 연세대학교 국어국문학과 학생회, 『마광수는 옳다: 이 시대의 가장 음란한 싸움에 대한 보고』(사회평론, 1995), 385쪽.
17) 연세대학교 국어국문학과 학생회, 위의 책, 149쪽에서 재인용.

'이문열 현상'의 비밀

이문열과 '젖소 부인'의 관계2 [1]

진중권이란 '임자'를 만난 이문열

끊임없이 나도는 음모설에도 불구하고 현재까지는 정부나 여당이 총선연대의 조직과 활동에 개입했다는 뚜렷한 증거는 나오지 않았을 뿐더러 시민단체의 선의를 의심할 근거도 없다. 그들이 내건 대의는 누구도 대놓고 부정하기 어렵고, 많은 사람들은 그런 그들의 활동을 오히려 필요하고도 시의적절한 것으로 본다. 그런데도 총선연대 시민단체의 활동을 보면 자꾸 홍위병을 떠올리게 되는 것은 무슨 까닭일까. 그것은 아마도 그들의 활동이 이제 시작이며, 정말로 중요한 전개와 변화는 앞날에 남아 있기 때문일 것이다.

---

1) 이 글은 『월간 인물과 사상』 2000년 4월, 40-52쪽을 조금 개작한 것입니다.

홍위병을 돌아보며

지도자가 기존의 정치체제 안에서 충분한 권력기반을 확보하지 못하면 외부의 힘에 유혹을 느끼게 된다. 60년대 중국 대륙을 뿌려낸 유혈(流血)로 뒤숨은 홍위병(紅衛兵)은 공산당 지도부 장악에 자신이 없어진 마오쩌둥(毛澤東)이 체제 밖에서의 힘을 끌어들여 자신의 권력을 유지 내지 강화하려고 조직한 것으로 알려져 있다.

홍위병이 주도한 문화혁명(文化革命)에 대한 평가는 반드시 일치하지는 않으나 일반적인 견해는 있다. 그 운동이 중국 사회를 분열시켜 수백만의 인명이 살상됐으며, 지식인 탄압으로 중국 문화를 수십년 후퇴시켰다는 비난이다. 毛를 사랑하는 대부분의 중국 사람들도 그의 유일하고 중대한 실책으로 흔히 문화혁명을 든다.

그런 부정적인 평가가 아니더라도 총선시민연대와 그들이 호소하는 선거혁명을 두고 홍위병과 문화혁명을 떠올리는 것은 온당치 못한 일이 될지도 모른다.

우선 홍위병은 위로부터 시작된 조직이었지만 총선연대는 아래로부터 시작된 조직이며, 문화혁명은 피를 동반한 관제(官製)운동이었지만 선거혁명은 무혈(無血)의 시민운동이기 때문이다.

또 끊임없이 나돌는 음모설(陰謀說)에도 불구하고 현재까지는 정부나 여당이 총선연대의 조직과 활동에 개입했다는 뚜렷한 증거는 나오지 않았을 뿐더러 시민단체의 선의(善意)를 의심할 근거도 없다. 그들이 내건 대의(大義)는 누구도 대놓고 부정하기 어렵고, 많은 사람들은 그런 그들의 활동을 오히려 필요하고도 시의적절한 것으로 본다.

그런데도 총선연대 시민단체의 활동을 보며 자꾸 홍위병을 떠올리게 되는 것은 무슨 까닭일까. 그것은 아마도 그들의 활동이 이제 시작이며, 정말로 중요한 전개와 변화는 앞날에 남아 있기 때문일 것이다.

자민련과 공조가 깨지면 집권여당은 불

李文烈

총선연대 출발때 신선함
끝까지 유지되어야
與서도 활용유혹 경계를

가피하게 체제 밖에서 힘을 끌어들여야만 한다. 그런데 이미 졸로 만들어진 조직이 있으니 그 조직을 활용하고 싶은 유혹을 억제하기 어려울 것이다.

시민단체 쪽도 그렇다. 출발의 선의와 무사(無私)를 믿는다 쳐도 그 일관된 유지는 아무도 장담할 수 없다. 쌀에는 누가 섞여들기 마련이다. 더구나 대중운동의 장(場)은 시장 못지 않게 그레셤의 법칙이 자주 적용되는 곳이다. 거기에다 기존의 설정과 적용에 요구되는 공정성을 확보하는 일도 쉽지는 않을 것이다.

벌써 일부 지방에서는 총선연대의 낙천자 명단이 오히려 그 지역에서는 당선자 명단으로 통하고 있다고 한다. 의식의 차이라고 무사한다기에는 너무도 섬뜩한 현상이다. 총선연대의 공천반대나 기준에는 지역감정의 조장이라는 항목이 있는 걸로 알고 있는데, 이 경우에는 오히려 총선연대의 활동이 지역감정을 조장한 꼴이 된 셈이다.

총선연대의 기준이 너무 윤리적·감성적 측면만 강조하고 있다는 점에도 이의를 제기하는 사람들이 많다. 선거는 유능한 정치인을 뽑는 것이지 깨끗하고 착한 시민을 상 주는 것이 아니다. 예견력·결단력·종합관리능력 따위의 너무 실제적이고 효율적인 정치생산만을 기준으로 국회의원을 뽑는 것도 문제지만, 청렴이나 의리 같은 윤리적 덕목만을 강조하는 것도 올바른 투표권 행사를 유도하는 일은 못된다.

거기에도 만약 총선연대가 출발할 때의 신선함을 유지하지 못하고, 집권여당이 그들을 활용하고 싶은 유혹을 끝내 떨쳐버리지 못한다면 총선연대는 한국판 홍위병에 지나지 않고, 그들이 외친 선거혁명은 질 낮은 문화혁명이 되고 만다. 이런 점에서 총선연대나 집권여당이 스스로를 경계해야 함은 물론 우리도 알거니와 시민들도 눈을 부릅뜨고 그들 양쪽을 모두 지켜봐야 한다.　　〈작가〉

(『중앙일보』, 2000년 2월 8일)

이문열이나 총선연대나 한국 정치의 향방에 대한 영향력을 행사하겠다는 의지는 같지만, 총선연대의 소신이 '개혁 열망'이라면 이문열의 그것은 '권력 의지'라는 차이가 있다.

이문열이 『중앙일보』 2000년 2월 8일자 6면 〈시론: 홍위병을 돌아보며〉라는 제목의 칼럼에서 하신 말씀이다. 이 양반이 개그맨으로 데뷔하겠다는 것인가? 그러려면 방송사 로비에서 어슬렁거리면서 PD를 쫓아다녀야지 왜 신문에 대고 개그를 하시나? 하기야 개그라고 해서 꼭 방송에서만 하란 법은 없으니 나의 고정관념이 문제일지도 모르겠다. 그런 생각이 들었다.

그러나 평소 수준 낮은 개그에 대해 강한 혐오감을 갖고 있는 진중권이 이문열의 그런 만용을 그대로 지나칠 리 없다. 이문열로선 여태까지 그런 칼럼을 마구 써대도 무사했는데 '임자' 한번 제대로 만난 거다. 진중권은 『중앙일보』 2000년 2월 11

일자 6면에 기고한 〈시론: 이문열과 '젖소부인'의 관계?〉라는 제목의 칼럼에서 이문열의 논리와 어법을 이문열에게 그대로 되돌려준다. 이건 논리 교과서에 실려 마땅한 명문이다. 진중권은 이렇게 말한다.

〈에로영화 스타 젖소 부인과 소설가 이문열의 관계는?〉 이런 제목의 기사는 대중을 즐겁게 해준다. 설사 그 기사가 '아무 관계도 없다'는 허탈한 내용을 담을지라도 말이다. 혹시 이를 비난하는 사람이 있을지 모르겠다. 그 경우에는 표현을 슬쩍 바꾸면 된다. 가령 이렇게. "젖소부인과 이문열 사이에 내연의 관계가 있다는 '뚜렷한 증거'는 아직 나오지 않았다. 즉 두 사람의 관계는 한마디로 '앞으로 있을지도 모르는 관계'다." 이건 나치 선전상 괴벨스가 즐겨 사용하던 어법이다. 어쨌든 아무 '증거'나 '근거'도 없이 이문열은 과감하게 총선연대를 중국 문혁기의 '홍위병'에 비유한다. 고약한 상상력이다.⋯⋯이제 그의 말을 그대로 돌려주자. 아무쪼록 그 언어 폭력에 속수무책으로 얻어맞는 사람들의 심정이 어떠한지 체험해보는 귀한 시간이 됐으면 한다. "이문열 씨는 지금은 존경받는 소설가이지만 앞으로는 모 정당의 대변인이 되거나 그 당의 공천을 받을 수도 있다. 끊임없이 나도는 야합설에도 불구하고 물론 현재까지 이런 발언을 하는 이문열 씨가 정치권 일각의 사주를 받았다는 뚜렷한 증거는 나오지 않았을 뿐더러 그의 선의를 의심할 근거도 없다. 그런데도 그의 행각을 보면 자꾸 나치 친위대를 떠올리게 되는 것은 무슨 까닭일까. 그것은 아마도 그의 활동이 이제 시작이며, 정말로 중요한 전개와 변화는 앞날에 남아 있기 때문일 것이다."

이문열은 '권위주의의 화신'?

사람들은 흔히 부실한 말 개그를 코치하는 솜씨가 뛰어난 일인자로 전유성을 높이 평가한다. 나는 부실한 글 개그를 코치하는 솜씨로는 진중권이 일인자이며 말 개그와 글 개그를 통틀어 따지면 진중권이 전유성을 능가한다고 생각한다. 전유성은 결코 서운해 할 일이 아니다. 아무리 말 개그와 글 개그의 영역이 다르다곤 하지만 명색이 개그계의 대부로서 이문열과 같은 사이비 개그맨을 여태까지 그대로 방치했다는 건 말이 안 된다. 부끄럽게 생각해야 할 일이다.

나는 진중권의 탁월한 코치 솜씨에 감동받았다. 그래서 〈이문열과 '젖소 부인'의 관계 2〉라는 제목으로 이 글을 쓸 생각을 하게 된 것이다. 저작권자를 존중하는 의미에서 제2탄이라는 표시를 했으니 너그럽게 이해하여 주시기 바란다. 이 '사건'의 나머지 부분을 소개하고 내 이야기로 들어가겠다.

나는 진중권의 반론을 읽으면서 이문열이 절대 재반론을 하지 않을 거라고 확신했다. 이문열은 재미없는 개그를 하면서도 자신에 대해 엄청난 과대평가를 하는 개그맨이기 때문이다. 나는 그가 '권위주의의 화신'이라고 해도 좋을 만큼 장유유서(長幼有序)와 이른바 '네임 밸류 따지기'를 좋아하는 인물이라고 확신한다. 그가 신문 기자로 일하다가 그만 둔 이유도 바로 그 나이 때문이었다. 그의 말을 그대로 옮기자면, "특히 나이는 두어 살 어리면서 기수(期數)는 오히려 두어 기 빠른 선배 기자들과의 관계는 어떤 굴욕감을 느끼게 할 때가 있었다."[2]

좀 정도가 심하구나 하는 생각은 들지만 이문열이 느낀 '굴욕감'을 이해 못할 것도 없다. 그러나 그는 그 젊은 시절 이후 머리가 조금도 자라질 않았다. 나는 이문열이 자신보다 나이가 어리거나 '네임 밸류'가 뒤진다고 생각되는 사람과 정정당당하게 논쟁에 임한 걸 단 한 번도 본 적이 없다. 물론 내가 본 적이 없을 뿐이니 혹 그런 경우를 아시는 분이 있으면 제보 바란다. 좌우지간 내가 아는 한 이문열이 즐겨쓰는 수법은 실명을 거론하지 않는 '뒤통수 때리기'다. 애들 하고 어떻게 맞싸울 수 있겠느냐는 걸까? 요 이야긴 나중에 하기로 하고 순서에 따라 다음 이야기로 넘어가자.

---

2) 이문열, 『사색』(살림, 1991, 13쇄 1996), 81쪽.

내 확신대로 이문열은 재반론을 하지 않았다. 그 대신 대타가 나섰다. 누군가? 소설가라는 박경범이다. 그는 『중앙일보』 2000년 2월 15일자 6면에 〈시론: '언어 폭력가'는 안 된다/ 진중권 씨 글과 그의 앞날에 대한 우려〉라는 제목의 칼럼을 기고했다. 그의 개그는 이문열의 개그보다 더 수준이 떨어지는 개그다. '언어폭력'은 이문열이 먼저 저지른 데다 이문열의 '언어폭력'이 훨씬 더 심했는데, 진중권의 앞날을 걱정하겠다니 이게 웬말인가? 그래도 박경범의 핵심 주장은 들어주자.

> 사실 그들 행위의 주체들이 권부로부터의 지시선상에 있든 없든 간에 국가체제와 관계가 없다고 할 수 없을 것이며, 또한 직접 지시의 증거가 없다고 해서 국가 체제가 그 책임을 덜 수는 없을 것이다. 상부로부터의 직접적이고 체계적인 비밀 지시가 있었느냐는 증거의 존재 여부로 음모론을 저울질하고 권력의 도덕성을 판가름하려는 것은 과거의 일이든 현재의 일이든 무모한 것이라 하겠다.

박경범은 그리 말씀하시곤 칼럼을 "진중권 씨는 혹 언어에 의한 폭력을 전문으로 삼는 '언어 폭력가'로 나아가지나 않을까 하는, 앞날의 중요한 전개와 변화에 대한 우려를 떨치지 못하는 것이다"라는 말로 끝맺고 있다. 차라리 박경범의 인물 사진을 활짝 웃는 것으로 실었더라면 얼마나 좋았을까? 웃지도 않는 얼굴로 그런 개그를 해대시니 이 노릇을 어찌하랴.

이문열의 개그보다 더 수준 낮은 박경범의 개그

'사상 검증'의 일인자인 『한국논단』 2000년 3월호를 보았더니 박경범이라는 소설가가 〈보안법 폐지론자들에게 어문(語文)정책개혁을 제안한다〉는 글을 기고했다. 나는 이 박경범이 그 박경범인지는 모르겠다. 동명이인(同名異人)이 좀 많은가. 그러나 이 박경범이나 그 박경범이나 매우 재미있는 분이라는 건 분명하다. 『한국논단』쪽 박경범은 과연 무슨 제안을 했을까? 아마 이문열도 깜짝 놀라 자빠질 그런 제안은 아닌지 모르겠다. 어디 그 핵심 내용만 살펴볼까?

> 보안법 개폐에 대한 좌익의 압력이 어느 때보다도 고조된 지금, 아예 그 요구를 전면 받아들이면서, 보안법의 폐지와 맞바꿀 빅딜을 제안한다. …… 만약 다음의 사항이 이루어진다면 보안법의 폐지에 동의하는 바이다. - 초등학교 정규수업시간에 한자교육을 전면 실시한다. - 중고교 전 과목 교과서를 한자혼용으로 발간한다. - 각 관공서의 현판과 팻말을 한자로 쓴다. - 서울대학교의 입시 논술을 한자 혼용으로 출제한다. - 정부기금으로 기업에 세로쓰기 기능이 강화된 문서편집기를 개발하도록 지원한다. - 정부, 공공단체는 국민 독서의 권장을 위해 세로쓰기로 조판된 문학서를 보급한다. - 정부 출연 언론사인 『대한매일』은 제호를 한자 서예체로 하고 세로쓰기 조판을 한다. - 국어와 국사 교과서 등의 세로쓰기 조판을 실시한다.

이거 절대로 웃으면 안 된다. 박경범은 매우 진지하게 한 이야기니까 말이다. 그러니 어금니를 깨물고 배에 힘을 주면서라도 터져나오는 웃음을 참고 다시 그 박경범 이야기로 돌아가자. 진중권은 매우 인내심이 강하고 자상한 코치다. 진중권의 '지도 말씀'을 들어보자. 진중권은 『중앙일보』 2000년 2월 17일자 6면에 쓴 〈시론: 속 이문열과 '젖소부인' 관계〉라는 제목의 칼럼에서 다음과 같이 말했다.

> 최근 나는 사설 정보팀으로부터 이문열과 젖소부인의 관계를 암시하

는 중요한 정보를 입수했다. 즉 지금 청계천에는 '젖소부인 바람났네' 라는 비디오테이프가 나돌고 있다는 것이다. 이로써 젖소부인이 바람났다는 것은 확인됐다. 문제는 젖소부인의 파트너가 누구냐 하는 것이다. 누굴까. 물론 그 남자가 이문열이라는 증거는 아직 없다. 그렇다고 그까짓 '증거의 존재 여부' 로 둘의 내연의 관계를 말하는 내 주장을 감히 '저울질하고' 이문열의 '도덕성을 판가름하려는 것은 …… 무모한 것이라 하겠다.' 보라. 이렇게 해괴한 사태가 벌어지지 않는가. 그럼 이문열 씨가 얼마나 억울하겠는가. 사태가 이 정도에서 그친다면 나는 아예 이 글을 쓰지 않았다. 문제는 계속된다. 왜. 이어서 나는 이렇게 물을테니까. '이문열 씨, 왜 직접 나서서 반론을 하지 않고 기껏 유겐트를 내세우고 그 뒤로 숨어요.' 물론 박경범 씨는 이문열과 무관함을 주장하며 오직 청년 진중권의 '앞날에 대한 우려' 에서 그 글을 썼다고 호소할 것이다. 어쩌면 내게 자기가 이문열의 지시로 그 글을 썼다는 증거를 대라고 할지도 모르겠다. 그럼 나는 이렇게 얘기할 수밖에. 사실 박경범 씨가 이문열로부터의 "지시 선상에 있든 없든 간에" 이문열과 "관계가 없다고 할 수 없을 것이며, 또한 직접 지시의 증거가 없다고 해서" 이문열이 "그 책임을 덜 수는 없을 것이다." 이문열 씨, "책임지세요. 이게 뭐하는 짓입니까." 보라, 박경범의 말이 옳다고 가정하니까 존경받는 소설가가 졸지에 치졸한 사람으로 전락하지 않는가. 이 부조리한 사태를 누가 원하겠는가.

『조선일보』로 도망쳐 화풀이하는 이문열

〈이문열과 '젖소부인' 의 관계〉 사건은 이렇게 진중권의 KO승으로 끝났다. 그럴 줄 알았다. 그런데 이상한 일이 벌어졌다. 이문열이 무대를 바꿔 나타난 것이다. 이문열은 『조선일보』 2000년 2월 19일자 7면에 쓴 〈아침생각: 공자가 죽으면 나라가 살까〉라는 제목의 칼럼에서 앞서 내가 말한 바 있는 '뒤통수 때리기' 수법을 감행한 것이다.

이문열은 그 칼럼에서 세상을 개탄한다. "비방과 욕설은 용기의 딴 이름이며 고발과 폭로는 정직의 표상이다." 하긴 나는 총선연대에 대한 이문열의 실질적인 비방과 욕설을 보면서 그의 '용기' 하나는 대단하다고 생각했다. 그러니까 이문열은 자기 이야기를 한 걸까? 아무래도 그런 것 같지 않다는 데에 문제가 있다. 이문열이 『중앙일보』에서 도망쳐 『조선일보』라는 피난처 무대에서 분노하며 뿜어내는 사자후(獅子吼)를 들어보자.

> 참으로 세상이 뒤집혀도 어찌 이리 뒤집혔을꼬. 천명 같이 보이지도 않고 잡을 수도 없는 것은 무시하고 비웃는 것이 요즘 지혜이다. 그리고 그 지혜를 가진 사람을 높이 쳐주니 지금 세상에서는 그가 오히려 군자가 된다. 조금이라도 옛날의 대인 비슷하게 평가를 받는 사람이 있으면 악착 같이 달라붙어 사사건건 시비를 걸고, 되잖은 논쟁이라도 아득바득 벌이는 것을 보잘것 없는 자신을 세상에 드러내는 수단으로 삼는 지적(知的) 파파라치들은 공자에게는 틀림없는 소인이다. 그런데 지금은 오히려 그걸 똑똑하고 잘난 것으로 여기니 이쯤 되면 공자는 죽어도 무참하게 죽었다. 거기다가 끔찍한 일은 이 같은 공자의 말을 대하는 요즘 군자들의 태도이다. 그래도 옳은 말씀이 있다 싶어 몇 구절이라도 인용하게 되면 몽매하고 썩은 보수주의자요, 봉건주의자 파시스트이며, 심하면 왕도 없는 시절에 난데없이 왕당파라고 욕을 퍼부어댄다. 공자의 시체까지 관에서 끌려나와 허리를 베인 꼴이다.

이문열이 진중권으로부터 얻어맞은 상처가 그리 깊었나? 하기야 말싸움으로 어찌 감히 진중권에 대적할 수 있으랴. 열 받을 만도 하다. 그런데 나는 이문열의 행태를 보면서 서울에서 큰 사고 치고 당하게 되니까

아침생각

李文烈

공자는 우리에게 말(言語)로 살아있는 사람이다. 그의 말이 죽었다면 그도 죽었다. 그런데 요즘 세상을 들여다보면 공자는 이미 죽었거나 거의 죽어가고 있는 듯하다.

비방-욕설을 勇氣로 오해

드물게 논어(論語)에 두 번씩 나오는 말로 "그 자리에 있지 않으면 그 정치를 피하지 않는다(不在其位 不謀其政)"란 구절이 있다. 또 공자는 "천하에 도가 있으면 정치가 대부(여기서는 정치를 전단할 수 없는 하급직의란 뜻)에게 있지 아니하고(天下有道 則政不在大夫), 천하에 도가 있으면 서민들이 정치를 비판하지 않는다(天下有道)

孔子가 죽으면 나라가 살까

則庶人不議)"라고도 했다.

좋게 보면 전문성의 강조가 되고 나쁘게 보면 정치적 무관심을 유도하는 말이 될 테지만 적어도 이 부분에서 공자는 죽은 게 확실하다. 요즘은 자기가 있는 자리가 어디건 정치를 떠들어대는 것이 잘나 보이는 세상이다.

옛날의 대부(大夫)급에도 미치지 못하는 직분과 이력을 가진 이라도 무리를 짓고 시세만 타면 정치가 제 것인 양 나서고, 서민들은 입만 열면 정치를 비판한다. 그것도

지금 세상의 도(道)라 할 수 있는 민주주의가 발전해서 그리된 것이라 하니 공자의 말은 저절로 죽은 셈이다.

공자는 "남의 잘못을 여럿 앞에서 흉보는 자를 미워하고(惡稱人之惡者) 아랫자리(혹은 못난 사람)에 있으면서 윗사람(혹은 잘난 사람)을 비방하는 자를 미워하며(惡居下流而訕上者) 용기만 있고 예의를 모르는 자를 미워하며(惡勇而無禮者) 과감하지만 앞뒤가 막힌 자를 미워한다(惡果敢窒者)"고 했다.

그의 제자 자공(子貢)은 "살피는 것을

지혜로 여기는 자를 미워하고(惡徼以爲知者) 불손한 것을 용기로 여기는 자를 미워하며(惡不遜以爲勇者) 들추어내 고자질하는 것을 정직으로 여기는 자를 미워한다(惡訐以爲直者)"고 하여 공자의 허약함을 받았다.

그런데 지금 세상은 오히려 그들 사제가 아울러 미워할 자들이 쑥대밭처럼 번성한다. 비방과 욕설은 용기의 딴 이름이며 고발과 폭로는 정직의 표상이다.

더한 일도 있다. 공자는 "군자는 세 가지를 두려워하나니, 천명을 두려워 하고(畏天) 대인을 두려워 하며(畏大人) 성인의 말씀을 두려워 한다(畏聖人之言). 소인은 천명을 알지 못하여 두려워하지 않고(不知天命而不畏) 대인을 함부로 대하며(狎大人) 성인의 말씀을 업신여긴다(侮聖人之言)"고 했다.

참으로 세상이 뒤집혔다. 어찌 이리 뒤집혔을꼬. 천명(天命) 같이 보이지도 않고 잘 들리지도 않는 것은 무시하고 비웃는 것이 요즘의 지혜이다. 그리고 그 지혜를 가진 사람을 높이 쳐주니 지금 세상에서는 그가

오히려 군자가 된다.

조금이라도 옛날의 대인 비슷하게 평가를 받는 사람이 있으면 악착같이 덤벼들어 사사건건 시비를 걸고, 되잖은 논쟁이라도 아득바득 벌이는 것을 보잘 것 없는 자신을 세상에 드러내는 수단으로 삼는 지적(知的) 파파로치들은 공자에게는 틀림없는 소인이다. 그런데 지금은 오히려 그걸 똑똑하고 잘난 것으로 여기니 이쯤 되면 공자는 죽어도 무참하게 죽었다.

공자 인용하면 왕당파라니…

거기다가 더욱 끔찍한 일은 이 같은 공자의 말을 대하는 요즘 군자들의 태도이다. 그래도 옳은 말씀이 있다 싶어 몇 구절이라도 인용하게 되면 몽매하고 썩은 보수주의자요, 봉건주의자 파시스트이며, 심하면 왕도 없는 시절에 난데없이 왕당파라고 욕을 퍼부어 댄다. 공자의 시체까지 관에서 끌려나와 허리를 베인 꼴이다.

요즘 군자 중에는 어떤 이는 "공자가 죽어야 나라가 산다"했다. 그런데 자― 이렇게 공자가 죽었으니 이제 나라가 살까?

/소설가

※본란(本欄)의 내용은 본지의 편집방향과 일치하지 않을 수도 있습니다.

『조선일보』, 2000년 2월 19일

이문열은 비판과 논쟁을 하는 사람을 지적 파파라치라고 하고 있는데, 그간 민주화 세력에게 퍼부었던 자신의 독설과 언어 폭력은 그 어떤 세계적인 '지적 파파라치'도 넘보기 어려운 수준이었음을 상기할 필요가 있다.

자기 동네 내려가 지역감정에 호소하는 저질 정치인의 몰골을 보는 것 같아 영 씁쓸하다. 애향심(愛鄕心)을 그렇게 모독해도 되는 건가? 이문열은 갑자기 공자를 방패로 삼는데 이건 유림(儒林)이 들고일어나야 할 만큼 공자에 대한 모독이다.

공자를 걸고넘어지는 '아마추어 파파라치'

공자의 말을 "몇 구절이라도 인용하게 되면 몽매하고 썩은 보수주의자요, 봉건주의자 파시스트이며, 심하면 왕도 없는 시절에 난데없이 왕당파라고 욕을 퍼부어댄다"고? "공자의 시체까지 관에서 끌려나와 허리를 베인 꼴이다"고? 이거야말로 큰일날 소리다. 증거를 대라. 누가 그러

던가? 그건 성균관대를 나온 내가 결코 용납할 수 없는 만행이다. 만약 이문열이 증거를 대지 못하고 짐작으로 한 말이라면 성균관 대성전에 무릎꿇고 빌어야 마땅하다.

아마도 누가 이문열에 대해 그런 말을 했다면, 그건 공자와는 무관하게 이문열이 그런 말을 들을 만한 짓을 했기 때문일 것이다. 잘 생각해보시기 바란다. 예컨대, 어떤 사람들은 "총선연대 시민단체의 활동을 보면 자꾸 홍위병을 떠올리게 되는 것은 무슨 까닭일까"라는 이문열의 말에서 '몽매하고 썩은 보수주의자'이자 '봉건주의자 파시스트'의 냄새를 맡을 수도 있을 것이다. 그건 어디까지나 이문열 개인의 잘못으로 빚어진 일인데 왜 거기에 감히 우리 공자님을 끌어들이는가?

나는 이문열의 개그 가운데 "조금이라도 옛날의 대인 비슷하게 평가를 받는 사람이 있으면 악착같이 달라붙어 사사건건 시비를 걸고, 되잖은 논쟁이라도 아득바득 벌이는 것을 보잘것 없는 자신을 세상에 드러내는 수단으로 삼는 지적(知的) 파파라치들은 공자에게는 틀림없는 소인이다"라는 대목을 읽으면서 이문열의 개그가 갈 데까지 갔구나 하는 생각을 했다. 이른바 '막가파 개그'라고나 할까?

나는 "조금이라도 옛날의 대인 비슷하게 평가를 받는 사람"이 누구인지 무척 궁금하다. 혹 이문열 자신을 가리키는 걸까? 대인이 한 말씀하면 그런가보다 하고 경청할 일이지 왜 대드느냐고 일갈하고 싶었던 걸까? 설마 아니 이문열이 그렇게까지 뻔뻔하진 않을 게다. 그래서 몹시 궁금하다. 그런 분께 대드는 '지적 파파라치'가 있으면 내가 혼내주고 싶어서 그런다. 꼭 알려주시기 바란다.

'지적 파파라치'라는 말이 재미있다. 나는 과거 민주화운동을 하는 사람들에게 온갖 비방을 해대던 이문열이야말로 바로 '지적 파파라치'의 전형이라는 생각을 했기 때문이다. 그러나 이 경우 총선연대의 입장에서 보자면 이문열은 '지적 파파라치'의 자격조차 없는 게 아닐까? 파파라치는 그래도 프로 근성은 있다. 그런데 이문열은 툭 건드려보았다가 여의치 않으니까 줄행랑을 친 게 아니냐 이 말이다.

『중앙일보』는 이문열을 배신했나?

이문열은 혹 『중앙일보』에 대해 일종의 배신감을 느끼고 있는 건 아닐까? 『조선일보』라면 진중권의 반론 같은 건 받아주지 않았을 것이고 그러면 개망신을 당하는 일도 없었을 텐데 라는 생각을 하면서 말이다. 아마 진중권도 이문열이 그 문제의 칼럼을 『조선일보』에 썼더라면 『조선일보』에 반론을 쓰진 않았을 것이다. 이번 기회에 이문열은 다른 신문에의 나들이를 일체 중단하고 평생 동지라 할 『조선일보』에만 둥지를 트는 게 어떨까 하는 생각이 드는데, 이문열의 생각은 어떠한지 궁금하다.

『중앙일보』도 이문열에게 미안한 생각이 들었던지 논설주간 권영빈이 나서서 '교통 정리'를 해주는 수고를 했다. 권영빈은 『중앙일보』 2000년 2월 18일자 6면에 쓴 〈권영빈 칼럼: 내 마음속 DJ 정서〉라는 제목의 칼럼에서 다음과 같이 이문열에게 위로의 말을 보냈다.

> 최근 『중앙일보』에 총선시민연대의 낙선운동을 둘러싼 논쟁이 벌어졌다. 작가 이문열이 시민단체의 활동에 대해 〈홍위병을 돌아보며〉라는 제목으로 향후 운동방향에 대한 경고를 보냈다. 곧이어 문화비평가 진중권이 〈이문열과 젖소부인 관계〉라는 반론을 썼다. 두 글이 나가자 사내외에서 비판과 지지의 소리가 요란했다. 그러나 유심히 귀 기울여 들으면 대체로 비판과 지지의 근거가 평소 친 DJ냐 반 DJ냐에서 출발하고 있다는 섬뜩한 사실에 놀란다. 친 DJ면 '젖소부인' 편이고 반 DJ면 '홍위병' 편이다. 주장이나 논리의 잘잘못을 따지기 전에 내 마음속 DJ 정서 또는 그 정서의 대부분을 차지할 지역감정에 따라 결론은 이미 나 있다.

이문열은 권영빈의 이 말을 '위로'로 여기지 않을 수도 있을 것이나, 나는 권영빈의 주장은 논리적으로 KO패 당한 이문열에게 무승부라는 위로 선물을 안겨주고자 하는 매우 불공정한 심판 행위라고 생각한다. 무엇보다도 '내 마음속 DJ 정서'를 이야기하는 데 있어서 이문열과 진중권 논쟁의 사례를 드는 건 전혀 적절치 않다. 특히 진중권을 가리켜 '친 DJ'라고 그러면 진중권이 기절할 지도 모른다. 그리고 총선연대 주도자들 가운데엔 '반 DJ' 인사들이 수두룩하다. 제발 뭘 좀 제대로 알고 이야기하시라. 하긴 이 양반 최근의 언론개혁 정국과 관련해 쥐뿔도 모르면서 아는 척 되게 하더라. 물론 알고서도 그런다면 아주 나쁜 사람일 것이다.

'이문열 현상'의 비밀

나는 '이문열 현상' – 매우 수준 낮은 개그를 하면서도 퇴출당하지 않고 건재하는 기이한 현상 – 은 지역주의만으론 설명할 수 없다고 본다. 이문열은 비단 이번 경우만 아니라 그 이전에도 민주화운동을 하는 사람들에 대해 모욕적인 주장을 자주 해온 인물이다. 그럼에도 불구하고 그는 적어도 언론매체에서는 여전히 막강한 '문화 권력'을 누리고 있으며 그의 '문화 권력'이 영남지역에만 국한된 것도 아니다.

나는 '이문열 현상'은 "부자가 망해도 3대는 간다" 현상으로 이해해야 한다고 생각한다. 한국 사회에서는 일단 기득권 세력에 편입되어 큰 힘을 얻으면 몰락하기가 참 어렵다. 3김만 '쓰리 세븐'이라고 비웃을 게 아니다. 정치판이나 문단이나 똑같다. 그 이유가 무얼까? 그 이유는 앞서 이문열이 사실상 이야기한 거나 다름없다. 비판과 논쟁을 원천 봉쇄하라!

이문열은 기본적으로 비판과 논쟁의 가치를 인정하지 않는 사람이다.

그는 적어도 이 점에선 민주주의자가 아니다! 그는 비판과 논쟁을 하는 사람을 '지적 파파라치'로 간주한다. 그러나 여기서 한 가지 주의해야 한다. 이문열 자신이 비판하거나 자신과 비슷한 성향의 사람이 비판하는 건 예외다. 이문열이 그간 민주화 세력에게 퍼부었던 독설과 언어폭력은 그 어떤 세계적인 '지적 파파라치'도 넘보기 어려운 수준이었음을 상기할 필요가 있다.

이문열은 자신에 대한 비판과 논쟁을 두려워하는 본능을 갖고 있는 것으로 보인다. 왜? 모든 것이 다 들통나기 때문이다. 이문열에겐 불행 중 다행히도 한국엔 아직도 제대로 된 비판문화가 없다. 이래저래 다 구린 구석을 안고 살아가는 사람들의 '침묵의 카르텔' 체제가 언론계뿐만 아니라 문단과 학계에 굳건한 뿌리를 내리고 있는 것이다. 그 덕분에 이문열은 '문화 권력'으로서 장수를 누려왔다.

"부자가 망해도 3대는 간다" 현상은 대중매체 종사자들이 갖고 있는 직업적인 무사안일주의와 맞물려 있는 것임에 주목할 필요가 있다. 그들은 어찌나 소심하고 게으른지 '안전빵'을 너무 좋아해 장사를 위해 지나칠 정도로 스타에 의존한다. 방송 PD만 그런 게 아니다. 신문 기자들이 더한다. 누가 좀 뜬다 그러면 모두 다 그 사람에 관한 이야기로 지면을 도배질한다. 화제의 인물을 부각시키는 것 자체가 문제라기보다는 모두 다 똑같이 그런다는 게 문제라는 말이다. 이른바 '김용옥 신드롬'을 포함하여 한국 사회의 모든 '신드롬'과 한국인들이 자랑하는 '우우 몰려다니기'는 상당 부분 PD와 기자들의 그런 무사안일주의와 무관하지 않을 것이다.

스타를 그렇게 집중적으로 우려먹으면 스타의 수명이 짧아지지 않느냐, 그런데 이문열은 장수하고 있으므로 달리 봐야 하지 않겠느냐는 반문이 제기될 법하다. 맞다. 그래서 스타에겐 '자기 관리'가 필요한 것이고, 자기 관리를 잘해 장수하는 스타를 가리켜 우리는 '대스타'라고 부르는 것이다.

한국 문단의 대스타 이문열의 대중매체 이용 감각을 포함한 자기 관리 능력은 대단히 탁월하다. 물론 자신의 인맥 관리 솜씨도 탁월하다. 그런 점에서 그는 '옛날의 대인 비슷한 사람'임에 틀림없다. 그가 자신의 돈을 들여 후학을 양성하겠다고 만든 부악문원도 그런 대인다운 풍모로 보아야 할 것이다. [3]

이문열의 권력 욕망과 젖소 부인의 성애 욕망

이문열은 대인이긴 하지만 늘 미래에 대해 불안하게 생각하는 대인임을 잊지 말아야 할 것이다. 그가 『선택』이라는 소설을 쓴 것도 "작금의 세상에 대해 공포에 가까운 두려움을 갖고 있"기 때문이었다는데, [4] 정치적 변화에 대한 두려움은 오죽할까?

선택은 분명하다. 이문열은 '침묵의 카르텔' 체제에 균열을 내려는 사람들을 '지적 파파라치'로 매도하면서 자신의 두려움을 잠재우기 위해 몸부림을 친다. 심지어 공자까지 전혀 맥락에 닿지 않는 곳에 끌어들

---

3) 부악문원에 대한 문학평론가 이명원의 다음과 같은 견해는 주목할 만하다. "나로서는 '부악문원'이 중세적 '서원'의 현대적 재현이라고 느껴진다. 세속의 잡사로부터 벗어나 초연하게 오직 '글쓰기'에만 전념한다는 문사적(文士的) 이상의 구현으로서 바라볼 수 있다는 이야기다. 2년여에 걸친 기숙과정을 통해 인류의 고전을 학습하고, 오로지 글쓰기에만 심취할 수 있다는 것은 문학인들에게 얼마나 매력적인 조건인가. 하지만 이 문원을 거쳐간 작가들이 과연 그 매력적인 조건을, 자신의 치열한 문학혼으로 승화시킬 수 있을지는 오래도록 지켜볼 필요가 있을 듯하다. 이것은 그냥 내뱉은 말이 아니라, '부악문원'에서 공부했던 작가 심상대의 『늑대와의 인터뷰』(솔, 1999)에 수록된, 〈소설쓰기의 괴로움〉이라는 단편소설을 읽어본 끝에 내린 결론이다. 그 소설을 읽고 나서 나의 머릿속에 떠오른 가장 강렬한 생각은, '부악문원'이 혹 '문학청년 기질'의 제도화에 이바지하고 있는 것은 아닌가 하는 우려였다." 이명원, 〈기만의 수사학: 이문열의 『선택』과 『아가』를 통해 본 담론의 책략〉, 『비평과 전망』 제3호(2001년 상반기), 56쪽.
4) 고미숙, 〈세기말을 배회하는 가부장제의 망령: 이문열의 『선택』에 대한 단상〉, 『비평기계』(소명출판, 2000), 102쪽.

여 공자를 모독하는 무리수를 저질러가면서까지 발버둥을 치고 있는 것이다.

그러나 나는 이문열이 그런 발버둥을 멈추고 자신의 두려움의 정체와 분수를 깨닫긴 어려울 것이라고 생각한다. 그의 권력 의지가 워낙 강하기 때문이다. 어느 정도로 강한가? 문단 권력만으론 만족 못하겠댄다. 한국 정치의 향방에 대해서도 자신이 꼭 영향력을 행사해야겠댄다. 그거야 총선연대도 마찬가지 아니냐고? 맞다. 그러나 한 가지 큰 차이가 있다.

그건 비판에 열려있고 논쟁과 토론을 할 뜻이 있느냐 하는 거다. 이문열에겐 그게 결여되어 있는 거다. 그래서 총선연대의 소신은 '권력 의지'가 아니라 '개혁 열망'인 반면 이문열의 경우엔 개인적인 아집과 오만이 뒤범벅된 '권력 의지'인 것이다.

그런 처절한 권력 의지가 바로 오늘의 이문열이라는 화려한 성공을 만들어낸 원동력일진대 그걸 포기하라는 건 무리한 요구인지도 모른다. 이제 우리는 여기서 〈이문열과 '젖소부인'의 관계 2〉에 대한 결론을 내려야 할 때다. 답은 이미 나왔다.

두 사람은 아무런 개인적인 관계는 없지만 두 사람 모두 강한 의지와 욕망을 갖고 있다는 점에선 통하는 면이 있다. 한 사람은 권력에 대한 욕망이요 또 한 사람은 성애에 대한 욕망이다. 그러나 그런 공통점만을 갖고서 마치 두 사람 사이에 그 어떤 불륜이라도 있는 것처럼 고약한 상상력을 발휘해선 안 될 것이다. ▨

이문열의 '심층적 상업주의'

'그녀를 만나거든 내가 울고 있다고 전해다오?' [1]

신문은 한국 문인(文人)들의 자궁(子宮)

언젠가 TV에서 소설가 이문열과 하일지가 바둑을 두는 모습을 본 적이 있다. 그 장소가 아마도 이문열의 집이 아니었던가 싶다. 별걸 다 보여주는 TV 덕분에 나는 한동안 의아하다는 생각을 했었다. 하일지가 이문열과 친하게 지내다니! 『경마장 가는 길』과 『선택』의 만남이라, 적어도 문화적 취향상 두 사람이 전혀 안 맞을 것 같다는 생각이 들었기 때문이다. 그러나 나는 곧 생각을 정리했다. 군사독재정권 옹호에 앞장선 사람과 민주화 투사라도 사적으론 얼마든지 친하게 지낼 수 있거니와 실제로 그런 사례들이 적지 않은데 그게 무슨 문제가 되겠는가.

---

1) 이 글은 『월간 인물과 사상』 2000년 6월, 115-136쪽을 개작한 것입니다.

이문열은 『선택』에 뒤이어 『아가』라는 작품을 냈다. 『아가』 역시 민음사에 나왔다. 물론 이 작품도 거센 찬반 양론에 휩싸였다. 우선 비판 쪽의 주된 의견을 살펴보자. 이명원의 평가로 요약하는 것이 가장 좋을 듯싶은데, 이명원은 『선택』에 이어 『아가』에서 "지속적으로 제기되고 있는 이문열의 사회관과 여성관은 조악한 '생물학적 유기체주의'의 범주를 넘어서지 못한다"면서 다음과 같이 말한다.

"한 개인은 그가 속한 사회에서의 계급적인 지위와 기능에 의해 자신의 주체성을 승인받으며, 특히 여성은 전체로서의 남성 가부장 사회의 재생산의 매개로서만 그 존재 의의를 찾을 수 있다는 이러한 인식이야말로 매우 편협하면서도 시대착오적인 이문열의 사회관과 여성관을 동시에 보여준다." [2]

그 내용도 내용이지만, 이문열이 의도했건 의도하지 않았건, 나는 『아가』를 둘러싸고 벌어진 상업주의적 판촉 전략에 혀를 내둘렀다. 아, 갈 데까지 갔구나! 그런 한탄이 내 입에서 절로 나왔다. 본인이 알고 있건 모르건, 그 전략극의 조연으로 출연한 하일지에 대해서도 혀를 끌끌 찼다.

아는 사람은 알고 모르는 사람은 모르겠지만, 한국 근대 문학의 역사는 한국 신문의 역사와 궤를 같이 한다. 나 같은 사람은 오늘날 한국 문인들이 신문에 대해 너무 비굴하게 군다고 호통을 치지만 문인들은 그렇게 생각하지 않을 것이다. 오늘날의 나를 있게 해준 자궁(子宮)을 섬기는 걸 어찌 비굴 운운하는 단어로 매도할 수 있느냐는 게 그들의 생각일 것이다.

신문이 문학의 자궁이라 한들 사실이 달라지는 건 아니다. 신문은 문

<hr />

2) 이명원, 〈기만의 수사학: 이문열의 『선택』과 『아가』를 통해 본 담론의 책략〉, 『비평과 전망』 제3호(2001년 상반기), 74쪽.

인들에 대한 소유 의식이 대단히 강하다. 얘네들은 우리가 발굴해 키웠다는 식으로 뻐기면서 그걸 사세(社勢) 과시의 목적으로 이용하기도 한다. 소유 의식에 따른 책임감이 강하다는 건 인정해줘야 할 것이다. 한번 '우리 새끼'면 영원히 '우리 새끼'다. 키워주기로 맘먹은 이상 끝까지 밀어준다. 물론 이런 오기도 작용한다. "우리가 미는 데 안 크고 배겨?"

이문열의 정신 상태

이문열은 이미 클 대로 큰 문인이다. 어찌나 컸는지 정치판에서의 유혹도 끊이질 않거니와 대통령(김영삼)과 독대도 하고 칼국수도 몇 차례 얻어먹었을 정도로 대접을 받는 거물이다.[3] 그러나 그는 이미 정상에 올랐기 때문에 정상을 지켜야 한다는 부담감이 크다. 신문의 지원사격 없이 이문열이 현 위치를 고수할 수 있을까? 천만의 말씀이다. 어림 반 푼어치도 없는 소리다. 신문이 어느 날 갑자기 외면하면 천하의 이문열도 죽는다. 물론 완전히 죽지는 않을 것이다. 광고로 밀어붙여서라도 어느 정도 버티긴 할 것이다. 그러나 절대 오래 가진 못한다.

이문열이 무슨 작품만 냈다 하면 모든 신문들이 앞다투어 대서특필해댄다. 물론 『한겨레』까지도. 『한겨레』는 참 공정하고 대범한 신문이다. 그러나 이문열의 이름값을 염두에 둔 계산도 작용했을 것이다. 이문열식의 이데올로기나 정치적 성향을 가진 신인 작가를 『한겨레』가 크게 다뤄주는 건 본 적이 없으니, 그리 봐야 할 것이다.

어찌됐건 이문열에겐 기존의 이름값이 있기 때문에 신문들 스스로 '이문열 판매'에 앞장선다고 보는 건 타당한 진단임에 틀림없다. 그러나

---

3) 박종주, 〈와이드 인터뷰: 『선택』 이후 3년만에 새 장편소설 『아가』 펴낸 작가〉, 『월간중앙』, 2000년 5월, 158쪽.

이문열엔 못 미칠망정 이문열에 근접하는 이름값을 가진 모든 문인들이 이문열처럼 신문들로부터 화려한 대접을 받는 건 아니라는 걸 염두에 둘 필요가 있다. 우리는 여기서 이문열이 대(對) 언론 처세에 대단히 능하다는 걸 인정해야 할 것이다. 아무리 마땅치 않은 사람이라도 장점은 장점대로 인정해야 한다. 그렇지 않은가. 이문열의 술 실력 대단하다. 폭탄주는 기본이다. 그거 한국에선 대단히 중요한 능력임을 잊지 말아야 한다.

게다가 그는 옛날의 대인 비슷한 사람이다. 그래서 아이 놈이 설치는 꼴을 죽어도 못 본다. 민주주의? 아무래도 그에겐 그게 참으로 가소롭고 흉측한 소리인 것 같다. 드러내놓고 왕정체제나 군사독재정권 시절로 돌아가자고 주장하진 않으니 다행이긴 하지만, 정치인들간의 설전(舌戰)을 '버르장머리 없는 아이놈' 대 '점잖은 어른'이라고 하는 관점에서 평가하는 그의 정신 상태를 두고 민주주의적인 것이며 서기 2000년에 어울리는 것이라고 보기는 어려울 것이다. 그의 정신 상태를 말해주는 그의 말을 들어보자.

"언론이 범하기 쉬운 실수 중의 하나가 어른과 아이 싸움 붙여놓고 버르장머리 없는 아이놈한테 점잖은 어른이 욕보는 꼴을 재미있어하며 구경하는 일이다. 꼭 합당한 예가 될는지는 모르지만 3일자 정치면 이인제 대(對) 김종필 식(式)의 기사가 그런 느낌을 주었다. 그를 지지하고 말고에 관계없이 김종필 씨는 어제 그제까지 공동 여당의 당수로 이인제 씨가 경의를 표해야 하는 입장에 있었고, 정치적으로는 공동여당의 국무총리로 행정을 총괄했던 대선배가 된다. 그런 사람을 하루 아침에 '지는 해'로 격하시킨 말의 야박함도 그렇지만, 스스로를 '뜨는 해'로 추켜올리는 기고만장은 아무리 잘 보아주려 해도 '버르장머리 없는……'이란 기분을 떨쳐버릴 수가 없다."[4]

4) 이문열, 〈옴부즈맨 칼럼: 특정고 편중인사 기획 적절〉, 『동아일보』, 2000년 3월 6일, A7면.

사실 그건 이문열 자신의 이야기이기도 하다. 요즘 새까만 '아이놈'들이 달려들어 이문열의 심기가 이만저만 불편한 게 아니다. 어느 기자가 "한번 정색을 하고 본격 토론에 나설 생각은 없습니까?"라고 묻자 이문열이 뭐라고 대답했는지 아는가? 정말 버르장머리 없는 대답을 했다. 이문열의 답이다.

"검도 5단과 초단이 맞붙으면 5단이 쉽게 이길 것 같죠? 그러나 검도 전문가들의 얘기는 그게 아닙니다. 아무리 고수라 해도 상대가 허깨비가 아닌 이상 자기 팔 하나는 내줄 각오를 해야 상대를 꺾을 수 있다는 겁니다. 자기가 멀쩡하기를 바라고서는 절대로 상대를 못 벤다는 얘기죠. 싸움을 걸어오는 쪽의 의도가 바로 그겁니다. 어떻게든 고수를 한번 흠집내보겠다, 고수와 맞붙는 모습을 보임으로써 나도 좀 튀어보자, 재수 좋으면 고수를 넘어뜨릴 수도 있다. …… 이거 아닙니까? 싸움을 걸어오는 저의가 순수하지도 않고, 형식이나 법도에도 맞지 않은 데 뭣하러 맞섭니까? 그것도 쓰러뜨려 봐야 별로 영광스럽지도 않을 상대방을 놓고 말입니다." 5)

이건 이문열의 '권력중독증'이 얼마나 중증(重症)인지 말해주는 걸로 보아야 할 것이다. 오만방자, 바로 그것이다. 소설만 1천만 권을 팔아치운 나에게, "우리 나라 한 가구당 내 소설이 한 권씩 돌아갈 만큼 널리 읽혔다는 점에서 감회가 깊"은 6) 나에게, 책 몇만 권도 팔아본 적이 없는 아이 놈들이 어딜 감히 대드느냐는 것일까?

혀를 끌끌 차지 않을 수 없다. 이문열에 대해 혀를 끌끌 차는 게 아니다. 이런 정신 상태를 가진 분에게 한 나라의 문화적 리더십을 부여하고

5) 박종주, 〈와이드 인터뷰: 『선택』 이후 3년만에 새 장편소설 『아가』 펴낸 작가〉, 『월간중앙』, 2000년 5월, 156쪽.
6) 유윤종, 〈이문열 소설 '한 집에 한 권꼴': 통산 판매부수 1000만 권 돌파〉, 『동아일보』, 2000년 4월 20일, A23면.

그걸 장삿속으로 이용하기에만 바쁜 이 나라의 모든 언론매체들에 대해 혀를 끌끌 차는 거다. 구한말에 태어났어도 수구적이라는 소리를 듣기에 딱 알맞을 인물이 서기 2000년에도 이렇게 문화적 리더십을 행사할 수 있다는 게 신기하지 않은가?

이문열과 『조선일보』의 관계

그러나 너무 걱정하지는 마시라. 이문열이 늘 그렇게 나이나 책 많이 판 기록만 따지고 사는 건 아니다. 비교적 자기 배짱에 맞는 사람이 어린 놈한테 당할 때 분노하는 것일 뿐 자기가 이념적 또는 정치적으로 싫어하는 사람이 어린놈한테 당하면 흐뭇해하는 사람이다. 이젠 '쓰리세븐'으로 불리는 3김이 전두환 '아이놈' 한테 호되게 당했었는데도 그는 전두환을 조선의 세조쯤 되는 인물로 평가하는 왕정파인 것이다.

어디 그뿐인가. 누가 자길 건드리면 자기가 '아이놈'의 처지인데도 어른의 멱살잡는 짓도 서슴치 않는다. 지난 91년 문학평론가인 서울대 교수 김윤식이 이문열에 대해 비판을 하자 이문열 '아이놈'은 자기보다 나이가 12살이나 많은 김윤식 '어른'의 '파탄'을 선언하는 참으로 '버르장머리 없는' 짓을 저질렀던 것이다.

혹자는 이렇게 물을 게다. 아니 그렇게 '버르장머리 없는' 이문열 '아이놈'이 어떻게 그렇게 사교(社交)에 능할 수 있단 말인가? 그러나 하나도 놀랄 것 없다. 우리 인간은 권력 관계에 대단히 민감한 동물이기 때문이다. 옛날의 대인 비슷한 사람이 어디 다른 사람을 평등하게 대하거나 민주적이어서 대접을 받나? 그게 아니다. 사람을 거느리는 실력이 필요한 것이다. 그 점에서 이문열의 능력이 탁월하다는 말이다. 그는 '자신의 핏줄에 대한 한없는 자부'와 '선민의식' [7]을 갖고 있기 때문에 수많은 당편이 [8]들을 돌보려 무진 애를 쓴다. 사람들이 그를 좋아하게 돼 있는 것이다.

그러나 이문열이 그런 인간적 흡인력으로만 버티고 있는 건 아니다. 이문열을 이데올로기적 보배로 생각하는 사람들이 있으며, 그들은 '이문열의 판매촉진'에 이데올로기적, 정치적 이해관계를 갖고 있다. 즉, 그들에겐 이문열이 이용 가치가 있는 것이다. 그들이 누군가? 대표적인 집단 하나를 꼽으라면 그건 바로 『조선일보』다. 『조선일보』의 입장에선 이문열이 적자(嫡子)는 아니다. 이문열은 『동아일보』라는 자궁에서 태어난 자식이다. 그러나 이데올로기적, 정치적 성향으로 보아선 이문열이야말로 『조선일보』가 가장 아끼는 자식이다. 다음과 같은 이유 때문이다.

"『변경』을 보면 이문열이 자세히 보인다. 그의 마음 깊은 곳에는 자신을 월북자의 아들 즉 빨갱이로 보는 사회에 대한 적개심과 분노, 월북한 아버지에 대한 원망과 그리움들이 감당하지 못할 정도로 들어차 있을 것이다. …… 그의 무의식은 '빨갱이의 자식'이라는 말을 피하기 위한 긴장과 불안으로 점철된 것이리라. 어떤 희생을 치르더라도 남한의 반공 이데올로기에 무조건 찬성하고 그에 발맞추어 모범적으로 살아가는 모습을 보여주어야 한다는 강박관념과 열등의식에 사로잡힌 사람이다."[9]

처절한 생존 본능의 이데올로기화라고나 할까? 어찌 생각하면 매우 극단적인 형태이기는 하나 이문열의 삶이야말로 비극적인 한국 현대사의 업보로서 의미가 있는 건지도 모르겠다.

하일지의 이문열 옹호

사실 이문열이 그렇게 열내가면서까지 "총선연대 시민단체의 활동을

7) 서영채, 〈서영채의 문학리뷰: 이문열의 『아가』〉, 『국민일보』, 2000년 4월 12일, 21면.
8) 『아가』의 주인공으로 심신이 온전치 못함.
9) 정혜신, 〈 '밝은 최인호'와 '어두운 이문열', 40대 사춘기가 명암 갈랐다: 정신과 의사의 중년남성 관찰기〉, 『신동아』, 2000년 4월, 369쪽.

보면 자꾸 홍위병을 떠올리게 되는 것은 무슨 까닭일까"라는 극언을 할 필요는 없는 것이었다. 도대체 그가 무엇이 모자라고 무엇이 아쉬워서 그런 극언을 해야 한단 말인가? 튀기 위해서? 그럴 필요가 있나? 예전의 영광이 그리워서? 그런 것 같지도 않다. 그의 사부(師父)라 할 『조선일보』의 시각과 주장에 발맞추어 모범적으로 살아가는 모습을 보여주어야 한다는 강박관념과 열등의식 때문에 그랬을 것이라고 보는 게 타당할 것이다.

『조선일보』는 자기 편에 대해선 결코 배은망덕한 집단이 아니다. 그렇게 기특한 이문열의 신작 『아가』를 어찌 모른 척하랴. 『조선일보』 2000년 3월 15일자는 "완성되기 전부터 많은 사람들을 기다리게 했던 이 작품은 이문열의 문제작 『선택』(97년) 이후 그가 또다시 '불구의 상태에 놓여 있는 여성성'을 소재로 선택하고 있다는 점에서 페미니스트들은 물론이고 일반 독자들의 큰 관심을 끌 것으로 예상된다"고 바람을 잡고, 『스포츠조선』 5월 4일자는 "작가 이문열. 최근 장편소설 『아가』를 펴내며 독자들을 흥분시킨 우리 시대 최고의 작가이다. …… 최근 『아가』를 통해 다시 한 번 진지하게 여성성의 문제를 제기했다"고 주장했다. [10]

그러나 그런 정도의 진부한 방법만으로 만족할 『조선일보』가 아니다. 『아가』에 대해 계속 보도해주고 싶은데, 천하의 『조선일보』도 감히 그렇게 할 수는 없다. 무슨 좋은 방법이 없을까? 있다! 그건 논쟁을 만들어내는 거다. 그래서 『조선일보』 3월 27일자, 28일자, 30일자에 걸쳐 황종연의 〈이문열 소설 『아가』를 읽고〉, 이문열의 〈『아가』에 관한 논의를 보며〉, 하일지의 〈소설 『아가』 논쟁을 보고〉라는 세 편의 글이 실리게 되었을 것이다.

---

10) 김정란, 〈우아(優雅)한 사랑 노래? 아가(雅歌)?〉, 『문예중앙』, 제90호(2000년 여름), 352-353쪽에서 재인용.

"도그마 사로잡힌 비평계 '윤리적 비판'에 치우쳐"

소설 '雅歌' 논쟁을 보고　　하 일 지

이문열씨의 신작소설 '아가(雅歌)'를 둘러싸고 이어지는 비평가들의 비판을 지켜보면서 걱정스러운 마음이 들어 이 글을 쓴다.

80년대 우리의 원로 비평가 한 분이 "카뮈의 '이방인'이 식민지 아랍인을 살해하는 이야기이기 때문에 제국주의적 민족 우월주의를 드러낸 작품이다"고 비판하는 것을 나는 보았다. '이방인'에 대한 이 기상천외하고 까탈스런 해석은 프랑스에서는 말할 것도 없고, 당시의 식민지였던 알제리에서도 찾아보기가 쉽지 않을 것이다. 뵈르소가 아랍인 남자를 죽였으니 망정이지 여자를 죽였다면 21세기 벽두에 카뮈는 또 남성우월주의자라는 비판에 시달려야 하지 않았을까?

우리의 비평계는 분명 집단무의식적인 어떤 도그마에 사로잡혀 있다. 정치적 이념에 관한 것이든 역사의식에 관한 것이든 혹은 여성에 관한 것이든, 비평가가 염두에 두고 있는 어떤 바람직한 이데올로기를 작가가 작품을 통하여 구현해주기를 강제하고 있다는 것이 그것이다. 그리고 그것이야말로 비평의 유일한 잣대가 되는데, 그것은 일종의 윤리적 비판이라고 할 수 있을 것이다. 게다가 그 윤리적 요구가 비평가에 따라 제각각이라면 작가는 어느 장단에 맞춰 춤을 춰야 한다는 말인가?

서두에서 나는 걱정스러운 마음에서

**자신의 이데올로기를
작품에 담으라고 강요
미학적 아름다움은 외면**

이 글을 쓴다고 했다. 내가 진실로 걱정하는 것은 이문열씨가 아니라 80년대의 미신에서 아직도 벗어날 줄을 모르는 우리 비평계라는 것을 말해둔다. 이제 문제의 작품 '아가'에 대해 이야기해보자. 이 작품은 소설문학이 지향하는 예술적 핵심에 가장 근접해 있다는 것이 내 지론이다. 왜냐하면, 그것이 어떤 것이든 소설이란 인간과 인간의 삶을 있는 그대로 구체적으로 그리는 데 그 미학적 아름다움이 있기 때문이다. 시대적 격변기 속에 놓인 불구 여성의 인생유전, 남의 웃음거리가 되는 것만이 그 유일한 존재 가치인 듯이 보이는 한 삶을 이렇게 여심하게 형상화한 작품이 우리 문학사를 봐서도 흔히 없을 것이다. 이런 문학적 성취를 외면한 채 오랜 타성과 잣대에 의해 이 작품을 난도질한다면 우리 문학은 또다시 시대를 역류할 것이다.

불론 이 작품에 대한 비평 중에는 새겨들어야 할 고언이 없는 것은 아니다. 특히 황종연 교수가 꼼꼼히 지적했듯이 이 작품에 나타난 과거에 대한 명료적 향수가 비판적 독자의 립접감(拒絶感)을 유발할 수 있다는 것이 사실이다. 작가 자신은 이러한 역사의식을 작가 자신의 것이 아닌 허구적 인물의 것이라고 둘러대고 싶어 하지만, 작품의 진술이 역설적으로 행해지는 것이 아니라면 이런 알리바이는 성립되지 않는다는 것은 소설문학의 구조적 특징이다. 그리고 황 교수의 지적이 의미가 있는 것은, 그것은 우리 현대 문학의 오랜 남만주의의 메너리즘의 백을 짚어내고 있기 때문이다.

그럼에도 불구하고 내가 굳이 황 교수의 지적에 이의를 제기하는 것은, 그런 문제라면 왜 하필 이 작품에만 그토록 심각한 문제로 대두되는가 하는 점이다. 수많은 우리의 역사 소설을 말할 것도 없고, 불후의 명작으로 비평가들이 이구동성으로 칭찬해 마지 않는 작품에서도 우리는 그 타성적 역사의식과 시대의식을 읽을 수 있지 않은가?

선입견을 버리고 이 작품을 읽어본다면 이문열만한 대가가 아니고서는 도저히 도달할 수 없는 문학적 성취가 있다는 것을 확인할 수 있을 것이다.

/작가·동덕여대 교수

(『조선일보』, 2000년 3월 30일자 기사와 4월 1일자 광고)

하일지를 끝으로 『아가』 논쟁을 나란히 내보낸 뒤 총천연색 대형 광고로 도배질을 한 『조선일보』의 짜고 치는 고스톱 전략.

이문열 문학의 새로운 울림

만일 그녀를 만나거든
내가 울고 있다고 전해 다오

희미한 옛사랑의 그림자

아가

이문열 신작장편

새로운 논쟁의 불씨를 던진 화제작

그러나 나는 황종연과 이문열의 글에 대해선 길게 말하고 싶지 않다. 저질 쇼를 보는 기분이라고나 할까? 황종연과 이문열의 글이 저질 쇼라는 게 아니다. "논쟁? 우리가 손대면 무엇이든 논쟁이 되고 우리가 외면하면 논쟁은 없는 거야"라는 식의 『조선일보』 특유의 오만과 그에 따른 기만성이 저질 쇼를 방불케 한다는 말이다. 『조선일보』의 그런 수법을 하루 이틀 보아온 게 아니라 열낼 일도 없다.

내가 재미있게 읽은 건 하일지의 글이다. 어떡하다가 하일지가 이렇게까지 되었는지 안타까움이 뒤범벅이 된 그런 재미라고나 할까? 하일지는 다음과 같이 말한다.

"이문열 씨의 신작소설 『아가』를 둘러싸고 이어지는 비평가들의 비판을 지켜보면서 걱정스러운 마음이 들어 이 글을 쓴다. …… 내가 진실로 걱정하는 것은 이문열 씨가 아니라 80년대 식 미신에서 아직도 벗어날 줄을 모르는 우리 비평계라는 것을 밝혀둔다. 이제 문제의 작품 『아가』에 대해 이야기해보자. 이 작품은 소설문학이 지향하는 예술적 핵심에 가장 근접해 있다는 것이 내 지론이다. …… 이런 문학적 성취를 외면한 채 오랜 타성적 잣대에 의해 이 작품을 난도질한다면 우리 문학은 또다시 시대를 역류할 것이다. …… 내가 굳이 황 교수의 지적에 이의를 제기하는 것은, 그런 문제라면 왜 하필 이 작품에만 그토록 심각한 문제로 대두되는가 하는 점이다. …… 선입견을 버리고 이 작품을 읽어본다면 이문열만한 대가가 아니고서는 도저히 도달할 수 없는 문학적 성취가 있다는 것을 확인할 수 있을 것이다."

『조선일보』의 어설픈 '논쟁 만들기'

『조선일보』를 아예 상종하지 않는 독자들은 하일지의 이 글만 읽고선 황종연이 이문열 대가를 혹독하게 비판한 것으로 생각하기 쉬울 것이다. 과연 그런가? 천만의 말씀이다. 나는 황종연이 동국대 교수라는 좋은 직업을 갖고 있으면서 무엇이 아쉬워 이 짜여진 냄새를 풀풀 풍기는 각본에 들러리로 등장하였는지 그 이유를 모르겠다. 물론 황종연이 『조선일보』와 밀월 관계를 누리고 있는 『문학동네』의 편집위원이라는 점을 염두에 둘 필요가 없진 않겠지만, 매사를 그런 식으로 생각하고 싶진 않다. 어찌됐건, 그의 글은 대부분이 작품 해설일 뿐 애써 '비판적'이라고 볼 수 있는 대목은 다음과 같은 것 뿐이다.

"현대성의 경험에 대한 이 결연한 적대는 아쉽게도 공동체에 대한 물음의 의의를 적잖게 반감시킨다. 현대성을 단지 타락의 전일화 과정에 불과한 것으로 여기는 것은 아무래도 협량한 생각이다. 현대사회는 동족 부락처럼 특수한 연고로 구성된 공동체를 파괴한 대신에 보다 보편적인 인간 상호간의 인정과 제휴의 가능성을 산출하고 있진 않을까. 특수한 연고에서 풀려난 개인들의 자기 창조적 욕망과 그로부터 나오는 새로운 공동체의 희망을 염두에 두지 않는 역사적 기억은 그 기억의 주체를 위한 심리적 보상에 머물기 쉽다. 남성들에게 자신의 정체성을 의존하고 있는 그 당편이의 이야기는 전통적 권위에 집착하는 남성 무의식의 판타지로 읽힐 소지마저 있다."

하일지와 이문열이 본격적인 반론의 대상으로 삼고자 했던 건 황종연의 글이 아니다. 하일지는 '비평가들의 비판'이라 했고 이문열은 자신의 반론에서 구체적으로 "다른 일간지를 통해 일기 시작한 『아가』에 관한 논의"라고 밝히면서 반론을 제기했다. 그건 아마도 『중앙일보』 2000년 3월 27일자 14면에 실린 〈이문열 신작 『아가』 속의 여성관 논란〉이란 기사를 말하는 것일 터이다.

사실 황종연은 『조선일보』가 기대했던 수준의 역할을 제대로 해내지 못했다. 『조선일보』가 원했던 건 강한 비판이었다. 그래야 제대로 된 싸움이 붙어 신문도 잘 팔리고 소설도 잘 팔린다. 보라. 황종연이 제 역할을 못했기 때문에 하일지와 이문열의 반론이 얼마나 쑥스러운 모습을 띠게 되었는가를. 『아가』가 많이 팔리지 못한 이유도 제대로 된 논쟁을 만들어내지 못한 『조선일보』의 책임이 크다. 『조선일보』는 진보적인 문학평론가의 비판을 원했을 것이다. 그러나 그게 어디 쉬운 일인가. 진보적인 문학평론가 김명인이 문학평론가 홍기돈과의 대담에서 다음과 같이 밝힌 내용은 『조선일보』가 필자 섭외에 어려움을 겪고 있다는 걸 잘 시사해준다 하겠다.

"아직까지 내가 『조선일보』에 글을 기고하거나 인터뷰한 적은 한 번도 없지. 안 한다기보다는 『조선일보』에서 요청하지 않았으니까. 『조선일보』에서 먼저 피하지 않았겠어? 내 경력을 잘 알고 있을 텐데 말이야. 사실 한 번 청탁이 오기는 했어. 요번 4월이었지, 아마. 이문열의 『아가』가 논쟁되었을 때니까. 뭐 그때는 정말 시간이 없어서 사양했어. 그런데 김광일 기자는 우회해서 거절하는 것으로 판단하는 것 같던데 그건 아니었어. 나름의 입장 정리는 이때부터 시작했지." [11]

시간이 없어서 사양했다는 김명인의 말을 그대로 믿을 필요는 없을 것이다. 『한겨레』에서 청탁이 왔을 경우엔 시간이 없다 하더라도 김명인이 어떻게 해서든 시간을 내려고 애쓰지 않았을까? 김명인이 청탁을 받았을 때엔 『조선일보』에 대한 입장 정리를 확실하게 끝내지 않은 상태였다는 것을 말하고자 했을 뿐이라고 보는 게 옳을 것이다. 어찌됐건, 여기서 말하고자 하는 건 적절한 비판자를 찾지 못한 탓에 『조선일보』가 만들고자 했던 『아가』를 둘러싼 논쟁은 아주 맥없는 꼴이 되고 말았다는 점이다.

그 이전의 『선택』만 하더라도 전여옥 등과 같은 화끈한 비판자가 있었기에 큰 싸움이 벌어졌었고 그 덕분에 『선택』은 제법 많이 팔려 나갔다는 걸 상기할 필요가 있겠다. 시인이자 『한국경제신문』 문화부 기자인 고두현도 "문학 논쟁은 많은 독자를 공론의 장으로 유도하는 기폭제다. 지난해 이문열 씨의 『선택』만 보더라도 논쟁이 뜨거워질수록 책 판매량이 동반 상승했다"고 말하고 있다. [12]

---

11) 홍기돈, 『페르세우스의 방패: '비평과 전망' 동인 홍기돈 비평집』(백의, 2001), 142쪽. 독자들께 이 책의 일독을 자신있게 권한다. 김명인, 방현석, 조정환, 권성우, 이명원 등과의 대담이 아주 재미있다.
12) 고두현, 〈작가의 탈진은 곧 자국 문화의 탈진〉, 『문예중앙』, 1998년 봄, 103쪽.

이문열 문학의 상업주의

내가 하일지의 글에서 재미있게 읽은 부분은 그의 '능청'이다. '난도질'이라는 표현도 기가 막히거니와 "그런 문제라면 왜 하필 이 작품에만 그토록 심각한 문제로 대두되는가"라는 항변은 더욱 기가 막힌다. 그러니까 하일지는 아예 모든 신문들이 이문열의 『아가』를 기사로 다루지 말고 무시하는 것이 좋겠다는 뜻인가? 아니면 기사로 다루려면 이문열이라는 대가에 대해 자기처럼 무조건 예찬을 해야 한다는 뜻인가?

하일지, 참 재미있는 분이다. 신문에 실리는 '비평'이란 그것이 좋건 나쁘건 모든 문인들이 바라마지 않을 최상의 홍보 수단이겠건만, 하일지는 그 '비평'을 가리켜 '난도질'이라는 표현을 쓰고 있다. 그 '용기'는 과연 어디에서 나오는 걸까? 이문열과 바둑을 두면서 생긴 '용기'인가? "왜 하필 이 작품?" 하긴 이문열을 좋아하지 않는 나로서는 그게 영 불만인데, 이문열을 좋아하는 하일지도 그게 영 불만인 듯 하니, 그것 참 기이한 일이 아닐 수 없다.

'짜고 치는 고스톱'이라고 보기엔 하일지의 사진 얼굴이 너무 근엄하다. 하일지로 말하자면, 평소 국내에서 둘째가라면 서러워할 정도로 문학 상업주의에 대해 저주에 가까운 독설을 퍼부어 온 인물이다. 나는 하일지가 이문열, 아니면 적어도 이문열 소설을 내는 출판사(민음사)의 상업주의를 어떻게 생각하는지 묻고 싶다. 『조선일보』에 하일지의 글을 포함한 세 편의 글이 끝나기를 기다렸다는 듯이 곧장 총천연색 대형 광고로 이 신문 저 신문의 지면을 도배질하다시피 하는 물량 공세를 펴는 것에 대해 어떻게 생각하는지 묻고 싶다. 그렇게 물량 공세를 펼 수 없는 출판사들과 작가들은 어떻게 하란 말인가? 굶어 죽으란 말인가? 아니면 억울하면 출세하란 말인가?

『아가』라는 제목부터가 영 수상쩍다. 〈우아(優雅)한 사랑 노래? 아가

(雅歌)?〉라는 김정란의 글 제목이 그 수상쩍음을 잘 말해주고 있다. [13] 이문열은 『아가』의 부제를 〈희미한 옛사랑의 그림자〉로 달았고 광고 카피는 본문에서 발췌했다는 '만일 그녀를 만나거든 내가 울고 있다고 전해 다오' 라는 유행가 가사 비슷한 문장을 크게 박아놓았던데, 이게 과연 소설의 내용과 들어맞는 부제이며 카피인지도 묻고 싶다. 『아가』의 뒷표지에 실린 다음과 같은 시(?)도 감동적이긴 하지만, 어째 정당치 못한 '판촉 구호' 처럼 느껴져 영 입맛이 개운치 않다.

> 달이여, 너는 내 사랑을 알고 있는가
> 무덤도 없이 떠난 그녀를
> 어느 하늘가를 떠도는지
> 부서진 가슴으로 내 사랑을 찾아 한없이 헤매었네
> 만일 그녀를 만나거든 내가 울고 있다고 전해 다오
>
> 달무리 슬픈 그 밤 이별의 눈물
> 안녕히, 안녕, 내 사랑아
> 다시 만날 날을 믿으며
> 헤어져 멀리 있더라도 언제까지나 잊지 않으리라
> 달빛 속에 사위어가는 희미한 옛사랑의 그림자

지금 나는 감히 문학비평을 하고 있는 게 아니다. 단지 하일지에게 묻는 것이다. 아무리 20대 여성들이 베스트셀러 만들어주는 봉이라지만, "소설문학이 지향하는 예술적 핵심에 가장 근접해 있다"는 작품을 두고

---

13) 김정란, 〈우아(優雅)한 사랑 노래? 아가(雅歌)?〉, 『문예중앙』, 제90호(2000년 여름), 350-369쪽.

그런 식으로 손님 끌고 판매촉진해도 되는 것인지 묻고 싶은 것이다.

상업주의에 왕따당하는 문학

내가 다른 사람 같으면 묻지도 않는다. 하일지가 누구인가? 그는 『뉴스메이커』 1999년 11월 4일자 12면에 쓴 〈상업주의에 왕따 당하는 예술〉이라는 제목의 글에서 다음과 같이 말씀하신 분이다.

"20세기 대중의 존재를 가장 발빠르게 이용한 새로운 이데올로기가 있다면 그것은 바로 상업주의였다. 사람들이 모이는 곳이면 으레 장사꾼들이 설치듯이 대중사회에 번식하기 시작한 것은 상업주의였다. 후대 역사가들은 어떻게 정리할지 모르지만 21세기 말의 상업주의는 참으로 지독했다. 금세기 최대의 탕아였던 공산주의를 굴복시켰던 것은 말할 것도 없고, 장사만 된다면 사람의 영혼마저도 팔아먹을 것 같았다. 대중을 하나로 결집시켰던 언론마저도 급기야는 상업주의의 시녀로 전락하고 말았으니 이제 개인은 상업주의의 괴력 앞에 완전히 노출되고 말았다. …… 우리 나라에서는 적어도 30년 이내에는 노벨문학상 수상자가 나오지 못할 것이다. 그도 그럴 것이 우리 나라의 상업주의는 문학을, 예술을 초토화시켜버렸기 때문이다. 평론가들은 끼리끼리 모여 자신이 소속된 출판사의 영업을 위해 봉사하고 자신들의 말을 듣지 않는 작가가 있으면 가차없이 왕따시켰다. 이런 야만적 풍토 속에 예술이 꽃피기를 기대하기는 어렵다. 상업주의의 창궐 속에서 어떻게 예술을 지켜내는가 하는 것은 다음 세기 우리의 과제다."

정말 아름답고도 두려운 말씀이다. 한국 문학계의 추악상을 고발한 하일지의 용기가 아름다운 반면, 그 추악상은 두렵기까지 하다는 말이다. 특히 "평론가들은 끼리끼리 모여 자신이 소속된 출판사의 영업을 위해 봉사"한다는 대목이 가장 두렵게 느껴진다. 물론 나는 하일지가 믿음

하일지
(작가·동덕여대 문예창작학과 교수)

20 세기 초 스페인의 철학자 오르테가 이 가세트는 당시 젊은 예술가들, 말라르메, 스트라빈스키, 피카소 등의 작품을 거론하면서 이제 인간은 예술 앞에서 두 부류로 나뉘어질 수밖에 없다고 했다. 현대예술을 이해할 수 있는 선택된 소수와 그것을 이해하지 못하고 그것으로부터 무시되고 소외된 다수의 대중이다. 그래서 그는 당시 사회를 예술에 의해 대중이 버림받은 시대라고 규정하였다.

그러나 백년이 지난 오늘날에 와서 보면 예술에 의해 대중이 버림받고 있는 것이 아니라 대중에 의해 예술이 버림받고 있다는 생각을 금할 수 없다. 사실 백년 전 대중은 존재하면서도 실재적인 존재가 아니었다. 그들의 생각, 그들의 취향, 그들의 욕망은 드러날 수가 없었다. 따라서 그것은 무시해도 좋은 것이었다. 중요한 것은 선택된 소수였다.

그러나 지난 백년, 고도로 사람들을 발달한 대중매체는 분산된 대중의 욕망을 하나로 결집시켰고 결집된 대중의 욕망은 막강한 파워를 형성하게 되었다. 그 결과 무엇보다 발달할 수 있었던 것은 정치였다. 이제 어떤 정치인도 대중의 파워와 맞설 엄두를 내지 못하게 되었으니 바야흐로 대중은 실재하는 존재가 되었다.

그런데 대중의 힘이 결집되면서 가장 무참히 버림받아야 했던 것은 예술이었다. 대중은 이제 그들의 취향에 맞는 문화를 향해 부나비처럼 몰려들게 되었고 그렇게 되니 그 이해할 수 없는 '예술'은 외면당할 수밖에 없었다. 오늘날의 세계인들은 월드컵 축구에 정신이 팔려 푸치니의 오페라를 잊은 지 오래다. 그런데 대중의 눈과 귀를 한 곳으로 모으는 것은 대중 자신이 아니라는데

이 시대의 아이러니가 있다.

사실 20세기 대중의 존재를 가장 발빠르게 이용한 새로운 이데올로기가 있다면 그것은 바로 상업주의였다. 사람들이 모이는 곳이면 으레 장사꾼들이 설치듯이 대중사회에 번식하기 시작한 것은 상업주의였다. 후대 역사가들은 어떻게 정리할지 모르지만 20세기 말의 상업주의는 참으로 지독했다. 금세기 최대의 탈이었던 공산주의를 굴복시켰던 것은 말할 것도 없고, 장사만 된다면 사람의 영혼마저도 팔아먹을 것 같았다. 대중을 하나로 결집시켰던 언론마저도 급기야는 상업주의의 시녀로 전락하고 말았으니 이제 개인은 상업주의의 괴력 앞에 완전히 노출되고 말았다.

상업주의의 유령들이 활보하고 있는 이 대중사회에 예술이 버림받는 것은 당연했다. 왜냐하면 그것은 장사되는 것이 아니었기 때문이다. 엄밀하게 말하면 20세기 말 인류 문화를 이끌어가는 것은 대중이 아니라 상업주의였던 것이다. 따라서 예술을 소외시켰던 것도 대중이 아니라 상업주의였다.

말이 나왔으니 말인데, 우리 나라에서는 적어도 30년 이내에는 노벨문학상 수상자가 나오지 못할 것이다. 그도 그럴 것이 우리 나라의 상업주의는 문학을, 예술을 초토화시켜버렸기 때문이다. 평론가들은 끼리끼리 모여 자신이 소속된 출판사의 영업을 위해 봉사하고 자신들의 말을 듣지 않는 작가가 있으면 가차없이 왕따시켰다. 이런 야만적 풍토 속에 예술이 꽃피기를 기대하는 것은 어렵다. 상업주의의 창궐 속에서 어떻게 예술을 지켜내는가 하는 것은 다음 세기 우리의 과제다.

우리 나라에서는 노벨수상자가 나오지 못할 것이다. 상업주의가 문학을, 예술을 초토화시켜…

(『뉴스메이커』, 1999년 11월 4일)

하일지가 누군가? "우리 나라 사람들의 뇌세포는 상업주의에 의해 점령당해버렸다"고 개탄하던 분이다. 하일지는 이문열과 민음사의 상업주의엔 눈을 감겠다는 건가?

사에서 자신의 소설들을 냈고 또 이문열과 더불어 민음사가 주관하는 '오늘의 작가상'의 심사위원을 한다고 해서 그가 같은 '민음사파(派)'라 할 이문열을 옹호했다고 생각하고 싶지는 않다.

다만 내가 묻고 싶은 것은 민음사의 경우 1966년 이래로 지난 삼십 수년간 한국 출판 문화 발전에 엄청나게 기여한 걸 모른 바는 아니지만, 최근 몇 년간 덩치가 크다는 장점을 이용해 대규모 광고 물량 공세로 밀어붙이는 판매 수법이 하일지가 개탄해마지 않는 상업주의가 아니고 무엇이냐 하는 것이다.

그리고 민음사의 놀라운 언론플레이 솜씨도 그것이 과연 순수한 시장 논리에 의해 이루어지고 있는 것인지 의문을 제기하지 않을 수 없다. 앞서 이성욱의 글에서도 언급되었지만, 하일지는 자신이 민음사가 주관하는 '오늘의 작가상' 심사위원이라는 이유로 그 상의 수상작을 다룬 이성욱의 비판적인 서평에 대해 『중앙일보』를 통해 반론을 제기하였다.[14] 바보 같은 질문이지만, 어느 출판사건 언제든 마음만 먹으면 거대 일간지를 이처럼 이용할 수 있을까?

내가 다른 사람 같으면 이렇게 묻지도 않는다. 하일지가 누구인가? 그는 『조선일보』 1999년 11월 6일자 6면에 쓴 〈대중에 버림받은 예술〉이라는 제목의 글에서 "우리 나라 사람들의 뇌세포는 상업주의에 의해 점령당해버렸다"고 개탄하신 분이다.[15] 그래서 하일지는 이제 새천년을 맞아 그 현실을 있는 그대로 인정하면서 이문열과 민음사의 상업주의[16]엔 눈을 감겠다는 것인가?

이문열의 '심층적 상업주의'

아니 하일지에게만 물을 게 뭐 있나? 이문열도 누구 못지 않게 상업주

---

14) 이성욱, 〈대중사회의 전개와 자본의 문화사업, 예술의 테러리스트가 되고 있다〉, 『문예중앙』, 1997년 겨울, 344쪽.

15) 이 글은 놀랍게도 『뉴스메이커』 1999년 11월 4일자 12면에 쓴 〈상업주의에 왕따 당하는 예술〉이라는 제목의 글을 거의 그대로 재탕한 것이다. 문인이 거의 같은 시기에 일간지와 주간지에 거의 똑같은 내용의 글을 동시에 기고해도 되는 것인지 그리고 그건 상업주의와 무관한 것인지 그것도 묻고 싶다.

16) 하일지의 『경마장 가는 길』(민음사)에 대해 다음과 같은 평가가 있다는 것도 유념해 둘 필요가 있겠다. "……출판전략면에서는 성공적이었다 할 수 있겠다. 그러나 이 작품이 유발시킨 문단 내의 열기 내지 소란이 곧 이 작품의 문학적 성취를 보장해주지는 않는다. 먼저 우리는 저널리즘과 출판광고에 의해 이 작품에 씌워진 환상중의 하나인 '새로운', '이색적인', '기존의 한국소설과 전혀 다른'과 같은 언급이 갖는 허구성을 지적해 둘 필요가 있을 것이다." 남진우, 『올페는 죽을 때 나의 직업은 시라고 하였다: 남진우의 문학수첩』(열림원, 2000), 140쪽.

의를 개탄하는 인물이니, 이문열에게도 물어야겠다. 우리는 흔히 좀도둑만을 도둑이라고 생각하고 고위 인사가 높은 자리에 앉아 부당하게 그러나 점잖게 부를 축적하는 건 도둑질이 아니라고 생각하는 경향이 있다. 또 사이비 기자라고 하면 지방의 작은 신문에서나 나올 수 있는 것이고 서울의 거대 일간지들에선 나올 수 없는 것이라고 생각하는 경향이 있다. 그런데 과연 그런가? 잘 생각해보시기 바란다.

문학 상업주의에 대한 비판도 마찬가지다. 나는 이문열의 상업주의가 비판의 대상으로 잘 떠오르지 않는 이유는 그것이 상업주의를 비판하는 사람들까지 공범으로 연루된 이른바 '심층적 상업주의'이기 때문이라고 생각한다. 명민한 머리를 가진 이문열이 그걸 모를 리 없다. 이문열은 자신의 이중성을 잘 알고 있을 것이다. 그러나 그에겐 한 가지 편리한 정당화 기제가 있는데, 그건 바로 그의 '위선적 구조의 순기능'에 대한 신념이다. 어디 그의 말을 직접 들어볼까? 그는 『동아일보』에 실린, 한국 사회의 위선을 비판한 마광수의 글이 "사회 일반의 동의에 바탕을 둔 것인지에 대해서는 의문이 있다"며 다음과 같이 말한다.

"우리가 문명이나 문화라고 부르는 것에 본질적으로 내재된 위선적 구조와 그 위선적 구조의 순기능에 대해 조금이라도 유의해본 적이 있는 사람이라면 그 논지에 선뜻 동의하기는 어려울 성싶다. 위선의 굴레에 갇혀 있는 것이 하필 성 표현뿐이겠는가. 폭력과 잔혹 취향, 물신숭배 등 엄연한 우리 본성의 일부이면서도 그런 위선적인 굴레에 갇혀 있는 열정과 욕구들이 얼마나 많은가. 어쩌면 모든 법과 윤리가 바로 그 위선적 구조에 의지하고 있는지도 모른다. 따라서 이런 경우는 마 교수의 개인적인 신조의 진술이며 『동아일보』의 견해와는 다를 수도 있음이 밝혀져야 한다." [17]

---

17) 이문열, 〈옴부즈맨 칼럼: 인문과학 기사 많이 다루길〉, 『동아일보』, 1999년 12월 13일, A6면.

어련하실까. 마광수로 말하자면 이문열이 평소 "이 나라에서 글쓰는 사람들 중에 가장 못마땅해하는 사람들 중에 하나"인데다 이문열로서는 "그가 어떤 공인된 절차를 거쳐 우리 소설 문단에 데뷔했는지 기억나지 않기 때문"에 마광수를 소설가로 부를 수 없다고 하지 않았던가.[18] 이문열! 참으로 진기한 연구대상이다. 그는 과연 20세기의 인물일까? 어떤 주장에 대해 '사회일반의 동의에 바탕'을 두었는지 그거나 따지고 소설가는 '공인될 절차'를 거쳐야 한다고 생각하는 그의 화석(化石)화된 두뇌가 이 나라의 작은 영역에서나마 문화적 리더십을 행사한다고 생각하면 이 나라의 문화가 과연 어찌될 것인지 가슴이 아프다.

이문열이 말하는 '위선적 구조의 순기능'은 일리 있는 말임에 틀림없다. 문제는 마광수가 말하는 위선이 과연 이문열이 말하는 위선과 같은 차원의 것이냐 하는 것이다. 그러나 여기서 더 중요한 건 이문열이 자신의 상업주의에 대해서도 그렇게 자기 편리한 식으로 생각할 수 있다는 점이다. 나는 그 말을 하고 싶었던 것이다.

이문열의 '여성성에 대한 무지'

이문열은 『조선일보』 2000년 3월 28일자의, 『아가』에 관한 논의를 보며'라는 글에서 지면의 반 이상을 페미니즘에 대한 비판에 할애했다. "대단찮은 작가 아무개가 한국 페미니즘 운동의 주적으로 선정되었다면 그것도 나름으로는 영광스러운 것이겠지만, 이번 작품에서는 제발 바라건대 그 영광을 사양하고 싶다"고 말씀하셨다.

그러나 그건 전혀 솔직하지 않은 말인 것 같다. 상황에 따라 그의 말이 다르기 때문이다. 『조선일보』 2000년 3월 27일자 인터뷰에선 "나는

---

18) 이문열, 〈문학을 뭘로 아는가〉, 『중앙일보』, 1992년 11월 2일자.

페미니즘을 알지 못하고, 더구나 그걸 위해서 이 작품을 쓰지는 않았다"고 말해놓고선, 『스포츠조선』 2000년 5월 4일자 인터뷰에선 "『선택』 이후 페미니즘에 대해 진지하게 말해보고 싶었어요"라고 말한다. [19]

그러나 나는 이문열의 불만엔 동의한다. 나 역시 이문열의 말마따나 일부 사람들이 페미니즘의 잣대로 이문열의 소설을 평가하는 게 "고약하게 느껴"진다. 물론 불만의 이유는 각자 다르겠지만, 불만스럽다는 점에선 같다는 말이다.

도대체 왜들 그러는가? 당신들이 그렇게 하지 않았다면 『선택』이라는 소설이 그렇게 많이 팔릴 수 있었겠는가? 왜 당신들은 이문열의 소설을 많이 팔아주지 못해 안달하는가? 이문열은 페미니즘의 잣대로 판단해야 할 문인이 아니다. 그는 상업주의의 잣대로 판단해야 할 문인인 것이다. 그리고 그 다음엔 언론과 문학의 유착이라고 하는 이른바 문언유착(文言癒着)의 잣대로 평가해야 할 문인인 것이다. 페미니스트들이여, 더 이상 이문열을 괴롭히지 말라. 그는 세상으로부터 조용히 잊혀지고 싶어 안달하는데 왜 그를 자꾸 세상으로 불러내 못살게 구는가?

물론 이문열의 불만이 하도 어이없어 해본 소리다. 그러나 아무리 생각해도 페미니스트들이 가만 있기는 어려울 것 같다. 예컨대, 김정란이 이문열의 '여성성에 대한 무지'를 지적한 것에 동의하지 않을 사람이 누가 있으랴. 김정란은 주인공인 당편이 "산에 나물을 캐러 갔다가 한 심술 궂은 동네 청년에게 지게 작대기로 속곳까지 들쳐지는 모욕을 당하는데, 청년이 사과를 한 후에도 당편이 계속 서글프게 우는 장면"에 대한 이문열의 다음과 같은 해석을 문제삼는다.

"총각이 그렇게 사죄하고 가도 당편이의 눈물은 그칠 줄 몰랐다. 그녀

---

19) 김정란, 〈우아(優雅)한 사랑 노래? 아가(雅歌)?〉, 『문예중앙』, 제90호(2000년 여름), 357쪽에서 재인용.

이문열 신작 '雅歌' 속의 여성관 논란

이문열씨가 최근 내놓은 전작 장편소설 '아가(雅歌)'에 평론가들의 비판이 이어지고 있다. 1997년 발표한 '선택'처럼 여성과 페미니즘 문학에 대해 노골적인 할난을 한 것은 아니지만 작가의 남성중심·가부장적·과거회귀적 시각이 그대로 녹아 있다는 지적이다.

'아가'는 극심한 육체적·정신적 장애아로 태어난 여자(당편이)가 시골 마을에서 살아가는 얘기. 6·25 전 누군가에 의해 버려진 당편이는 녹동어른이라는 지주의 보살핌을 받으며 공동체 생활 속에 편입됐으나 근대화의 과정을 거치면서 공동체가 해체되자 설 자리를 잃고 보호시설로 가게 된다.

이런 작품의 구도에 대해 가장 비판적인 이들이 여성평론가들.

평론가 고미숙씨는 "결국은 과거의 남성중심적이고 가부장적인 질서로 되돌아가야 한다는 주장이다. 이는 불가능하고, 그런 향수는 자기위안에 불과하다"고 주장한다.

고씨는 또 "연품을 대해가면서 작가들이 세상을 너무 쉽게 보는 노력이 필요하면, 이씨의 경우 너무 과거에 매어 있고 비슷한 얘기를 반복해 점점 작품의 극적 긴장감이 잃어가고 있어 아쉽다"고 말했다.

평론가 최혜실씨는 "당편이를 녹동어른이 거두어들이는 설정은 불구여성을 통해 가부장의 시혜를 부각시키는 이씨 특유의 남성중심 시각과 여성비하(卑下)"라고 작가의 여성관을 비판했다. 최씨는 "이씨가 제기하고 있는 근대화 과정의 인간성·정

(情)의 상실은 맞는 얘기다. 그러나 그것을 두려워하고 피곤기는 현실을 직시하고 적극적으로 새로운 문학을 모색하는 노력이 필요하다"고 강조했다.

이에 대해 이씨는 "지나번 '선택'에서 불거졌던 여성관에 대한 논란을 피하기 위해 상당히 의식하며 썼다. 일부러 하고 싶은 얘기나 가치판단을 삼갔고. 주인공도 '선택'과 정반대로 하층의 불완전한 여성을 모델로 삼았다. 페미니즘의 문제와는 무관한 작품"이라고 말했다.

이씨가 논란의 소지를 의식한 흔적은 있다. 당편이를 녹동어른이 집안으로 들이는 장면 뒤에 작가는 이렇게 서술하고 있다. '녹동어른이 그렇게 당편이를 받아들인 일

을 소상히 얘기하는 것은 자칫 그 어른이 누렸던 옛 체제와 질서의 관대함을 과장해 드러내는 것처럼 돌릴지도 모르겠다. 그리하여 심하게는 몰락해 버린 시대에 대한 어줍잖은 향수와 동경으로 의심받거나, 있지도 않은 과거의 이상화로 몰릴 수도 있다.'

작가들 이런 설명이 고향이라는 공동체의 특성을 설명하기 위한 장치일을 강조한다. 비판을 여성관 소설 속에서 '그런 취지가 아님'을 언급하고 나선 것이다.

평론가 김영인씨는 이런 점을 비판한다. 김씨는 "작가는 누구나 작품을 통해 자기 주장을 한다. 그런데 이씨는 정점 자기 주장을 노골화한다는 게 문제다. 더나은 방어는 공격적 글쓰기의 또다른 모습에 불

과하다"고 지적했다. 이씨가 80년대에는 정치적 이데올로기의 차이에서 변혁세력들을 공격했다면, 최근에는 보수적 여성관을 통해 페미니즘을 공격하고 있다는 것이다. 김씨는 "그런 차이와 논란이 새로운 것을 생산해내는 방식이면 바람직하다. 그러나 이씨는 너무 자기 세계를 고집하고 있다"고 주장한다.

반면 평론가 하응백씨는 "아비는 부모, '선택'에서 할머니에 이어 고향마을 불구여성 얘기까지 나름의 일관된 시각으로 써왔다. 어떤 이데올로기나 목적의식을 떠나 작가가 자기 세계를 굳히는 과정이라고 봐야한다"고 평가했다.

오병상 기자
<obsang@joongang.co.kr>

페미니스트들이여, 더 이상 이문열을 괴롭히지 말라. 그는 페미니즘의 잣대가 아니라 상업주의의 잣대로 판단해야할 문인이다.

에게는 미안한 추측이지만 혹 그것은 낯선 총각에게 보일 것 안 보일 것 다 보여버린 처녀의 원통함이나 모욕감에서 나온 것이 아니라, 자신이 여인임을 알아보고 다가와 놓고도 끝내 마다하고 돌아서버린 이성에게 느낀 야속함은 아니었을는지(76-77쪽)."

김정란은 이러한 해석에 대해 이문열이 "작품을 쓰면서 부인에게라도 자문을 구했더라면 이런 얼토당토않은 남근주의적 해석은 나오지 않았을 것이다"고 말한다.[20] 이명원도 "이 장면을 읽어나가다가 나도 모르게

---

20) 김정란, 〈우아(優雅)한 사랑 노래? 아가(雅歌)?〉, 『문예중앙』, 제90호(2000년 여름), 362쪽에서 재인용.

욕지기를 뱉어낼 뻔했다"면서 다음과 같이 말한다.

"우리 문단의 대표적인 중견작가라고 할 수 있는 사람의 머릿속에 들어 있는 여성에 대한 인식이라는 것이, 지하철에서 읽고 버리는 황색 저널리즘이 유포시키는 속류적 메시지들과 다를 것이 무엇인가 라는 안타까운 생각 때문이었다. 어떻게 성추행의 공포와 모욕감으로 울부짖고 있는 여성을 묘사한다는 것이, 자신의 여성성을 승인하지 못한 이성에게 느낀 야속함으로 왜곡시킬 수 있단 말인가. 아니, 그렇다면 여성은 잠재적으로 모두 강간당하고 싶어하는 이른바 피학심리의 소유자란 말인가. 이 피학심리를 충족시키는 행위야말로 여성을 정당한 한 인격의 소유자로 존중하고 인정하는 최선의 방식이라고 지금 이문열 당신은 그렇게 주장하고 있는 것인가?"[21]

문학평론가 김명인의 평가에 대해

우리는 앞서 『조선일보』의 어설픈 '논쟁 만들기'를 살펴본 바 있다. 이와 관련, 월간 『말』 2000년 5월호에 실린, 문학평론가 김명인의 〈싸움꾼 이문열 문학으로 돌아오다?〉라는 제목의 글은 '논쟁의 딜레마'를 시사해 주고 있어 논의할 필요를 느끼게 된다. 김명인은 이문열과 그의 논쟁자는 '적대적 의존관계'라며 다음과 같이 말한다.

어떤 겸손의 말로 자신을 낮추는 시늉을 할지라도 자신이 쓴 작품을 통해 타자들을 자신의 정신적 노예로 복속시키고자 하는 욕망이야말로 작가들이 기를 쓰고 작품을 쓰는 진짜 동기이다. 이미 수십만에서 때로는

---

21) 이명원, 〈기만의 수사학: 이문열의 『선택』과 『아가』를 통해 본 담론의 책략〉, 『비평과 전망』 제3호(2001년 상반기), 67-68쪽.

백만 명에까지도 이르는 고정 독자들을 '거느리게 된' 이문열은 바로 그런 점에서 성공한 작가이다. 그가 새로운 작품을 출간하면 매스컴은 바로 그 수십만 명의 노예들이 지닌 구매력 때문에 그 작품을 크게 다루지 않을 수 없고 그것은 다시 작가 이문열의 성가를 높이는 결과로 이어져 다시 다음 작품의 판매를 자극한다. 다시 수많은 노예들이 탄생하는 순간이다.…… 사태는 이문열의 작품에 대해 시비를 거는 것이 곧 그 시비를 거는 자의 인정 투쟁의 격을 높이는 결과가 되는 지경에까지 이른 것이다. 설혹 둘 사이에는 승패가 나지 않더라도 그 싸움에 참여하는 것만으로도 적지 않은 수의 노예들을 획득할 수 있게 된다. 이문열을 건드리는 것은 어찌 되었든 '남는 장사'가 된다. 이렇게 되면 이문열과 그의 적대적 논쟁자 간에는 일종의 기묘한 의존관계가 성립한다. 이문열은 논쟁적인 작품을 생산한다, 논쟁자가 여기에 시비를 건다, 논쟁이 이어진다, 매스컴을 통해 관심이 집중된다, 이문열의 작품은 판매 부수가 늘고 시비를 건 논쟁자의 이름이나 쟁점 자체가 널리 알려진다. 원래 논쟁의 의미와 상관없이 결과적으로 누이 좋고 매부 좋은 일이 일어나는 것이다.

매우 날카로운 분석이라는 생각이 든다. 하긴 그래서 나오는 말이 "크려면 거물을 씹어라"라는 말일 게다. 이문열도, 또 김용옥도, 자신들을 비판하는 사람들에 대해 그런 말을 자주 한다. 이문열은 위선이 강해 간접적으로 그런 말을 하고 김용옥은 노골적으로 그런 말을 하는 차이는 있지만, 이들이 공통적으로 즐겨 하는 말의 메시지는 똑같다. "너 튀어보려고 나 씹는 거지?" 그러니까 김명인의 날카로운 분석은 결과적으로 이문열과 김용옥의 그런 오만방자한 태도가 나름대로 일리가 있다는 걸 뒷받침해준 셈이다.

김명인이 『조선일보』의 상업적인 논쟁 이용의 메커니즘을 제대로 꿰뚫어 보고 있거니와 그 자신 『조선일보』 장사 시켜주는 '들러리' 역할을 거부한 것에 대해선 절대적인 지지를 보내지만, 이 문제는 이럴 수도 저럴 수도 없는 딜레마가 아닌가 생각된다.

사실 이건 모든 비평 행위가 안고 있는 문제이기도 하다. 비평 또는 비판의 본질이라는 게 뭔가? 그건 원래 큰 놈, 잘 나가는 놈을 씹는 거다. 왜? 그 놈들에게 큰 힘과 영향력이 있기 때문이다. 그 놈들을 씹어서 씹는 놈의 위치가 덩달아 올라가는 효과가 있다 해도 그건 지엽적인 문제인 것이지 본질적인 문제는 아닐 것이다. 그렇다면 단지 '남는 장사'를 위해 큰 놈을 씹는 것과 그런 장삿속 없이 큰 놈에게 큰 문제가 있다고 생각하기 때문에 큰 놈을 씹는 걸 어떻게 구분할 것인가?

김명인은 이 점에 대해서도 이야기했더라면 더 좋았을 것이다. 물론 나는 심정적으론 김명인의 분석에 동의한다. 내가 앞서 이문열을 페미니즘의 잣대로 평가하지 말자고 한 것도 괜히 이문열 장사 시켜주지 말라는 뜻에서 한 말이다. 비판을 하는 사람이 재미보는 것도 그렇다. 학계에서도 보면 20대 후반에서 30대 초반까지는 거물들을 열심히 씹어대다가 지가 좀 나이 들면 아예 비판을 하지 않는 그런 사람들이 수두룩하게 많다. 아니 거의 대부분이라고 봐도 지나치지 않다. 이런 풍토는 바로 잡아나가야 할 것이다.

나는 이미 앞서 던진 질문에 대해 답을 말했다. 답은 "지속성으로 평가해야 한다"이다. 지속성으로 평가하기엔 시간이 너무 오래 걸린다는 문제가 있겠지만, 그렇다 하더라도 일단 선의(善意) 해석을 하면서 내용으로 평가하는 것이 옳지 않을까 한다.

나는 김명인이 『아가』에 대해 평가한 것에 대해선 작은 이의를 제기하고 싶다. 김명인은 다음과 같이 말한다.

> 나는 이 소설이 "인간과 인간의 삶을 있는 그대로 구체적으로 그리는" 소설의 "미학적 아름다움"을 잘 구현하고 있다는 한 작가의 평가(하일지,

〈소설 '아가' 논쟁을 보고〉, 『조선일보』, 2000년 3월 30일)에 동의한다. 이 점이야말로 이문열에게 가장 부족한 부분이었다. 그리고 바로 그 때문에 『아가』는 이문열 문학의 변화를 점칠 수 있게 하는 작품이 되고 있다. 이 작품을 마치 관행처럼 정치적·사회학적 논쟁의 대상으로 삼는 일은 이제 그쳤으면 한다. 어쩌면 고약한 싸움꾼 이문열이 문학으로 돌아오고 있는지도 모르기 때문이다. 그리고 그런 그를 나는 기꺼이 맞으러 나갈 것이기 때문이다.

하일지의 글에서 동의할 부분만 눈에 띄고 다른 건 전혀 보이지 않았다는 것인지 유감이다. 나도 『아가』를 마치 관행처럼 정치적·사회학적 논쟁의 대상으로 삼는 일은 이제 그쳤으면 한다. 그러나 그 이유는 김명인의 그것과는 다르다. 나는 순전히 그로 인해 이문열의 소설이 많이 팔리는, 그 고차원적 상술 메커니즘이 역겨워서 그런다.

김명인의 뜻을 애써 선의로 해석하자면 이문열이든 그 누구든 문인의 경우 문학적으로만 판단하자는 주문인 것 같다. 그러나 나는 작품 외적인, 상업주의의 관점에서도 이문열의 소설을 보아야 한다고 생각하며 그건 나와 같은 사람의 몫이라고 생각한다. 나의 몫에 대해 관계자 여러분들의 너그러운 이해를 바라마지 않는다. 🖾

이문열을 보면 한국 사회가 보인다

이문열의 '성공 이데올로기' [1]

이문열의 탁월한 상업주의

이문열을 보면 한국 사회의 심층 구조가 보인다. 특히 '처세술'의 관점에서 볼 때에 그렇다. 그간 이문열은 너무 이데올로기 차원에서만 다뤄져 왔다. 나 역시 앞서 이문열이 '시대와의 간통'을 했다느니 어쩌느니 하면서 그런 종류의 비판을 했지만, 그것만으로 이문열을 평가하는 건 모자라거니와 어리석은 일이 될 것이다. 나는 이번엔 좀 다른 관점에서 이문열을 보고자 한다. 문화평론가 김지룡의 다음과 같은 이문열 평가에서부터 시작해보자.

"저는 상업주의 때문에 비판을 많이 받았고, 솔직히 그것을 인정합니

1) 이 글은 『비평과 전망』 제3호(2000년 12월)에 기고했던 글을 개작한 것입니다.

다. 저는 상업주의를 좋아합니다. 제가 이문열 씨를 좋아하는 것도 상업주의 때문입니다. 강준만 교수가 이문열 씨를 시대와의 간통을 했다며 비판했는데, 그 간통도 아무나 할 수 있는 것은 아니지요. 이문열 씨의 소설은 문장력이나 구성면에서 매우 탁월합니다. 이와 비슷하게 무라카미 하루키의 소설도 상업적인 측면에서 한 수 배울 게 많습니다."[2]

나는 다른 글에선 김지룡이 이문열을 좋아하는 것도 도무지 이해가 안 간다며 다음과 같이 반론을 제기한 바 있다.

"진정한 개인주의자라면 절대 그렇게 말씀하시면 안 된다. 물론 나도 상업주의를 지지하거니와 그걸 좋아한다. 그러나 내가 지지하고 좋아하는 상업주의라는 건 개인주의적 가치에 충실할 때에 한해서이다. 김지룡은 한국에서 개인주의에 가장 반(反)하는 이데올로그가 누구라고 생각하시는 건가? 나는 이문열을 결코 빼놓을 수 없다고 생각한다. '개인독립 만세'를 부르짖는 김지룡이 그것도 따져보지 않은 채 무조건 돈 많이 버는 사람이면 좋다고 말하는 건 개인주의에 대한 배신이요 모독 행위다. 이문열과 무라카미 하루키는 전혀 다른 세계에 속하는 사람들이라는 걸 정녕 모르신단 말씀인가?"

이렇게 반론을 하긴 했지만, 내가 김지룡의 선의(善意)를 이해하지 못하는 건 아니다. 김지룡이 인터뷰라 말을 막 해서 그렇지, 그걸 주제로 차분하게 글을 썼다면 아마 나도 수긍할 수 있는 그런 주장을 펼쳤으리라 믿는다. 이제부터 내가 그런 이야기를 하고자 한다.

이문열의 '대결 의식'

나는 이 글의 제목에 '성공 이데올로기'라는 표현을 썼는데, 이건 이

2) 변희재, 〈김지룡: 마음껏 놀면서 일한다〉, 강준만 외, 『쾌락의 독재: 시사인물사전 9』(인물과사상사, 2000), 29쪽.

문열과 관련하여 내가 처음 발견한 건가? 그렇진 않다. 그 용어는 내가 처음 썼을망정, 이와 비슷한 지적을 한 분들이 전혀 없는 건 아니다. 문학을 하는 분들은 나처럼 상스러운 표현을 쓰지 않는다는 걸 알아야 할 것이다. 이미 앞서도 일부 소개한 바 있지만, '성공 이데올로기'라는 말에 가장 가까운 표현으론 문학평론가 홍정선이 강조하는 '대결 의식'을 들 수 있겠다. 나는 '대결 의식'에서 한두 걸음 더 나아갈 것이므로 일단 홍정선이 말하는 '대결 의식'의 의미를 살펴보도록 하자.

"그것은 필자의 생각으로는 아마도 어머니의 영향하에서 만들어진 것으로 짐작되는, '일찍부터 고향을 떠나 낯선 도시들을 떠돌며 살았지만, 정신적인 교육 환경은 전통적이고 소박한 유가(儒家)의 사상'(『작가세계』, 1989년 여름호, 48쪽)이었다는 고백에서 드러나는, 몰락한 반가(班家)의 후예다운 자존심과 문자에 대한 남다른 집착, 따라서 모름지기 남아 대장부라면 유랑하는 가족을 다시 일으켜 세워 일가 친척들 앞에 당당하게 내세워야 한다는 생각, 그것을 용납하지 않는 현실적인 삶과의 힘겹고 지루한 갈등, 이런 것들이 복합적으로 어우러져 만들어낸 의식일 것이다. 그래서 가족이 연좌제에 걸려 있으면서도 그의 형은 오기로 육군사관학교를 지원했으며, 그는 부질없는 고시 공부에 열을 올렸을 것이다. 또한 소설가로 성공한 뒤에도 비판적인 수많은 이론가들을 적으로 삼아 대치하는 자세를 만들어냈을 것이다."[3]

이문열의 '대결 의식'은 순전히 개인적인 차원에서 보자면 대성공을 거두었으므로 '인간 승리'로 예찬받아 마땅한 것임에 틀림없을 것이다. 그러나 사회적인 차원에서 보자면 대단히 비극적인 것이다. 이문열은 자신에게 고통을 주었던 것에 대결한 게 아니라 정반대로 자신처럼 고통을 당한 '피해자'들과의 대결을 통해 '가해자'의 편에 서서 성공을 거머쥐

---

3) 홍정선, 〈소설로 가는, 기억의 길〉, 『문학과 사회』, 제30호(1995년 여름), 760~761쪽.

었기 때문이다.

이는 미국 사회에서 일부 유능한 흑인들이 대다수 흑인들에게 불리할 수밖에 없는 주장을 전개하고 '상품화' 함으로써 백인 기득권 집단에 의해 발탁돼 성공하는 것과 매우 비슷하다. 이런 '반동적' 행위를 과연 '대결 의식' 이라 불러도 되는 걸까? 그렇게 부를 수 있다 하더라도 그건 너무도 비극적인 '대결 의식' 임에 틀림없을 것이다.

이문열의 '대결 의식' 가운데 백미는 역시 이데올로기적인 것이다. 앞서도 인용한 바와 같이, 정신과 전문의 정혜신은 『변경』을 보면 이문열이 자세히 보인다며 "그의 무의식은 '빨갱이의 자식' 이라는 말을 피하기 위한 긴장과 불안으로 점철된 것이리라. 어떤 희생을 치르더라도 남한의 반공 이데올로기에 무조건 찬성하고 그에 발맞추어 모범적으로 살아가는 모습을 보여주어야 한다는 강박관념과 열등의식에 사로잡힌 사람이다"라고 말한 바 있다. [4]

나는 이러한 평가에 동의한다. 물론 감히 그 누구도 한 개인의 그런 피눈물나는 사투(死鬪)를 비판하거나 비아냥댈 수는 없을 것이다. 이문열은 『주간조선』 1999년 4월 8일자와의 인터뷰에서 1984년 『영웅시대』를 내고 이런 일이 있었다고 밝힌다.

"안 그래도 책이 나온 후 북에 계신 아버님과도 잘 아는 미전향 장기수 출신의 칠십 노인 한 분이 직접 찾아왔습니다. '네 아버지를 부정(否定)했다. 애비 팔아 유명해지고 책 팔아먹으니 좋더냐'고 합디다. 한편으로는 뜨끔했고, 다른 한편 속이 너무 상했어요. 아무렴 내가 역사의 상처까지 우려먹으려 했겠습니까."

---

4) 정혜신, 〈 '밝은 최인호' 와 '어두운 이문열' 〉, 『신동아』, 2000년 4월, 369쪽.

시대와 세상을 읽는 고성능 안테나

공감한다. 나는 그 칠십 노인께서 너무 심한 말씀을 하셨다고 생각한다. 이문열에게 문제가 있다면 그가 너무 성공했다는 것 뿐이다. 한 개인의 생존을 위한 당연한 선택인데도 불구하고 그가 '문화권력'으로서 한국 사회에서 너무 큰 무게를 갖기 때문에 그의 사투는 비판의 대상이 될 수밖에 없었던 것이다. 이문열도 이 점은 잘 이해하고 있으리라 믿는다. 자신에 대한 공적 비판에 대해선 전혀 억울하게 생각할 일이 아니란 말이다. 이문열이 3류 문인이라면 도대체 누가 관심이나 갖겠는가?

그러나 이문열의 '사투'는 그게 전부는 아니다. 그에겐 시대와 세상을 읽는 고성능 안테나가 내장돼 있다. 그는 안테나의 신호에 적응하는데 있어서 믿기지 않을 정도로 열려 있으며 혁신적이기까지 하다. 앞서 김지룡이 말한 '상업주의'는 바로 이 점을 지적한 것인지도 모른다.

이문열은 대단히 놀라울 정도로 기민한 시장 적응력을 갖고 있다. 그 나이면, 그리고 그가 그간 보여온 문화적 취향으로 보아선, e-북에 대해 거부감을 가질 만도 할텐데, 그는 어느새 발빠르게 e-북을 선보였고, 또 앞으로 그걸 염두에 둔 새로운 글쓰기를 시도하겠다고 기염을 토한다. 그는 그 이전에도 세계 시장을 염두에 둔 새로운 글쓰기를 시도하겠다고 밝힌 적도 있다.

얼른 생각하면 이상한 일이다. 다른 건 다 제쳐놓더라도 그의 여성관이 얼마나 시대착오적인 것인가 하는 걸 생각하노라면 그가 믿기지 않을 정도로 열려 있고 혁신적이기까지 하다는 건 모순처럼 보인다. 그러나 그건 전혀 모순이 아니다.

페미니즘? 웃기는 소리하지 말자. 그건 지식계 일각에서나 먹히는 소리일 뿐 아직 이 나라의 대세는 가부장 독재체제라는 걸 잊지 말아야 할 것이다. 진보적인 문학평론가인 최원식이 다음과 같이 말한 걸 참고할

이문열씨가 부악문원 숙생들과 함께 명자를 공부하고 있다. · 동아일보 자료사진

이문열 문학私塾 첫졸업생 배출

'부악문원' 3년만에 경사

4명중 2명 창작의 길로

월말까지 4期지망생 모집

소설가 이문열씨가 운영하는 '부악문원(負岳文院)'이 첫 졸업생 4명을 배출했다. 개인 사정으로 중간에 자퇴한 한 명을 제외한 입학생 4명이 3년간의 과정 끝에 따로 졸업장은 없지만 '부악문원 수료생'이란 첫 타이틀을 얻은 것이다.

경기 이천시에 위치한 부악문원은 이문열씨가 사재를 들여 설립한 사숙(私塾), 즉 개인 교육기관이다. 단국대 국문과를 졸업한 입원한 '막내' 김태수씨(28)는 지난해 중앙 문예지로 등단했다. 이규화씨(29)는 아직 실적은 없지만 가능성이 풍부한 문화 재원으로 꼽힌다.

나머지 졸업생들은 일단 문화의 길을 비켜 나갔다. 연세대 정치외교학과를 졸업한 여인운씨(30)는 얼마전 MBC 프로듀서로 입사했고, 연세대 법과대학원 석사과정을 병행했던 권승기씨(31)는 '법과 문학'을 주제로 졸업논문 준비에 여념이 없다.

이 가운데 권승기씨는 "대학에서도 제대로 공부할 수 없었던 플라톤과 아리스토텔레스의 저작과 '사서 삼경' 등 고전을 자발적인 토론을 통해 배우면서 글쓰기에 대한 평생 자양분을 얻었다"고 자랑했다. 하지만 그는 "세상과 결별하고 공부와 창작에 몰두하다 보니 세상에 처진 듯한 위기감을 한 두 번 쥐었다"고 토로하기도 했다.

아침과 밤새 술을 마시면서 토론을 벌이는 등 허물없이 지내던 이문열씨의 고민은 다른 데 있다. 수료생들이 활동하는 데 행여나 자신의 이름이 걸림돌이 될 수도 있다는 걱정이 그것이다. 그래서 꼭 필요한 경우가 아니라면 부악문원 출신이란 사실을 밝히지 말라고, 이들에게 당부했을 정도다.

문학에 대한 젊은이들의 관심이 줄면서 지망자가 희미해 줄어드는 추세지만 이씨는 올해에도 4기 신입생을 뽑는다. 이달말까지 이력서와 200자 원고지 100장 분량의 자기소개서를 보내면 심사와 면접을 거쳐 5명 가량을 선발할 예정이다.

이씨는 "지금까지는 축적된 인문학적 소양을 위주로 선발하다 보니 명문대 졸업자에 저무했다"면서 "올해에는 자기 표현력 등 문학적 재능 부분에 주안을 둘 생각"이라고 말했다. 031-636-8861

〈윤정훈기자〉
digana@donga.com

(『동아일보』, 2001년 1월 16일)

이문열에겐 시대와 세상을 읽는 고성능 안테나가 내장돼 있다. 그의 '성공'이라는 그물망에는 '냉전 이데올로기'도 '권위주의'도 '페미니즘 비판'도 쉽게 걸려들지 않는다.

필요가 있겠다.

"고백하건대 나 자신도 이문열의 용감한 페미니즘 비판에 약간 공감하는 바도 없지 않다. 망오(望五)를 바라보는 우리 또래는 뒷 세대의 맏이라기보다는 앞 세대의 막내에 더 가깝다. …… 우리 또래는 이념적으로 보수든 진보든, 대체로 페미니즘에 대해서는 보수적이다."[5]

사정이 그와 같으니, 『선택』의 주인공 장씨 부인이 문화관광부에 의해 99년 11월의 문화 인물로 선정된 것도 결코 우연이 아니다. 아직 이 나라는 "여성이여, 직장의 꽃이 되라"고 외치는 책이 직장 여성들 사이에서 베스트셀러가 되고 또 그런 여성들이 저자에게 고맙다고 감사 편지를 보내는 그런 나라임을 잊지 말아야 할 것이다.[6]

---

5) 최원식, 〈중세와 자본의 제휴: 이문열의 『선택』을 읽고〉, 『문학의 귀환: 최원식 평론집』 (창작과비평사, 2001), 286쪽.

6) 강준만, 〈"젊은 여성이여, '직장의 꽃'이 되라"?: 정신과 의사 이시형의 '마초 콤플렉스'〉, 『월간 인물과 사상』, 2000년 9월, 106-137쪽을 참고하십시오.

'민주주의 수호자'로 변신한 이문열

　이문열의 개방과 혁신은 철저하게 '성공'을 전제로 한 것이다. 나는 이 글의 제목에 '성공 이데올로기'라는 표현을 썼지만, 이문열이 억울해하지 않게끔 한 가지 단서는 달아야겠다. '성공 이데올로기'라고 하면 마치 성공을 위해서는 자신의 다른 이데올로기도 마구 바꿀 수 있을 것처럼 생각된다. 그러나 이문열은 결코 그런 사람이 아니다. 그에겐 그야말로 '사나이다운' 또는 '대인다운' 뚝심이 있다. 그는 '전향'을 혐오한다. 그런데 왜 '성공 이데올로기'란 말인가?

　세상은 더디 변한다. 그 드라마틱한 증거가 바로 『조선일보』다. 정권교체? 가소로운 소리다. 지금은 아닐망정 한동안 정권교체의 주역들마저도 『조선일보』에게 잘 보이려고 "나 예뻐?"라고 교태를 부린 세상이다. 정권은 어떨망정, 이 나라의 시민사회는 여전히 유신과 5공 체제의 연장선상에 놓여 있다. 적어도 '문화권력'에겐 아직 치명적일 수 있는 변화가 일어나지 않은 것이다.

　따라서 이문열이 여전히 '냉전 이데올로기'에 찌들은 모습을 보여주는 건 그의 '성공'에 아무런 지장을 주지 않는다. 오히려 정반대다. 이제 이문열은 과거 그 수많은 운동꾼들로부터 멸시받고 조롱당했던 자신의 '친(親)정권' 성향을 과감히 내던지고, 그리고 그의 오랜 '민주 콤플렉스'에서 과감히 탈출해서, 화끈한 정권 비판에 임할 수 있게 된, 기가 막힌 행운을 누리게 되었으니, 그는 참 복도 많은 사람이다. 그러나 나라 전체의 차원에서 보자면 이런 비극도 없다. 왜? 그는 민주주의자가 아니기 때문이다.

진중권이 지적한 이문열의 '파시즘'

이문열의 극우적, 파시즘적 요소를 가장 체계적으로 분석한 사람은 진중권이다. 그는 그의 명저 『네 무덤에 침을 뱉으마!』에서 파시스트 대중의 전형적 특성으로 '극단적 수동성과 극단적 적극성'의 변태적 결합을 들면서 다음과 같이 말한다.

"베스트셀러 제조기 이문열의 소설 『선택』에는 여자의 '천형(天刑)'을 자기 '운명'이라 믿고 '적극적 선택'으로 끌어안은 어느 장한 여인의 감동스런 충성기가 등장한다. 이 봉건적 여인상에서 우리는 파시스트들의 이상적 대중의 상(像), 즉 그들이 제발 그래 주었으면 하는 대중의 모습을 볼 수 있다."

진중권은 이어 히틀러와 이문열의 공통성을 지적한다. 진중권이 붙인 글의 소제목들을 통해 살펴보자면, '여성 = 어머니', '어머니 = 출산', '출산 = 인류 수호', '여성 = 자식', '여성 = 남편', '신체구조 = 성차별', '여성의 일생 = 희생', '존재의 개별성 = 무의미', '죽음의 미학', '가부장독재', '양반사관', '수신제가치국평천하' 등과 같은 것이 공통점일 것이다.[7]

이문열은 진중권의 이런 비판에 대해 어느 사석에서 "내보고 하도 파시스트라 캐싸서 파시즘 책을 읽어봤더이만 파시즘 거 참 고약하데이. 내는 그런 거 아인 거 같구만……"이라고 말했다던가.[8] 물론이다, 이문열은 파시스트는 아니다. 그런 성향이 좀 있다는 정도로 이해하시면 될 것이다.

나는 이문열이 『조선일보』 1999년 11월 24일자에 쓴 〈세기말에 띄우

---

7) 진중권, 『네 무덤에 침을 뱉으마! 1』(개마고원, 1998), 233–265쪽.
8) 김갑수, 〈황석영, 이문열 그리고 마광수의 시간〉, 『문예중앙』, 제90호(2000년 여름), 375쪽에서 재인용.

는 편지: 아돌프 히틀러 '제3제국' 총통에게〉라는 글을 읽고 속으로 웃었다. 나만 웃은 게 아니었던 모양이다. 진중권도 웃었다. 내가 웃은 이유는 진중권이 웃은 이유와 거의 비슷하므로, 진중권이 『경향신문』 1999년 11월 29일자에 쓴 칼럼에서 『선택』에 관한 이야기를 하다가 한 말을 인용하는 것이 좋겠다.

"며칠 전 그 이문열이 TV에 출연하여 여성 출연자들과 논쟁을 벌였다. 워낙 말도 안 되는 논리라 결국 절절매며 여성출연자들의 논리적 공박에 일방적으로 쫓겨다니기만 했지만, 오랜만에 재미있는 구경 하나 했다. 비겁하게 이리저리 변명하며 슬쩍 빠져나가려는 그를 여성출연자들이 사정없이 몰아치며 체계적으로 공박하는 것을 바라보며, 나는 되뇌었다. '장하다, 웅녀의 딸들이여, 계속 해.' 그러던 이문열이 최근에 『조선일보』 지면을 통해 히틀러 총통에게 작별인사를 했다. 그의 독재와 작별하고, 그의 인종주의와 작별하고, 그의 유치한 정치예술과 작별하고 …… 하지만 한 가지 그가 깜빡 잊은 게 있다. 바로 히틀러 정권의 가부장적 독재다. 이 요소와는 작별하고 싶지 않았던 것일까? 몰라서 그렇지 히틀러 역시 여성을 가정에 가두어놓았다. 그리고 남자 말 잘 듣고 애만 잘 낳아 잘 키우는 여인들에게 '히틀러 무터'라는 봉작을 내렸다. 그런데 왜 그는 이 얘기는 안 할까? 재미있는 현상이다. 『삼국지』 같은 무협지나 읽으며 주군에게 몸 바쳐 봉사하는 얘기에서 감동이나 먹지 말고, 이제 제발 현대적 교양 좀 갖추었으면 좋겠다."

진중권은 '가부장적 독재'만을 지적하였지만, 나는 한 가지 더 보태고 싶다. 파시즘의 모태가 된 '권위주의적 성격'의 문제다. 이문열은 정말이지 못 말리는 권위주의를 갖고 있다. 이건 내가 이미 많이 지적하였으므로 반복하진 않겠지만, 새로운 증거는 소개하는 게 좋을 것 같다. 그는 왜 그렇게 '자격 따지기'를 좋아하는 걸까?

이문열은 마광수의 필화사건 때에도 마광수의 소설가 자격을 문제삼더니, 김정란이 『문예중앙』 여름호에서 『아가』를 비판한 것에 대해 "구체적 논쟁에 대해 논쟁할 필요성을 느끼지 않는다. 다만 김씨가 시인으로 등단한 사실은 알지만 평론가로서 객관적인 평가를 할 자격이 있는지 의심스럽다"고 말함으로써 그가 '권위주의의 화신'이라는 나의 평소 생각을 재확인시켜 주었다. [9]

이문열의 화끈한 '지적 태만'

물론 이문열의 '자격 따지기'는 철저하게 일방통행이다. 자신에게는 그 원칙이 전혀 통용되지 않는다는 말이다. 그는 잦은 정치비평에 심지어 영화비평까지 한다. 도대체 무슨 자격으로 그런 일을 하는 걸까? 정치와 영화는 만만하지만, 문학은 다르다고? 그렇게 항변할 수 있겠다. 그러나 과연 그럴까?

이문열이 2000년 9월 27일 서울국제문학포럼에서 "전환기를 맞아 새로운 문학적 모색의 출발점을 리얼리즘의 탈색화에서 시작하자"[10] 고 제안한 건 그렇게 말할 만한 자격을 갖고 한 발언이었을까? 관련 기사의 일부를 인용한다.

"이씨는 '한국문학의 순수와 참여 구분은 잘못 그어진 구도였으며 사태의 본질은 방향을 달리한 계몽성의 충돌이었고, 그 핵심에는 리얼리티의 해석 문제가 있었다'고 말했다. 그것은 외면적 리얼리즘과 관념적 리얼리즘 간의 충돌이었다는 것이다. 하지만 리얼리즘의 이 두 줄기가 모두 막다른 골목에 처한 상황에 나아갈 방향은 어느 쪽인가? 리얼리즘의 대지 위에서 새로운 문학의 지평이 떠오를 것이라는 것이 그의 결론이다."

---

9) 오병상, 〈쓴 소리 환영하는 공격적 비평마당〉, 『중앙일보』, 2000년 5월 30일, 17면.
10) 송용창, 〈"새문학 출발점은 리얼리즘 탈색화"〉, 『한국일보』, 2000년 9월 28일, 12면.

나는 나의 '이문열 파일'을 뒤적이다가 한 가지 매우 흥미로운 사실을 발견했다. 1999년 5월 13일 대구 계명대에서 열린 〈한국문학 작가대회 － 21세기 한국문학을 전망한다〉와 관련, 『주간한국』 1999년 5월 27일자는 다음과 같이 보도하고 있다.

　　수준 높은 발제와 날카로운 질문이 청중을 즐겁게 한 이날 세미나에서 소설가 이문열 씨의 발제는 작은 논란을 불러일으켰다.

　　발단은 그가 '한국소설과 미메시스(모방)의 탈색화－21세기 한국문학을 위한 단상'을 발표하면서 "한국의 문학지 논쟁을 순수와 참여로 대별하는 것은 사태의 본질을 바로 파악한 게 못 되는 듯하다. 본질은 방향을 달리 하는 계몽성의 충돌이었고 그 핵심에는 리얼리티의 해석 문제가 있었다"고 지적한 데서 시작됐다.

　　"한 예로 얼마 전에 타계한 원로 작가 한 분은 순수파의 대명사처럼 불리었는데 참여를 행동과 연관짓는 논점에서 보면 그처럼 참여적인 사람도 없었다.……" 리얼리즘 문학을 주창해온 참여파에 대한 비판이었다.

　　소설가 김원일이 바로 반론을 제기했다.

　　"'원로작가'란 김동리 선생을 말하는 듯한데 나도 그 분 제자지만 비민주, 독재 등 현실이 잘못돼갈 때 체제를 옹호하는 것을 참여라고 할 수 있을까? 나 자신 좌파적 입장에 있지는 않았지만 70년대 참여파가 싸우다가 투옥되고 하는 등 현실에 행동으로 기여한 바는 높이 평가할 부분이 있다고 본다."

　　이씨는 이에 대해 "과문한 탓인지는 몰라도 어디를 봐도 '비판적 참여'만 참여라고 정의하는 것은 보지 못했다"며 "부정하고 부수고 때리고 개조하고 혁명하는 것뿐만 아니라 지키고 유지하고 막고 하는 것도 다 같이 참여에 속한다고 본다"고 답했다.

한편 이씨는 이날 "이 년 전 문학관련 국제대회에서 한 강연" 내용을 그대로 발제문으로 내놓아 청중들로부터 "무성의하다"는 소리를 들었다. 그는 특히 발제문을 읽어가는 도중에 서너 차례나 "어, 이 문단이 아닌데……", "이 단어가 잘못 됐네요"라고 말해 청중을 어리둥절하게 했다. 한 계명대 문예창작과 학생은 "작가로서 '5개월간 도저히 글 한 줄 못쓰는 상황이었다'는 것은 충분히 이해가 가지만 적어도 자기 글을 한 번은 제대로 읽어보고 와서 발표해야 하는 것 아니냐"고 지적했다. [11]

이문열의 준비 부족도 권위주의적 성격의 소산으로 볼 수도 있겠지만, 내가 더 주목한 건 1999년에 재탕했다는 원고가 2000년 9월의 서울 국제문학포럼에서 '3탕' 된 게 아닌가 하는 것이다. 내가 원고를 직접 검토한 건 아니라 단언할 순 없지만, 기사 내용만으로 봐선 핵심적인 내용이 똑같다. 그야말로 화끈한 '지적 태만'이라 아니 할 수 없다. 그리고 더 중요한 건 그 핵심적인 내용이란 건 이문열 자신을 위한 변명이기도 하다는 것이다. 그는 '문학포럼'에서조차 자신의 정략성을 버릴 수 없었던 걸까?

이문열의 '과대 망상'

이문열이 『아가』를 내고 나서 『월간중앙』 2000년 5월호와 가진 인터뷰는 이문열의 '성공 이데올로기'에 대해 많은 것을 말해준다. 내가 읽은 그 수많은 이문열 인터뷰 기사들 가운데, 이 기사의 수준이 대단히 높았다는 뜻이기도 하다.

인터뷰를 진행한 기자 박종주는 인터뷰가 있던 날 아침 민음사에 문

---

11) 〈소설가 이문열 씨, '참여' 비판으로 논란〉, 『주간한국』, 1999년 5월 27일, 66면.

의해, 시판 보름이 지난 『아가』의 출간 부수를 5만 권으로 확인한 다음, 이문열에게 "기대했던 만큼 팔리는 것 같습니까?"라는 질문을 던졌다.

"옛날에 비하면 영 성이 안 차네요. 그전 같으면 첫 두 주 동안 10만 부 정도는 밀어내야 하거든요. 욕심냈던 것의 절반 정도에 불과합니다. 다소 주제넘은 얘기인지 몰라도, 이번 작품으로 침체된 문단에 뭔가를 보여주었으면 했거든요. 판매 부수로도 좋은 본보기가 돼 동년배의 중견 작가들에게도 격려가 되고, 문학활성화의 계기도 됐으면 좋겠다는 기대를 감히 했습니다."

출간 두 주만에 십만 부! 그게 이루어지지 않았다고 불만을 토로하는 대작가! 나는 내심 "졌다!"고 외치지 않을 수 없었다. 이건 결코 비아냥대는 게 아니다. 글쓰는 장르는 다를망정, 나도 그런 경지에 이르기를 간절히 원하기 때문이다. 그러나 내가 진정 의미를 부여하는 건, "그 뭔가를 보여줄 만큼 팔릴 것으로 보십니까?"라는 기자의 질문에 대한 이문열의 다음과 같은 답이다.

"아직은 더 지켜봐야겠죠. 기대가 되는 것은 문단 안팎의 관심이 크고 언론도 상당히 많은 시간과 지면을 할애해줬다는 점입니다. 저 자신도 그러한 분위기를 의식해 출판사가 요구하는 독자와의 만남이나 강연회는 가급적 모두 응하고 있습니다. 전에는 그런 행사는 한두 번이면 족했는데, 이번에는 지방에도 가 볼 생각입니다."

나는 이문열의 그런 '프로 근성'을 존경한다. 맞다. 그렇게 해야 한다. 대작가도 여의치 않으면 그렇게 판촉 행사에 나서는데, 나라는 인간은 대 일간지에서 인터뷰하자고 해도 귀찮다고 도망 다니니! 지금 나는 나의 행태에 대한 반성의 뜻에서 이런 말을 하는 것이다.

나에 대한 반성, 이문열에 대한 존경, 그런 마음이 무르익어가는데, 그것만으론 부족하다는 호통이 들려온다. 『선택』에 대한 "당시의 비판이 억울하다는 생각인가요?"라는 기자의 질문에 대한 이문열의 답이 나의 또 다른 반성을 요구하는 것이다.

"내가 운동전략의 희생양이 됐다는 느낌도 듭니다. 모든 운동은 적 (敵)이 있어야 활성화되는데, 그때까지만 해도 한국의 페미니즘은 이렇다 할 적을 만나지 못했거든요. 우리의 페미니즘이란 게 1980년대 후반에야 모양새를 갖추어 역사가 짧기도 했지만, 구태여 누가 나서서 제동을 걸지도 않았거든요. 그래서 몇몇 사람들이 자기네 목소리 내다 끝나갈 무렵에 내가 용의선상에 떠올랐던 겁니다."

이건 한 마디로 이야기해서 '과대망상'이다. 그러나 지금 나는 이문열을 결코 욕하는 게 아니다. '성공'을 위해선 자신을 과대평가하는 과대망상도 필요하다는 깨달음을 음미하는 것이다. 『아가』와 관련, "그때 너무 호되게 당해서 이번에는 아예 피해가기로 한 겁니까?"라는 기자의 질문에 대한 이문열의 다음과 같은 답도 나의 또다른 반성을 재촉한다.

"온당하고 균형있는 여성운동이라면 내가 도우면 돕지 방해할 이유가 없습니다. 그러나 내가 무슨 글을 쓰기만 하면 미리 그물을 쳐놓고 기다리는 사람들이 있는데, 거기에 걸려들 필요는 없지요. 내 믿음이 그렇지 않은데, 자기들이 덮어씌운 혐의를 계속 지고 갈 이유는 없는 겁니다."

이문열과 김영삼의 닮은 점

'온당하고 균형 있는 여성운동?' 대소설가답게 현란한 말장난 솜씨를 보여줄 줄 알았더니 의외로 투박하다. 하긴 그게 이문열의 매력이다. 미친 척 억지 쓰는 것 말이다. 그러고 보니 이문열과 김영삼은 닮은 점이 아주 많다. 이문열은 지적 능력이 탁월하지 않느냐고 반문할 사람이 있을지도 모르겠다. 나는 '지적 능력'을 그렇게 편협하게 보지 말 것을 권하고 싶다. 다양하게 보잔 말이다. 김영삼에게도 어떤 면에선 매우 탁월한 '지적 능력'이 있다는 걸 잊어선 안 된다. 예컨대, 사람 이름과 얼굴

외우는 건 국내 최고 수준이다.

반면 이문열의 경우에도 매우 저능한 구석이 있다는 걸 잊지 말아야 할 것이다. 예컨대, 앞서 소개한 안티조선운동에 대한 평가를 보라. 그러니 지적 능력은 두 분이 비슷하다고 보고, 같은 점에 주목하는 것이 좋을 것이다. 두 분에겐 모두 천진난만한 애 같은 면이 있다. 어린애가 나름대론 매우 진지하게 이야길 하는데 듣는 어른은 웃음이 나오는 그런 경우 있잖은가. 이문열의 다음과 같은 '성공관'을 듣고 웃지 않을 사람이 얼마나 될지 모르겠다.

"내 딴에는 폼잡고 제법 쓰는 것처럼 행세해 왔는데, 그렇다면 작가로서의 삶이 처음 작가의 길을 시작할 때의 희망, 계획, 야심 등과 얼마나 일치하는지도 살펴봤죠. 사람들은 나를 다작(多作)이라고 평하고, 내 스스로도 많이 써왔다고 생각했습니다. 그런데 따져보니 그것도 아닌거라. 20년 동안 창작해온 게 원고지 3만 매, 책으로는 20권 정도 됩디다. 내가 존경해온 문학적 영웅인 도스토예프스키는 『백치』, 『까라마조프가의 형제들』, 『죄와 벌』, 『악령』 등 시공을 초월해 읽히는 4대 명작만 해도 2만 매가 될 겁니다. 거기에다 『백야』, 『죽음의 집의 기록』 등의 역작을 더하면 간단히 3만 매가 돼요. 그런데 나는 허접스러운 것까지 다 긁어보아야 간신히 3만 매라는 겁니다. 심하게 말하면 인생과 문학 모두에서 실패한 거나 마찬가지라는 생각이 들더군요. 이것도 굉장히 나를 아프게 만들었습니다."

물론 나는 개인적인 차원에선 이 발언이 매우 반갑다. 나는 오직 '허접스러운 것'만을 쓰는 사람이긴 하지만, 이문열보다 훨씬 더 다작을 하는 사람이기 때문에 이문열의 양적(量的) 평가에 대한 신념이 반갑기까지 하다. 물론 내가 계속 반가워해야 할 일이 아니라는 건 안다. 왜냐하면 이문열의 성공관은 돈과 직결돼 있기 때문이다. 그는 "한해 인세수입이 얼마나 됩니까?"라는 질문에 대해 다음과 같이 아주 자상한 답을 내놓는다.

"요즈음 책값을 8,000원으로 치고, 인세를 정가의 10% 정도라고 보면 맞을 겁니다. 잘 팔릴 때는 한 해 120만 권, 안 팔리면 80만 권 정도가 나가는데, 평균적으로 한해 100만 권 나간다고 보면 맞겠죠. 이것은 IMF 이전의 일로, IMF 이후에는 그 절반 정도로 떨어졌습니다. 그게 지난해부터 조금씩 회복되고 있다고 보면 됩니다. 얼마나 될지 한번 계산해 보세요. 적은 액수는 아니지만, 그렇다고 터무니없이 많지도 않을 겁니다."

돈을 너무도 사랑하는 내 입에서 탄식이 절로 나온다. 나도 내 책을 그렇게 팔아봤으면 원이 없겠다! 나는 순간 이문열이 나 같은 사람을 철저하게 경멸하고 무시하는 게 너무도 당연하다는 생각이 들었다. 맞다. 나는 당해 싸다. 겨우 연간 몇만 권 팔아먹은 걸 최고 기록이랍시고 갖고 있는 놈이 어딜 감히 이문열 앞에 명함을 내밀 수 있단 말인가.

사람을 감동시키는 이문열의 대인(大人) 기질

어디 그뿐인가. 지식인으로서 나의 치명적인 약점은 전혀 '사람 장사'를 하지 않는다는 것이다. 나는 지식인은 그럴 수 있는 '특권'이 있다고 믿어 왔는데, 요즘 와서 크게 흔들린다. 내가 어디 다른 글에서 "한국의 지식계에선 '사상(思想)' 그 자체보다는 '대면관계(對面關係)'가 훨씬 더 큰 영향을 미친다"고 말한 게 바로 나의 그러한 흔들림을 표현한 것이기도 하다.

내가 흔들린다는 건 뒤늦게 나의 행태를 바꾸겠다거나 하는 그런 의미가 결코 아니다. 나는 나의 행태를 계속 고수하되 사회를 분석하고 평가하는 데 있어서 '사람 장사'의 중요성을 긍정적으로 인정하고 평가할 수 있느냐 하는 문제인 것이다. 또 그건 '삶의 본질'일 수도 있는 건데 내가 '사람 장사'라고 표현하는 것에서 드러나듯이, 내가 너무 정서적으로 메마른 인간이 아닌가 하는 자기 성찰과도 연결되는 것이어서 나로선 고민을 하지 않을 수 없게 되었다는 것이다.

그런 맥락에서 내가 앞서 '처세술'이라는 표현을 쓴 것도 문제삼을 수 있겠다. 그건 어쩌면 '인간의 도리'일 수도 있다. 도대체 사람이 산다는 게 뭔가? 정(情)을 나누는 것 이상 의미 있고 보람된 게 또 있을까? 그런데 나는? 나는 혹 '글쓰는 기계'는 아닌가? 그 어떤 아집과 독선과 관성과 타성에 휘말려들어 자기 기만을 하고 있는 건 아닌가? 나 스스로 던진 이런 의문에 대해선 판단을 유보하고, 다시 나의 '아집'으로 돌아와 이문열의 탁월한 '사람 장사'에 대한 탐구로 들어가보자. 우선 이문열의 대인적(大人的) 면모를 살펴보자.

"요즘도 좋아하는 선후배를 만나면 일단 폭탄주 3-4잔부터 들이킨 뒤 진짜 술자리를 벌인다. 『명성황후』를 연출한 윤호진 씨 등 다른 장르의 사람들과도 자주 만난다. 팬들이 찾아오면 직접 일일이 만나 온갖 얘기를 끈질기게 들어준다."[12]

작가는 직업의 특성상 자신의 시간 관리에 대해 예민하고 까다로울 수밖에 없다. 그러나 이문열은 '시도 때도 없이' 자신을 찾아오는 사람들에 대해 매우 관대하다. 그의 집에서 '자고 먹은 사람들이 하도 많아' 그 수를 셀 수 없을 정도이다.[13] 물론 이건 이문열 혼자선 할 수 없는 일이다. 부인의 헌신적인 내조가 있어야 한다. 이문열이 자신의 부인에 대해 "내 이룬 것의 절반은 저 사람 몫이다"라고 말한 건 괜한 공치사가 아니다.[14] 『동아일보』 2001년 8월 24일자는 한 면을 통째로 할애하여 이문

---

12) 오병상, 〈같은 길 다른 삶: 조정래와 이문열〉, 『중앙일보』, 2000년 3월 8일, 14면.
13) 오명철, 〈인물 포커스: 이문열 씨 부인 박필순 씨〉, 『동아일보』, 2001년 8월 24일, A18면.
14) 오명철, 위의 글.

열의 부인을 '인물 포커스'로 다루었는데, 기자는 자신의 경험담을 다음과 같이 소개하고 있다.

"주말을 이용해 작가 이문열(53) 씨가 자택 겸 사숙으로 쓰고 있는 경기 이천시 '부악문원'을 찾아갔다. 작가가 '곡학아세'와 '홍위병' 논쟁에 휩싸여 분투하고 있던 무렵이었다. 이천 작가의 집에 도착한 것은 11시가 넘어서였다. 작가의 표정은 예상과는 달리 무척 밝고 편안해 보였다. 자정 무렵부터 시작된 술자리는 다음날 오전 3시가 돼서야 끝났다. 그의 아내 박필순(52) 씨가 쉴새없이 주방을 들락거리며 술과 안주를 내왔다. 작가의 서실에서 잠시 눈을 붙인 뒤 오전 9시경 일어나 슬그머니 집을 빠져 나와 고속도로로 들어 설 즈음 출판사 사장의 휴대전화가 울렸다. 작가의 부인이었다. '아침상 차려놓고 이제나 저제나 기다리다 9시가 넘어 할 수 없이 방문을 열어보니 방이 텅비어 있어 깜짝 놀랐다. 찾아준 손님들에게 아침 대접도 못해 보내서 어떻게 하느냐'는 목소리가 흘러 나왔다." [15]

사람을 그렇게까지 감동시키니 사람들이 "그의 부인을 알면 이문열을 미워할 수가 없다"고 말하는 것도 무리가 아니거니와, [16] 이문열이 요즘 세상에서 찾아보기 어려운 자신의 부인을 기준으로 '페미니즘'에 대해 호통을 치는 것 또한 무리는 아니라는 생각이 든다. 공사(公私) 구분의 함몰이 안타깝기는 하지만, 한국인들이 언제 그런 거 따지는 사람들이던가.

어디 그뿐인가. 그는 자신이 비판의 대상으로 삼았던 사람까지 따뜻하게 품는 도량과 포용력을 갖고 있다. 그는 『동아일보』 지면(99년 1월 19일자)에서 자신이 반(反)페미니즘의 입장에서 비아냥댔던 공지영을 만나

---

15) 오명철, 〈인물 포커스: 이문열 씨 부인 박필순 씨〉, 『동아일보』, 2001년 8월 24일, A18면.
16) 오명철, 위의 글.

"엄창석 '발톱' 시대의 치부 할퀸다"

이문열이 評하는 소설 '황금색 발톱'

참으로 오랜만에 지적 긴장과 미학적 감동을 아울러 느끼며 한 권의 소설집을 내져 읽었다. 소설집 '슬픈 열대'와 장편소설 '내 몸 기픈 형제들'로 90년대 초반 기대를 모았던 엄창석이 8년만에 붙어낸 단편소설집 '황금색 발톱'이 바로 그 책이다.

편견의 흔은 종종 한 시대 문학의 모습을 결정한다. 지식인즘 비평과 아카데미 비평이 뒤섞여 있는 우리 문단에서는 특히 그러하다. 우리가 90년대 문학이라고 부르는 것이 90년대는 그 시대 우리 문단이 선택이었다고 해도 지나친 말은 아닐 것이다.

그런 점에서 엄창석은 90년대 평단의 선택을 받지 못했다. 여러 해 전 그가 이 연작 단편의 첫 작품인 '남여 원숭이'를 발표했을 때 누구도 모호(模糊) 혹은 난삽의 사회적 기호과 현상을 실천으로 분석한 이 작품에 주목하지 않았다. 어쩌면 '후기 자본주의 서설'이란 거창한 부제가 그런 흐름을 자초한 능치도 모르겠다.

그 뒤 다소 굼뜨기는 했지만 '색칠하는 여자'가 우리 시대의 성(性)과 권력의 의미를 강렬한 언어로 드러내고, 이어서 '소설기계'가 섬뜩한 상상력으로 현대 정치의 이미지적 특성을 형상화했다. 그리고 다시 소설집의 제목으로 쓴 '황금색 발톱'이 발표되었으나 여전히 '1의 자앙'에 주목하는 이는 없었다.

후기 자본주의의 거대한 몸집은 자신을 따라서는 어떤 잠애물도 용납하지 않는다. 스스로 완벽한 자기구조를 갖추었다는 미신 아래 거침없이 나아가는 이 '리바이어던'을 이솝랜 신비주의 시인의 환상을 빌려 우리에게 보여주는 작품이 '황금색 발톱'이다. 작품 속에서 황금색 발톱은 그 거대한 괴물의 발톱이지만, 동시에 마비와 몬감에 빠져 있는 우리의 의식을 톰롬함게 할퀴는 작가의 발톱이기도 하다.

'육체의 기원'은 이 연작단편의 종지부가 되는 작품으로 바로 황금색 발톱을 가진 거대한 구조에 끼인 현대인의 초상이다. '황금색 발톱'이 신화와 신비주의적 상징을 띤다면, 이 '육체의 기원'은 역시 생물학적 탐색으로 접근하고 있다. 크고 무거운 주제를 얘기하면서도 읽는 이가 지루하거나 꺼버럽지 않게 하는 문체와 작법에서 작가로서의 원숙을 느끼게 한다. 이따금 잘못 섞인 뉘앙처럼 거슬리는 문장이 눈에 띄지만, 이는 작가 보다 소설집의 교정 교열을 맡은 이들에게 책임을 묻고 싶다.

작가 엄창석은 동아일보 신춘문예준 단편 부문의 11년 후배이다. 이전의 내 서재에서 상당한 시간을 함께 지냈다. 이 여줄잡은 서름이 그런 사이의 껑실에 끌린 것으로 읽힐라 실로 두렵다. 하지만 단연히기나, 나는 지금 작가 엄창석을 보고 있는 것이 아니라, 그의 작품을 보고 그 감동을 말하는 중이다.

거기다가 이목 나를 감동시킨 것은 함께 부쳐준 장편소설 '어린 연금술사'이다. 만약 문자성이란 걸껏과 허세를 벗어 먼지고 가슴에 맑아오는 책읽기를 원하는 독자가 있다면, 그리고 그가 엄창석이 다녀간 단학적 공배을 변형하듯 한께번에 내민 두 권의 책중에서 한 권만을 골라야 한다면, 나는 서슴없이 이 '어린 연금술사'를 권하겠다.

시인의 신비적 환상 빌려
마비된 우리의식 꼬집어
지적긴장·미학적 감동 선사

장편 '어린 연금술사'도
美文의 전통 떠올리는 수작

이 장편은 그 출발부터 우리가 오래 동안에 여겨온 미문(美文)의 전통을 아려한 그림으로 떠올리게 하는 데가 있다. '신비한 잠이'로 이야기를 끌어내고 있는 프롤로그로부터 '8년이 가 프러서 삶의 환유(換喩)'로 맺는 여행 로그에 이르기까지 관련과 서름을 이뤄게 잘 조화시켜 나간 분응을 읽어놓지 하마 오래인 듯하나, 은근한 환노도 못되었지만, 우리에게 빈약한 교양소설 혹은 성장소설의 전통을 축적해 가는 과정으로 눈여겨 볼 만한 작품이다.

세상은 변하고 그래도 받아들이는 우리의 느낌도 변한다. 그러나 어떤 것들은 결코 변하지 않는다. 엄창석의 글음은 바로 그런 것들을 생각기킨다.

(소설가)

엄창석의 새 소설집 '황금색 발톱'에 대해 작가(왼쪽)와 선배 소설가 이문열씨가 이야기를 나누고 있다. 이씨는 "뚝직하게 와닿는 괄념의 힘이 돋보이는 작품"이라고 작가에게 칭찬하면서도 일부 문장의 표현 용에 대해 고칠 것을 조언하는 등 엄격한 '선생님'의 모습을 보이기도 했다.

(『동아일보』, 2000년 6월 19일)

이문열은 문단을 이끌어가는 리더십을 행사해야 할 문화권력임에도 불구하고 자신의 사적 보복을 제외하곤, 동업자 비판은 절대 하지 않는다.

공지영의 장편소설 『봉순이 언니』를 북돋아주기까지 한다. 그가 운영하는 부악문원에 대한 『동아일보』 1999년 2월 8일자의 다음과 같은 기사 내용도 감동을 자아내게 만든다.

"숙생들은 '작가 이문열'에 대해 생각들이 다르다. 열렬한 숭배자가 있는가 하면 스승의 작품은 한 권밖에 읽지 않았으면서도 매우 비판적인 견해를 갖고 있었던 이도 있었다. 얼마전 한 숙생은 스승에게 '이제 문학상 같은 것은 그만 받으라' 고 점잖게 충고하기도 했다. 그러나 '인간 이 문열'에 대해서는 찬양일색이다. 한 숙생의 주장. '선생님은 한마디로 「정(情)의 인간」이죠. 새벽 두세 시에 딸기 먹으라고 곤히 잠든 사람을 깨우는 정도니까요.'" [17]

이문열의 '문화권력' 관리술

모든 사람들이 인정하듯이, 이문열은 막강한 문화권력이다. 그러한 권력은 문학적 성취만으로 얻을 수 있는 건 아니다. 앞서 말씀드린 인간 성이 더해진다 해도 그것만으론 부족하다. 대단히 용의주도한 관리술이 필요하다.

나는 이문열이 자신의 '권력'을 관리하고 키우는 솜씨에 내심 경탄 하지 않을 수 없었다. 우선 이문열의 막강한 문화권력으로서의 일면을 보기로 하자. 한국출판마케팅연구소 소장 한기호는 『조선일보』 1999년 11월 23일자에 쓴 〈한기호의 책마을 이야기〉에서 다음과 같이 말한다.

"1990년대 1백만 질 시대를 연 『소설 동의보감』(전3권, 이은성). 1990 년 3월 초부터 출간되기 시작한 이 책은 초반에는 판매가 저조하다가 그 해 5월 16일자 『조선일보』에 작가 이문열의 서평이 실리고는 폭발적으 로 팔리기 시작했다. 1980년대 내내 베스트셀러를 양산한 작가가 '한 번 책을 펴자 하룻밤 하루 낮을 꼬박 바쳐 세 권의 책을 내리 읽게 한 강력 한 흡인력의 비결'을 줄줄이 밝히는 데야 독자들이 책을 읽지 않을 수가 없었던 것이다. 이문열의 '추천사'는 여러 책에서 효과를 발휘했다. '실 로 오랜만에 나를 바로 그러한 감동과 충격으로 밤새우게 만든 책'이라

---

17) 부악문원생들에 대한 이문열의 인간적인 면모에 대해 자세히 알고 싶은 분은 심상대,
『늑대와의 인터뷰: 심상대 소설집』(솔, 1999)에 실린 〈소설쓰기의 괴로움〉과 아울러 이
문열의 〈발문: 『늑대와의 인터뷰』에 붙여〉를 읽는 것이 좋을 것이다.

는 평가를 받은 『영원한 제국』(이인화) 역시 밀리언셀러가 되었다. '소설의 무게가 실린 지성의 장엄한 황혼'(최인훈의 『화두』), '나는 최영미 군이 처참하게 타오르는 것을 본 적이 있는데 이제는 또 이 시집을 보며 눈부셔 한다'(최영미의 『서른, 잔치는 끝났다』), '오랜만에 책읽기의 즐거움을 맛보며 나는 7백 페이지가 넘는 이 책을 단숨에 읽었다'(구효서의 『비밀의 문』)와 같이 많은 화제작에 이문열의 '추천사'가 따라다녔다."

내가 이은성, 이인화, 최인훈, 최영미, 구효서라면, 나는 이문열을 좋아하지 않을 수 없을 것이다. 설사 절대 이문열의 생각에 동의할 수 없는 그 어떤 큰 차이가 있다 하더라도 나는 그걸 결코 발설하지 않을 것이다. 나의 생각을 대변해주는 다른 사람의 그 어떤 생각에도 나는 적어도 공개적으론 동의하지 않을 것이다. 이건 다른 사람의 이야기가 아니라, 내 이야기다. 나래도 그럴 것 같다는 말이다.

나는 평소엔 무심히 넘겼다가 그야말로 새삼스럽게 깜짝 놀란 게 있다. 이문열은 절대 비판을 하지 않는다! 그는 문단을 이끌어가는 리더십을 행사해야 할 문화 권력임에도 불구하고 자신의 사적 보복을 제외하곤, 동업자 비판은 절대 하지 않는다! 매서운 비판의 칼날은 자신의 '성공 이데올로기'에 충실한 선에서 정략적인 정치비판 또는 사회비판에 국한될 뿐이다.

이문열과 조정래

이문열의 그러한 처세술을 같은 중량급의 작가 조정래와 비교해보는게 어떨까? 문학평론가 이성욱은 다음과 같이 말한다.

조정래 선생 같은 작가는 이즈막 비평을 '패거리 비평, 골목 비평'이라 비아냥거린다. 그가 보기에 어떤 신뢰할 만한 비평가가 문단과 비평의 부조리함을 지적했을 때 돌아온 반응은 "철저하게 무시하기, 철저하게 외면하기, 철저하게 깔아뭉개기"였고, 때문에 그 비평가는 그런 외면, 무시의 전략에 "걸려들어 혼자 떠벌린 형편이 되었다"고 한탄한다. 그는 비평이 "상업주의에 수청들기, 각종 심사 장악하기, 끼리끼리 간음하기" 등에 흠뻑 빠져 있어 "그 폐해는 이루 말할 수 없다"고 야유한다. 이를 단지 작가의 비아냥이나 지청구로만 받아들이기에는 비평계의 현실이 그런 여유를 갖지 못한다. 아마 이런 말도 국내 문단 지형상 조정래 선생이니까 할 수 있을 터이지, 여전히 문학권력을 통해 자신의 성장을 의탁해야 되는, 이를테면 아직 출판자본의 은전이나 그 출판자본에 관련된 비평가를 의식해야 하는 작가들일 경우, 설혹 조정래 선생 같은 생각을 한다 하더라도 쉽게 내뱉지 못할 이야기이다. 조정래 선생 역시 자신이 그런 말을 할 수 있는 까닭은 "(자신은) 더 이상 상처입을 것도 손해볼 것도 없다는 심보 때문"이라는 것이다. [18]

그러나 이문열은 다르다. 그는 이제 "상처입을 것도 손해볼 것도" 없는 위치에 섰으면서도 어떻게 해서든 한 사람의 문인이라도 더 챙겨주려고 애를 쓴다. 놀랍게도 그의 행태는 정치인의 그것과 너무 비슷하다. 거물급 정치인들이 새벽부터 자기 집 찾아오는 사람들 밥 먹여주고 밤에 술까지 대접하는 것과 너무 닮았다는 말이다.

그런 처세술이 인간적으로는 만점이라는 평가를 받을 수 있겠지만, 한국 문학 전체를 생각해보면 참담하게 생각해야 할 일이 아닐까? 우리에게는 이문열보다는 조정래처럼 자신의 위상에 맞는 고언을 해줄 수 있는 문인이 훨씬 더 소중한 게 아닐까?

---

18) 이성욱, 〈대중사회의 전개와 자본의 문화사업, 예술의 테러리스트가 되고 있다〉, 『문예중앙』, 1997년 겨울, 365쪽.

이문열은 동업자 비판을 하지 않는 정도가 아니라 대단히 적극적인 '동업자 키우기'를 하고 있다. 자신과 반대되는 성향의 작가에 대한 정성도 지극하다. 사적(私的) 차원에서 보자면 감동의 물결이 밀려오는 걸 보는 것 같지만, 공적(公的) 차원에서 보자면 이건 결코 아름답다고 박수칠 일이 아닐 것이다.

이문열의 '칭찬합시다' 운동

이문열이 쓰는 '책읽기' 칼럼은 한국의 문학계 전반을 장악하기에 충분할 만큼 그에겐 막강한 권력의 원천이다. 아, 누이 좋고 매부 좋고! 문언유착? 가소로운 소리다. 그건 아름다운 상부상조(相扶相助)로 보아야 한다. 『조선일보』 2000년 5월 13일자 〈이문열의 '책읽기' : 황석영의 '오래된 정원'〉을 보자.

"세상은 변하고 사람들의 감각과 기호는 바뀌었다. 비상식적으로 파악되고 있는 '지금' 여기조차 디지털로 빚어진 가상공간에 위협받고 있는 젊은 정신들에게는 이 작품이 자칫 지난 시대의 우울한 감회처럼 들릴지 모르지만, 그래도 한번쯤 이쪽으로도 눈길을 돌려주기를 권한다. 결국은 무망한 노릇이 될지라도 더 본질적인 것, 불변하고 객관적인 원리들을 진지하게 지향해본 경험은 그 무엇보다 소중한 정신의 자산이 될 것이다. 더구나 이 작품은 황석영이란 거장(巨匠)만이 그려낼 수 있는 한 시대의 벽화다."

어디 그뿐인가. 이문열은 겨우 다섯 살 차이[19]인데도 황석영을 깍듯이 '선배'로 모신다. '동인문학상' 파문이 일었을 때에도 괜히 폼으로 한 말이었을망정 '황 선배'께 송구한 뜻을 표하면서 종신 심사위원을 그만

---

19) 황석영은 1943년생, 이문열은 1948년생.

둘 수도 있다는 결연한 뜻을 표하기도 했다. 인간성 만점이다! 어찌 이문열을 미워할 수 있으랴.

이문열이 제자 또는 후배를 챙기는 정성도 남다르다. '문화권력'은 두었다 어디에 쓰겠는가. 그러나 그는 대단히 용의주도하다. '권력 남용'이라는 비판을 받을까봐 이만저만 조심하는 게 아니다. 『동아일보』 200년 6월 19일자에 실린, 거의 전면을 할애한 〈이문열이 평하는 소설 '황금색 발톱'〉이라는 제목의 글에서 이문열은 다음과 같이 말한다.

"작가 엄창석은 『동아일보』 신춘문예 중·단편 부문의 11년 후배이고, 이천의 내 서재에서 상당한 시간을 함께 지냈다. 이 어쭙잖은 서평이 그런 사적인 정실에 끌린 것으로 읽힐까 실로 두렵다. 하지만 단언하거니와, 나는 지금 작가 엄창석을 보고 있는 것이 아니라, 그의 작품을 보고 그 감동을 말하는 중이다."

물론 믿어 의심치 않는다. 다만, 그렇게 거의 전면을 할애해 이문열이 특정 소설에 대한 예찬을 한 적이 얼마나 있었는가 하는 의아심은 들지만, 그래도 무조건 믿으련다. 천하의 이문열이 '단언'한다는 데 믿어야지 어떡하겠는가.

이문열은 '감동적인' 출판사도 결코 빠트리지 않는다. 그는 『조선일보』 2000년 6월 24일자에 쓴 〈이문열의 '책읽기': 도스토옙스키전집 '지하로부터의 수기'〉에서 다음과 같이 말한다.

"날렵하다 못해 경박하게 보일 만큼 시대의 감각적인 흐름을 뒤쫓고 있는 이 땅의 출판 풍토에서 보면 '열린 책들'의 도스토옙스키 전집 출간은 눈치 없고 미련스러워 오히려 감동적이다. …… 아마도 이번 여름의 여가는 이 무모한 전집에 탕진될 듯하다. …… 요즘 같은 때에 이런 전집을 만들어낼 마음을 먹은 출판인에게 경의를 드러내고자 하는 뜻도 있다."

오해 없길 바란다. 나는 이문열의 위와 같은 견해에 동의한다. 내가 말하고자 하는 건 이문열은 한국 출판계의 어두운 구석은 죽어도 이야기하지 않고, 한다 하더라도 스쳐 지나가는 식으로 그것도 추상적으로 대충 이야기할 뿐, 구체적으론 늘 자신의 '경의'를 드러내기에만 바쁘다는 것이다.

'이문열 제국'을 넓히기 위한 처세술

'칭찬합시다' 운동의 원조는 이문열이 아닐까? 한국인들이 대체적으로 칭찬에 얼마나 인색한가 하는 걸 생각하면 이문열의 '칭찬하기 운동'은 칭찬받아 마땅하다. 그런데 이문열은 지식인이 아니든가? 계속 진도 나가자. 이문열이 『조선일보』 2000년 7월 1일자에 쓴 〈이문열의 '책읽기' : 김주영의 『아라리 난장』〉를 읽고서 김주영이 감동받지 않았을 리 만무하다.

"아래로는 육욕의 치열함으로부터 위로는 삶의 무상함에 이르기까지, 억눌러도 참지 못한 킥킥거림으로부터 가슴 저린 애조(哀調)에 이르기까지, 이토록 우리 정서의 여러 국면을 건드려 오는 작품을 근래에는 읽어 보지 못했다."

또 이문열이 『조선일보』 2000년 7월 8일자에 쓴 〈이문열의 '책읽기' : 『고문진보』 후집〉을 읽고 '문학동네'가 감동받지 않았다면 그건 배은망덕일 것이다.

"이 '고문진보'는 이왕에도 몇 종류의 번역본이 있다. 그러나 원전이 워낙 방대한데다 번역본을 대개는 한 권으로 엮다보니 빠진 게 많았다. 이번에 문학동네에서 펴낸 '고문진보' 후집은 우선 그 점에서 이전의 번역관들과는 궤를 달리한다."

또 이문열이 『조선일보』 2000년 7월 15일자에 쓴 〈이문열의 '책읽기' : 이윤기의 『두물머리』〉를 읽고 이윤기가 감동받지 않았다면 이 또한 배은망덕일 것이다.

"한 권의 소설집에서 두세 편만 읽을 만한 중·단편을 찾아내도 시간 낭비는 없었다고 안도할 수 있는 게 요즘 문단의 실상이다. 그런데 이 『두물머리』는 그 드문 예외였다. 하려 들면 꼬집고 나무랄 데가 반드시 없는 것은 아니지만, 나는 어느 한 편도 버리지 않고 처음부터 끝까지 내쳐 읽었다. 부디 이 감동이 사적(私的)인 친분이나 호의에서 비롯된 감정의 과장이 아니기를."

나는 이문열이 "사적(私的)인 친분이나 호의에서 비롯된 감정의 과장"을 하지 않았다는 걸 믿어 의심치 않는다. 동시에 내가 믿어 의심치 않는 건 이문열의 전략과 전술이다. 나는 한 사회 내에서 어떤 분야만 집중적으로 '네거티브'한 대접을 받아 마땅하고 또 다른 어떤 분야는 '포지티브'한 대접을 받아 마땅하다고는 생각하지 않는다. 그 둘 사이의 균형이 필요할 것이다. 그러나 이문열의 경우 그 경계선은 '처세술'의 법칙에 따라 이루어질 뿐, 다른 고려가 있는 것 같지는 않다.

나는 이문열의 '작품 연보'를 볼 때마다 대단히 세속적인 생각을 한 가지 하곤 한다. 아시는 분은 잘 알겠지만, 연예계나 문단이나 비슷한 게 꽤 많다. 아니 이건 사회 모든 분야에 다 해당될 것이다. 무언가? 무명 시절엔 온갖 서러움을 견뎌내야 하지만 일단 '뜨기만 하면' 그때부턴 권력관계가 역전된다는 것이다. 이문열과 같은 초대형 대중 작가의 원고를 얻기 위한 출판사와 매체들의 경쟁은 매우 치열하다. 나는 이문열의 '작품 연보'에서 그 '경쟁'을 읽는다.

확실하게 자신할 수는 없지만, 아마도 이문열처럼 자신의 작품은 여러 매체, 여러 출판사에서 낸 작가가 또 있을까 하는 생각이 든다. 일일이 세볼까 하다가 너무 쫀쫀한 것 같아 그만 두었지만 수십 개에 이른다. 그건 이문열이 다작(多作)한다는 것만을 의미하는 게 아니라 그가 자신의 '문학권력'의 은총을 대인(大人)답게 두루 널리 나눠준다는 의미도 되지 않을까? 아닌게 아니라 이문열이 한때 "진보적인 색깔의 문화단체나 출판사에게까지 권력의 은전을 베풀어준 것은 잘 알려진 일"이 아니던가. [20] 이 또한 자신의 제국을 넓히고 관리하기 위한 그의 타고난 탁월한 처세술인지도 모르겠다.

이문열은 한국 지식계의 업보(業報)다

이제 이야기를 끝맺자. 나는 이문열을 보면 한국 사회가 보인다고 했다. 물론 그건 '성공의 비결'과 관련된 것이다. 나는 이문열이 문인으로서 성공을 거둘 수 있었던 가장 큰 이유는 그의 탁월한 문학적 재능이라고 생각한다. 그건 만인이 동의할 것이기에 여기서 구태여 이야기할 필요는 없었다. 내가 이 글에서 말하고자 했던 건 문학적 재능 못지 않게 중요한 것이 그의 '성공 이데올로기'라는 점이었다. 그의 '성공 이데올로기'를 몇 가지로 정리해 다시 말씀드려 보겠다.

첫째, "어떤 희생을 치르더라도 남한의 반공 이데올로기에 무조건 찬성하고 그에 발맞추어 모범적으로 살아가는 모습을 보여주어야 한다는 강박관념과 열등의식"은 이문열이 갖고 있는 재능으로 인해 그로 하여금 단순한 '생존'의 차원을 넘어 '성공'으로만 치닫게 하는 제1의 원동력이 되었다.

둘째, 이문열의 폐쇄성 또는 신축성은 내재적인 것이라기보다는 '성공'과 관련돼 있는 것이다. 그의 지독한 극우성과 가부장주의는 그의 성공에 도움이 되거나 아무런 영향을 미치지 못하므로 폐쇄적인 상태로 머물러 있는 반면, 그의 다른 면에서의 문화적 보수성은 그의 성공에 심각한 타격을 가할 수 있으므로 신축성 또는 개방성에 압도된다. 문화적으

---

20) 임우기, 〈문인과 문학을 생각한다〉, 『문예중앙』, 제91호(2000년 가을), 305쪽.

'성공 이데올로기' 가 나쁜 건 아니다. 그러나 우리는 지식인이 사회를 희생으로 하여 자신의 '성공 이데올로기' 를 실천하는 데에는 심각한 문제의식을 느껴야 할 것이다.

로 대단히 보수적인 이문열이 e-북과 세계시장을 염두에 둔 새로운 글 쓰기 개발에 몰두하는 건 '성공 이데올로기' 가 아니고선 설명하기 어려 운 '파격' 이자 '과격' 인 것이다.

셋째, 한국에서 횡행하고 있는 문언유착의 완결이자 최고조는 이문열 에 이르러 그 빛을 발한다. 그의 잦은 정치적·정략적 발언은 수구 기득 권 세력의 전위대를 자처하는 신문들의 가려운 곳을 긁어주고 자신의 상 품성을 제공함으로써 자신의 '문화권력' 을 영구히 지키고자 하는 고차 원의 상술로 볼 수도 있는 것이다.

넷째, 이문열은 '문화권력' 의 관리 차원에서 대인 관계에 많은 투자 를 한다. '문화권력' 은 '정치권력' 에 비해 훨씬 더 강한 '헤게모니 체제' 를 필요로 하기 때문이다. 즉, 문단 내부에서 이문열을 비판하는 목소리가 광범위하고 높게 일어난다면 그의 문언유착에도 균열이 일어날 수밖에 없으며 이는 그의 시장 경쟁력 저하로 이어질 것이다. 물론 대인관계 투자는 부분적으론 그의 천성이고 인간성일 수도 있을 것이나, 그의 '포지티브' 비평과 '네가티브' 비평의 경계선이 철저하게 이해득실의 차원에서 형성돼 있다는 점을 간과해선 안 될 것이다.

다섯째, 이문열의 '성공 이데올로기'는 한국 지식계의 이중 구조를 적나라하게 폭로해준다. 이문열의 잦은 극언과 궤변과 억지가 지식인으로서의 그의 위상에 별 영향을 미치지 못한다는 건 한국 지식계가 부끄럽게 생각해 마땅한 일이다. 이는 한국의 지식계에선 '사상(思想)' 그 자체보다는 '대면관계(對面關係)'가 훨씬 더 큰 영향을 미치며, 또 이러한 이치가 좌파 · 진보 진영에서도 통하고 있다는 점에서 개탄을 금치 못할 일이다. 그러나 개탄하는 사람은 거의 없고 개탄하는 사람만 미친 놈 되는 게 한국 지식계의 현실이다. 그런 점에서 이문열은 한국 지식계의 업보라 아니 할 수 없다.

이문열은 '뉴 웨이브' 정치 이론가인가?

버릇인가? 교훈 없이 그냥 넘어가려니 허전하다. 이문열의 '성공 이데올로기'가 우리에게 주는 교훈은 무엇일까? 정도의 차이일 뿐, 이문열처럼 살지 않는 사람이 얼마나 될까? 나는 이문열의 처세술을 분석하면서 프랑스의 사상가 장 보들리야르의 '과잉 순응'이라는 개념을 떠올렸다. 웃자고 이야기하자면, 이문열이 의도하지는 않았을망정, 그의 '성공 이데올로기'는 역설적으로 사회 개혁을 위한 그 어떤 강한 메시지를 던져주고 있는 게 아니냐는 것이다.

보들리야르는 진보 진영에선 허무주의자 · 비관주의자 · 패배주의자 · 탈정치주의자로 비난받는 인물이다. 왜? 그의 세계에서 '확실성'은 전혀 존재하지 않으며 저항은 '신기루'요 사회변혁은 '환상'에 지나지 않기 때문이다. 보들리야르에게 있어서 대안은 현실에 '과잉 순응' (hyperconformist)하는 것뿐이다. 그의 말을 직접 들어보자.

"적합한 전략적 저항은 의미와 발언을 거부하고, 거부와 비수용의 형태 그 자체인 현 시스템의 메커니즘을 '과잉 순응적인'(hyper conformist) 방식으로 흉내내는 것이다. 이것이 대중의 저항 전략이다. 그것은 거울의 경우처럼 시스템의 논리를 흡수하지는 않으면서 복사하고 의미를 반영시킴으로써 그 논리를 뒤집어버리는 것을 의미한다. 이것이야말로 현재로선 가장 유력한 전략이다(만약 이걸 전략이라고 부를 수 있다면)." [21]

아더 크로커는 그런 견해가 유행, 언어, 라이프 스타일 등에서 '과잉 순응적' 시뮬레이션을 시도했던 펑크족의 입장을 지지하는 것이라고 해석한다. 시스템의 시뮬레이션 논리가 뒤집어져 그 시스템을 공격하는 굴절을 가능케 할 것이라는 것이다. 그런 의미에서 보들리야르는 '뉴 웨이브' 정치이론가인 셈이다. [22] 그러나 보들리야르도 회의를 표명한 바와 같이, '과잉 순응'이 과연 '전략'일 수 있을까? 예컨대, 강간을 당하는 여인이 '과잉 순응'함으로써 얻을 수 있는 게 과연 무엇인가? 그리하여 침략자를 당황케 함으로써 침략자의 논리를 뒤집어버리는 데에서 무엇을 얻을 수 있는 것일까? 단지 쾌락의 정도와 유무가 '과잉 순응'의 정당성 또는 현실 적합성을 결정할 수 있는 것일까?

이문열은 '과잉 순응' 전략을 택한 '뉴 웨이브' 정치 이론가인가? 웃

---

21) Jean Baudrillard, 〈The Implosion of Meaning in the Media and the Implosion of the Social in the Masses〉, Kathleen Woodward ed., 『The Myth of Information: Technology and Postindustrial Culture』(Madison:WI:Coda Press, 1980), p.148.
22) Arthur Kroker, 〈Baudrillard's Marx〉, 『Theory, Culture & Society 2:3』 (1985), pp.73-74.

자고 한 소리라고 해도 마냥 웃을 일만은 아니다. 이건 의외로 의미심장한 질문이다. 보수와 진보를 막론하고 기본적으로 이문열의 처세술 노선을 따르는 사람들이 이문열에게 돌을 던질 수 있는가? 적당하게 하지 않고 너무 철저하게 했다는 이유만으로 돌을 던질 수 있느냐 이 말이다.

나는 이문열이 우리에게 던져 준 진정한 교훈은 이런 거라고 생각한다. 이문열의 입을 빌려 말해보자. 물론 가상으로 내가 꾸며 낸 말이다. "당신들이 나를 비판하려면 적어도 처세술에선 나와는 다른 패러다임을 보여줘야 하는 게 아닌가?" 물론 아무도 이문열에게 그걸 보여주지 않았다. 그래서 이문열은 당당하고 오만하다.

판옵티콘 시스템이 필요하다

어디 내가 한 번 보여줄까? 좀 끔찍한 비유이긴 하나 비유를 들어 제안을 하나 하자면, 나는 지식 사회 내부에 영국의 계몽주의 철학자 제레미 벤담이 고안했다는 판옵티콘(Panopticon, 한 지점에서 일목요연하게 건물 전체의 내부가 다 보이도록 설계된 건물) 개념을 도입하는 것이 어떨까 한다. 미셸 푸코는 근대적 '감시' 또는 '규율' 의 기원을 벤담의 '판옵티콘' 에서 찾는데, 이에 대해 박정자는 다음과 같이 말한다.

"판옵티콘이야말로 단순히 시선 하나로 가동되는 이상적인 권력 장치이다. 이때 시선은 앎과 직결된다. 죄수를 바라보는 감시인은 죄수에 대해서 모든 것을 알게 되지만 감시인을 바라보지 못하는 죄수는 감시인에 대해 아무 것도 알 수가 없다. 시선의 불균형은 앎의 불균형을 낳고, 앎의 불균형은 권력의 불균형으로 이어진다. 그리고 앎은 담론이 되어 사람들을 억압하는 교묘한 수단이 된다. 이 시선의 개념을 푸코는 근대 이래 현대에 이르기까지의 모든 공공 건물에서 발견한다. 감옥, 병원, 작업장은 말할 것도 없고, 복도를 따라 일렬로 배치된 학교 교실들, 문이 반쯤만 달려 위, 아래로 학생들의 다리와 머리가 보이도록 고안된 학교 화장실 등이 모두 감시의 공간화인 것이다."[23]

이와 같은 판옵티콘에선 "모든 동료가 감시자이다." 아니 "모든 감시자가 동료가 되어야 한다."[24] 물론 너무 끔찍한 비유임엔 틀림없지만, 나는 사회에 대해 발언하는 지식인들이 누군가가 자신을 감시하고 있다는 느낌을 늘 갖고 있어야 한다고 생각한다. 그게 불쾌하고 괴로우면 함부로 사회에 대해 발언하지 말라는 거다.

나는 한국 지식계의 가장 큰 문제가 '상호 감시'가 전혀 없는 거라고 생각한다. 누가 '감시'를 해보겠다고 나서면 펄펄 뛰며 욕한다. 얼마나 '문화특권주의'에 찌들었으면 그러겠는가. 이미 '문화특권'의 맛을 본 지식인들은 모든 걸 '인간적으로' 때우려고 든다. 물론 인간적인 것, 그거 좋은 거다. 그러나 그건 사적(私的) 영역에서만 찾을 일이고 일단 공적(公的) 영역에 들어섰으면 '인간적'인 걸 포기해야 하는 것 아닌가?

'감시'라고 해서 너무 겁먹을 필요 없다. 일단 '감시'의 가치를 인정만 해주면 굳이 감시를 하지 않더라도 판옵티콘처럼 시선만으로 충분해진다. 푸코의 말마따나, "감시의 시선은 각 개인이 스스로의 감시자가 될 정도로 내면화의 과정을 가져"온다는 것이다.[25]

푸코의 '감시' 개념을 엉뚱한 곳에 적용해 황당해할 사람들이 있겠지만, 내가 오죽 답답했으면 이런 생각까지 했겠는가? 나는 지식인들이 '감시'를 두려워해 적어도 패거리주의만큼은 청산할 수 있다면 '이문열 현상'은 절대 일어날 수 없었으리라 믿는다.

'성공 이데올로기'가 나쁜 건 아니다. 그러나 우리는 지식인이 사회

---

23) 박정자, 〈역자 후기〉, 리디아 앨릭스 필링햄 지음, 모슈 슈서 그림, 박정자 옮김, 『미셸 푸코: 만화로 읽는 삶과 철학』(국제, 1995), 174쪽.
24) 콜린 고든 편, 홍성민 옮김, 『권력과 지식: 미셸 푸코와의 대담』(나남, 1991), 188쪽.
25) 콜린 고든 편, 홍성민 옮김, 위의 책, 192쪽.

를 희생으로 하여 자신의 '성공 이데올로기'를 실천에 옮기고 성공을 거두는 것에 대해선 심각한 문제의식을 느껴야 할 것이다. 공적(公的) 영역은 무서운 곳이라는 각성이 없고서는 우리의 언로(言路)는 늘 처세술의 지배를 받는 궤변으로부터 결코 자유롭지 못할 것이다. 이게 이문열이 우리에게 던져 준 가장 큰 교훈이 아닐까?

지금 『인물과 사상』은
'지식폭력' 과 싸우고 있습니다

월간 『인물과 사상』은

■ 학연, 지역감정, 패거리로 똘똘 뭉친 한국 사회의 매듭을 풀겠습니다.

■ 성역과 금기가 없는 실명 비판을 하겠습니다.

■ 언론권력의 횡포에 맞서는 새로운 대안이 되겠습니다.

정기구독 신청

정기구독 신청은 전화(02-471-4439)나 팩스(02-474-1413)를 이용해 주
십시오. 인물과사상사 인터넷 홈페이지(http://inmul.co.kr)를 이용하셔도
됩니다. 월간 『인물과 사상』에 의견을 주시고 싶은 분들은 우편(134-600
서울시 강동구 강동우체국 사서함 164호), E-mail(inmul21@korea.com)등
을 이용해 주십시오. 연간 구독료는 4만 원입니다.

'투명하고 열린 잡지'

한국 사회에서 언론의 자유는 '언론사주들의 이윤을 추구할 자유'로 전락한 지 오래입니다. 그 중에서도 여론 시장의 74%를 장악하고 있는 몇몇 신문사들에 의해 여론 시장이 휘둘리고 있으며, 여론 시장과 뗄래야 뗄 수 없는 관계에 있는 많은 지식인들마저 이들 신문에 장악돼 있는 게 현실입니다.

월간 『인물과 사상』은 현재 많은 보통 사람들마저 오해하고 있는 '언론의 자유'와 '지식인'에 대한 기존의 정의에 이의를 제기합니다. 대학교수, 언론인, 문인들은 무슨 말과 글을 내뱉든 무조건 지식인이고 그런 직업을 갖지 못한 보통 사람들은 무슨 말을 하든 지식인이 아니라는 말입니까? **저희는 '언론사주들의 이윤을 추구할 자유'로 전락해버린 '국민의 언론의 자유'를 진정한 의미의 '사상의 자유시장'과 그 어떤 통제도 받지 않는 진정한 '공론장'으로 복원해 내겠습니다.**

저희는 특정의 정치적 입장만을 주장하는 사람들만 독자로 모실 생각은 추호도 없습니다. 월간 『인물과 사상』은 **저희와 정치적 성향이 다른 분들도 독자가 되어 지면을 통해 불꽃 튀기는 논쟁을 해 주기를 바랍니다.** 정치를 더럽다고 시궁창에 내던져 놓고서는, 또 그 시궁창의 어느 한 쪽을 지지하는 놈은 미친 놈이라고 욕만 하고서는 그 어떤 바람직한 사회 변화도 기대하기 어렵다고 믿기 때문입니다.

우리 모두 같이 시궁창에 뛰어들어 깨끗하게 청소 한번 해보자고, 논쟁을 살리고 정치를 살려보자고 저희는 제안합니다. 이 잡지는 그 누구에게나 반론권이 활짝 열려 있습니다. '투명하고 열린 잡지', 그것이 바로 월간 『인물과 사상』의 기본 정신입니다.